JN442582

교육의 발견

The Discovery of Education

-일반인을 위한 교육학 강의-

김 승 호

교육과학사

프롤로그

필자는 이 책의 제목을 정하는 데 무진 애를 먹었습니다. 처음에는 책 제목을 '학부모를 위한 교육학 개론'으로 정해 보기도 했습니다. 같은 대학에 있는 몇몇 동료 교수들이 교육학 교재 냄새가 풍긴다고 반대하더군요. 다음으로 '일반인을 위한 교육학 강의'라는 제목도 후보에 넣었습니다. 독자층이 학부모보다는 더 넓지 않겠나 하는 생각이 들었기 때문입니다. 이러는 와중에 어떤 음악 방송을 아무 생각 없이 듣던 중에 문득, 임어당(林語堂)의 『생활의 발견』이라는 책 제목이 떠올랐습니다. "아, 맞다. '교육의 발견'이 제일 내 생각에 부합한다."라는 통찰이 생겼습니다. 이 책을 계획대로 다 집필하고 난 이 순간에도 이 생각은 변함이 없습니다. 이 책에 담긴 메시지들은 모두, 교육에 관하여 무엇인가를 새로이 창출했다기보다는 기존에 막연하게나마 묵시적으로 가지고 있던 생각들을 글로써 밖으로 드러낸 발굴에 가깝기 때문입니다. 좀 아쉽기는 하지만 이전에 고민해 보았던 제목들은 부제로 담아 활용해 보아야겠다는 지혜도 생기더군요.

저는 '내가 정말로 이 책을 통해서 하고 싶은 것이 무엇인가?'라는 질문을 스스로에게 수없이 던져 보았습니다. 이제 정년을 몇 년 앞둔 저는 반평생 넘게 적지 않은 교육학 논문과 저서들을 써왔습니다. 그것들은 주로 제 분야에서 소수의 교수와 대학원생, 학부생들을 독자로 삼았습니다. 제가 근무하는 교육대학이 교사 양성을 위한 목적 대학이니만큼, 특히 교사들을 늘 버릇처럼 염두에 두고 책을 집필해 왔습니다. 어느 날 문득, 물론 지금까지 해 온 그 취지도 좋지만, 교사들뿐만 아니라 학부모를 비롯한 일반 사람에게 교육학적으로 한마디 도움을 줄 수 있는 교양서가 내 이력에 있었으면 하는 막연한 소망이 생겼습니다. 만약 제가 그러한 도움을 전혀 줄 수 없다면 지금까지 쌓아온 학문적 성과들도 근본적으로 의심해 봐야 하지 않는가 하는 의구심마저 들었습니다. 만약 이제까지 공부한 전문적인 교육학 지식들이 어떤 방식으로든 일반인들에게 공유될 수 없다면, 저의 교육학 공부도 제대로 된 것인지 한 번쯤 반성하고 점검해 볼 필요가 있지 않을까요? 다른 한편으로, 만약 이 책의 내용이 학부모들에게도 많은 파급 효과를 낳게 된다면, 제가 교육대학에서 배출한 초등교사들을 포함한 일반 교사들이 요즘같이 어려운 시기에 조금이나마 도움을 받을 수도 있겠다고 하는 막연한 기대도 해 봅니다.

저 역시 자식을 둔 부모로서 이 복잡하고 험난한 세상에서 자식을 어떻게 길러야 잘 기르는 것인지 매 순간 갈팡질팡하는 경우가 많습니다. 물론 자식 교육 문제로 난관에 봉착할 때마다 구하려고만 한다면 그때그때 구체적인 처방전을 제시하는 책들은 세상에 나름 많습니다. 그런 경우 교육학자의 추상적 조언보다도 요즘 TV에 많이 등장하는 정신과 의사나 상담심리학자의 실제적 지침이 훨씬 도움이 많이 될지도 모릅니다. 그러나 세상에 모든 일들이 그러하듯이 지침이 구체적이면 구체적일수록 적용 범위는 더욱 제한적일 수밖에 없습니다. 때로는 병 주고 약 주듯이 약 주고 병 주는 경우도 허다합니다. 그것은 근본적으로 과거로부터 이어져 온 문제점을 분석하고 치유하는 것에 그칠 뿐, 지금부터 좋은 것을 형성해 나가는 문제에 적용하는 데에는 근본적으로 한계가 있습니다.

기계적 장치나 물리적 환경의 문제의 경우, 대부분 시급한 처방이나 적절한 개선책이 제시되면 그만이겠지만, 인간의 형성, 곧 교육의 문제는 그리 간단하지 않습니다. 임시방편에 불과한 선부른 부분적인 처방보다는 오히려 교육 문제를 총체적으로 정확하게 진단하고 그에 따른 해결책을 장기적으로 모색하는 일이 절실합니다. 저는 10년 전쯤에 '여가(*schole*)'라는 주제로 책을 쓴 적이 있습니다. 그 당시 뼈저리게 깨달은 바는, 여가를 제대로 파악하기 위해서는 여가의 개념 자체에 논리적으로 집착하기보다는 오히려 여가와 관련된 삶 전체를 조망할 때 비로소 여가가 뚜렷이 보이기 시작한다는 것입니다. 제가 거의 반평생 연구한 결과, 교육도 마찬가지입니다. 여기서 긴 말씀 드리지 않겠습니다만, 안타깝게도 우리 교육학은 의도치 않게 지나치게 부분적 전문성에 몰두한 나머지 삶 전체와 연관된 교육 현상을 도외시하고 있습니다. 물론 다방면으로 삶 전체와 얽히고설켜 있는 교육을 제대로 파악하기 위해서는 반드시 우리의 삶 전체를, 정치도 경제도 종교도 아닌 바로 교육적 안목으로 바라볼 수 있는 '패러다임'이 있어야 합니다.

만약에 그러한 개념적 틀이 부모의 마음속에 생겨나서 그들이 교육 사태를 삶 전체와 관련하여 총체적으로 바라볼 수 있게 된다면, 부모들이 자식을 거친 삶의 소용돌이에서 키우면서 늘 부딪칠 수밖에 없는 교육의 문제가 달리 보일 것이며, 그 문제 사태가 비록 당장 깔끔하게 해결되지는 않더라도 부모들은 어느 정도 '인생지사 새옹지마'나 '전화위복(轉禍爲福)'이 시사하는 것과 비슷한 마음의 여유를 조금 더 가질 수 있게 될 것입니다. 바로 이러한 취지에서 이 책은 시중에 흔하게 널려 있는 교육적 처방을 시시콜콜하게 제시하는 것이 아니라, 주어진 교육 현상을 제대로 이해할 수 있는 개념적 방편이나 이론적 패러다임을 부모에게 제공하는 데에도 도움이 될 수 있을 것입니다. 사실, 어떤 부모이든지 자녀 교육에 관한 한 심리적 거리를 두기 어렵겠지만, 오히려 그럴수록 더 교육 현상을 좀 거리를 두고 침착하게 바라볼 수 있는 안목과 지혜가 필요하다고 생각합니다. 이에 적어도 교육에 기반을 두고 삶 전체를 이해하고자 한 교양서가 한 권 정도는 있어도 되지 않겠는가 하는 생각이 들었습니다. 제가 보기에 우리나라 사람들은 교육에 대한 욕망과 열정은 지나치다 싶을 정도로 강한 반면에, 의외로 교육에 대한 이해 정도는 거기에 훨씬 못 미치기 때문입니다.

이 책은 사범대학이나 교육대학의 예비교사들이 배우는 〈교육학 개론〉이 아닙니다. 보통 교육학 개론은 수강생을 교육학에 입문시키는 초보적인 강좌로 이해되고 있습니다. 현존하는 교육학 개론은 대부분 교육학의 전문 분과들의 여러 교수가 참여하여 교육철학, 교육심리학, 교육사회학, 교육과정, 교육행정, 교육평가, 교육공학 등의 전공 지식을 각기 요약하여 체계적으로 구성한 것에 해당합니다. 현실이 그러다 보니 그 결과물은 본의 아니게 교육학의 전문 분과들보다 오히려 더 어려운 내용이 되거나, 아니면 어떤 기준도 없이 여러 학문을 자의적으로 뒤섞어 조합해 놓은 것과 같은 느낌을 지울 수 없습니다. 이러한 폐단을 두고 볼 때 교육학 개론은 입문을 위한 강좌임에 틀림이 없겠지만, 결코 그 강의 내용이나 강사가 초보여서는 안 됩니다. 교육학 개론 강사는 한 교육학 분과의 전문성을 갖추어야 할 뿐만 아니라 교육학 전반을 두루 섭렵하고 통합적으로 꿰뚫고 있는 아주 경륜이 높은 학자이어야 합니다.

이러한 기준을 고려해 볼 때 저 자신이 과연 〈교육학 개론〉과 같은 성격의 교양서를 집필할 자격이 있는지 의심스러울 수밖에 없습니다. 당연히 저는 위에서 말한 기준에 비추어 매우 미흡한 사람입니다. 혹시 이 책에서 어떤 실질적인 교육적 처방을 기대하는 부모님들을 실망하게 하지는 않을까, 과연 나 자신은 다른 일반인들에게 조언할 정도로 교육적으로 모범적인 삶을 살고 있는가 하는 등등의 여러 상념에 책 쓰기를 여러 번 주저했습니다. 그러나 다른 한편으로, 이 작업이 다른 사람을 계몽하거나 가르치려는 목적이 아니라, 이제까지 평생 공부한 교육학 지식과 고민을 스스로 정리하고 탐색하는 좋은 기회가 될 수도 있겠다는 생각이 제게 큰 위로와 용기가 되었습니다. 말하자면 이 책은 강의록이기 이전에 거의 반평생에 걸쳐 교육학을 공부한 저의 삶에 대한 '내러티브(narrative)'이기도 합니다. 또 한편, '이러한 종류의 교육학 교양서가 과연 세상 사람들의 공감을 얻을 수 있을지 말지는 커다란 하나의 인생 실험일 수도 있겠구나!' 하는 도전 정신도 전혀 없지는 않았습니다. 이 책이 널리 알려져서 세상을 눈곱만큼이라도 움직일 수 있으면 얼마나 좋겠습니까.

이 책은 전문적이고 체계를 갖춘 교육학 전공 서적과는 거리가 멉니다. 제가 평생 일상적으로 강의할 때마다 교육학의 기초에 대한 이해를 돕기 위하여 수강생들에게 말해 왔던 주요 에피소드, 또는 수강생들과 주고받은 질의응답들을 두서없이 모아 보았습니다. 비록 이 책에서는 일반인들이 이 시대의 교육 문제와 관련하여 충분히 궁금해할 만한 중요한 질문들을 다루고 있지만, 대학 강의이니만큼 그렇다고 해서 그 내용이 결코 가볍거나 쉽다고만 할 수 없을 것입니다. 또 강의 원고의 분량이나 난이도도 고르지 않고 들쑥날쑥합니다. 그렇기 때문에 일반 독자의 입장에서는 너무 학문적이어서 다소 어려운 장(chapter)이나 부분은 건너뛰면서 읽거나, 꼭 필요한 부분만 발췌해서 읽어도 무방할 것입니다. 강의도 공연과 같아서 아무리 좋은 강의일지라도 공간적 제약을 받고 일회성을 면하기 어렵기 때문에, 강의의 소중한 순간과 내용들을 어떤 매체나 도구로든지 붙잡아 놓았으면 하는 바람이 늘 있었습니다. 그런 측면에서 이 책은 제게 그러한 소망을 실현할 수 있는 절대 흔치 않은 소중한 기회인 동시에, 일반인을 향하여 열려 있는 일종의 '공개 강의록'이라고 할 수 있을 것입니다.

이 책은 교육과 관련하여 품을 수밖에 없는 주제들을 다소 진중하게 다루고 있는 자유로운 수필에 가깝습니다. 따라서 이 책은 전문적이고 체계적인 학술 서적과는 거리가 있으며, 제 주장을 입증하는 데 힘을 쏟을 생각도 전혀 없습니다. 다만, 일반독자들께서 이 책의 내용을 읽으시고 제 아이디어에 공감해 주시면 저는 그것으로 대만족입니다. 혹여 일반독자들께서 공감할 수 없는 것들이 더러 있다면, 그것은 아마도 전적으로 제 능력과 학식의 부족 때문일 것입니다. 저는 이 책의 진술 방식에 대해서 여러 가지로 고민해 보았습니다. 교사, 교육학 전공자들뿐만 아니라 일반인들을 독자로 가정한 글이기 때문에, 진술 방식과 용어는 가능한 한 평이하고, 마치 눈앞에 있는 독자들과 대화하는 듯한 구어체를 지향했습니다. 그럼에도 불구하고 이제 탈고한 이 시점에서 보니 부분적으로는 상아탑에 갇혀 살아온 노교수의 독백과 같은 소통이 어려운 내용들이 더러 포함되어 있습니다. 모두 제 불찰이요 부덕(不德)의 소치입니다. 될 수 있으면 전문 학자와 용어들은 자제하고, 꼭 필요한 경우에만 다른 이의 글을 인용하였으며, 의도적으로 가능한 한 참고 문헌은 표기하지 않았습니다. 다만, 이 책의 마지막 부분에 학구적인 독자의 이해를 돕기 위하여 '이 책에서 참조한 문헌들'을 남겨 놓았을 뿐입니다.

앞서 언급한 바와 같이 이 책을 집필하기까지 많은 망설임이 있었습니다. 저는 이 책에서 다루고 있는 모든 주제에 대하여 이미 결론이 정해져 있거나 미리 모두 알고 쓴 적은 한 번도 없었습니다. 오히려 각 주제들은 저 스스로에게 깨쳐야 할 화두이자 질문이었습니다. 이 책의 각 주제에 대하여 저의 고민을 이리저리 일반독자들과 함께 나누고자 할 뿐입니다. 이 머리말조차도 그 대부분이 책을 다 쓴 다음에 여유를 가지고 작성된 것이 아닙니다. 앞으로 이 책을 어떤 방향으로 쓰겠다고 하는 저 스스로의 다짐에 가깝습니다. 이 책을 끝까지 완성하는 데 무엇보다도 가족의 응원 힘이 컸습니다. 항상 가족 걱정만 하시다가 작년에 돌아가신 어머니 홍경자 권사님, 그리고 집필 기간 내내 인내하고 기다려 준 아내 박수연 선생과 아들 동현이와 며느리 아름이에게도 이 자리를 빌려서 고맙다는 말을 꼭 전하고 싶습니다. 또한 여러 가지 어려운 출판 환경에도 불구하고, 교육학 교재가 아닌 교양서를 흔쾌히 출간해 주신 교육과학사와 관계자 여러분께도 이 자리를 빌려서 심심한 감사의 말씀을 올립니다.

2024년 10월 22일

일락산 기슭에서 저자

차 례

제 1 강

교육의 목적으로서 '전인'은 어떤 사람인가

1.

교육의 사태에서 모순이나 결핍이 느껴질 때, 또는 교육이 잘못된 방향으로 흘러간다고 느낄 때, 사람들은 영락없이 그 반대편에 있는 이상적인 교육의 모습으로서 전인교육을 가리킵니다. 바꿔 말하면 전인교육은 현재 이루어지고 있는 교육의 문제점을 비추어서 드러낼 수 있는 거울이나 척도인 셈입니다. 그러나 정작 전인교육이 무엇인지를 제대로 아는 사람은 의외로 찾기 어렵습니다. 형편이 이렇다 보니 전인은 실제 존재하지 않는 허구인가 하는 의심마저 들기도 합니다. 물론 지금도 일반적으로 받아들여지고 있는 전인교육의 정의는 엄연히 존재합니다. 전인교육은 '지육, 덕육, 체육의 조화 또는 균형을 꾀하는 교육'이라는 것입니다. 비록 표현에 있어서 조금씩 차이가 나지만, 이 정도 수준의 정의는, 비단 교육학을 본격적으로 전공한 사람에게만 가능한 것이 아니라, 일반인에게도 거의 상식에 속합니다. 그리하여 이 정의는 지극히 당연한 것이어서 더 이상의 논의가 불필요한 것처럼 여겨지기도 합니다. 그러나 조금만 다른 시각에서 전인교육의 문제에 접근해 보면, 우리는 전인교육에 대하여 그리 내세울 만한 지식이 별로 없다는 것을 금방 깨닫게 됩니다. 예를 들어, 전인교육을 한다고 하면서도 '전인은 대체 어떤 사람을 가리키는가?'와 같은 아주 기본적인 질문에도 말문이 턱 막히곤 합니다.

동서고금을 막론하고 전인교육을 강조한 사람들은 무수히 많았음에도 불구하고 전인 자체의 의미를 명확하게 설명하는 이는 지금도 찾을 수가 없습니다. 학자들은 플라톤의 『국가론』에 자주 등장하는 '칼로카가티아(*Kalokagathia*)', 또는 오늘날 영어표기에도 흔적이 남아 있는 '엥퀴클리오스 파이데이아(*Enkyklios Paideia*)'에서 전인의 개념을 모색해 보기도 하지만, 아직도 그 의미가 명확하지 않습니다. 칼로카가티아는 희랍 어원상 대략 '미와 덕을 겸비한 인간' 정도로 해석할 수 있고, 엥퀴클리오스 파이데이아는 단순하게 '원만한 사람을 길러내는 교육' 정도로 이해하면 될 것 같습니다. 그러나 한편, 혼란스럽게도 후자는 오늘날 전인교육의 정반대편에 서있는 '백과전서식 교육'이라는 오명을 뒤집어쓰고 있기도 합니다.

동양에서 한자로 '全人教育'이라는 용어를 처음 사용한 사람은 오바라 구니요시(小原國芳: 1887-1977)로 알려져 있습니다. 그러나 아쉽게도, 그의 『全人教育論』(1969)에도 전인에 대한 만족할 만한 설명은 나오지 않습니다. 단지 전인은 '인류 문화를 고르게 갖춘 완전한 인격', 또는 '풍부하고 조화된 인격'으로 막연하게 정의되어 있을 뿐입니다. 위에서도 잠시 언급했듯이 지금까지도 우리나라 학자들은 대부분 천편일률적으로, 전인을 지·덕·체 3가지 구성요소의 결합으로 규정하고 그것들을 조화롭게 안배포치(安排布置)하는 것을 전인교육이라고 보고 있습니다. 이러한 견해는 페스탈로치(Pestalozzi) 사상을 한 치도 벗어남이 없이 그대로 답습한 결과로 보입니다.

그러나 전인에 대한 이상의 설명을 모두 합친다고 하더라도, 그것은 우리가 절대적으로 추앙해야 할 전인의 개념으로서 너무나 박약하다는 생각이 듭니다. 또 한편, 전통적인 전인의 개념에는 결정적인 맹점이 두 가지 있습니다. 하나는 전인을 구성하는 '요소'에 관한 것입니다. 전인의 구성 요소들은 전인교육을 주창하는 사람마다 차이가 큽니다. 전인의 구성 요소들은 '지・덕・체'가 주류를 이루고 있지만, '지・정・의'라고 지칭되기도 하고, '지성・덕성・영성'이나 '머리・가슴・몸'이라고 표현되기도 합니다. 더군다나 학자들에 따라서 전인의 구성요소의 수효는 얼마든지 다를 수도 있습니다. 전인의 구성요소로서, 위에서와 같이 3가지로 구분하지 않고, '이성・감성', '영혼・육체', '사고・행동', 그리고 성리학(性理學)에서와 같이 '性・情' 2가지로 구분한다고 해서, 아니면 4가지 이상의 수효로 규정한다고 해서 잘못은 아닐 것입니다. 요컨대, 전인의 구성요소와 그 수효는 절대적으로 정해진 것이 아닙니다.

또 하나의 문제점은 전인을 구성하는 요소들 간의 '관계'에 관한 것입니다. '지・덕・체의 조화로운 발달'이라고 할 때 '조화'는 이제까지 통념상 지・덕・체가 각각 별도의 '부분(parts)'으로 나뉘어 있다고 파악하고, 그들 간에 가능한 한 불균형이 일어나지 않도록 양적으로 조절하는 것으로 이해됩니다. 그러나 그 조화는 달리 해석될 가능성이 얼마든지 열려있습니다. 지・덕・체 간의 관계는 동일한 전인의 상이한 '측면(aspects)' 간의 관계를 의미한다는 것입니다. 이 관점에서 보면, 지 · 덕 · 체는 별개의 '부분'이나 덩어리로 존재하는 것이 아니라, 그 각각은 나머지 두 요소를 필연적으로 수반합니다. 예를 들어, 지를 중심으로 생각해 보면 덕과 체는 지와 떨어져서 별도로 존재하는 별개의 요소가 아니라 지와 결합되어 있는, 지의 이면을 나타내며, 덕과 체를 중심으로 놓고 봐도 동일합니다. 전인의 지적 측면의 계발이 관심의 초점이 되는 경우에도 지에 당연히 수반되는 덕과 체에 대한 교육적 고려가 함께 이루어져야 합니다(이홍우, 1996).

이와 같이 전인의 구성요소와 그 수효, 그리고 그것 간의 관계 양상은 절대적인 것이 아니라 다양하며, 그중 어느 하나를 가지고 전인을 규정하는 것은 한계를 가질 수밖에 없습니다. 어쩌면 지금까지 우리는 다양한 조합이 가능한, 전인의 구성요소와 수효, 그리고 그것 간의 관계 양상들 중에 특정 어느 하나를 가지고 거의 맹목적인 수준에서 전인교육을 강행해 온 것은 아닌가 하는 반성을 해 봅니다. 그렇다면 전인을 그 구성요소와 그들 간의 조합이 아닌 다른 방식으로 설명할 수 있는 방도는 없는 것일까요?

2.

저는 '전인(全人)'이라고 할 때 '전(全)'의 의미에서 그 실마리를 찾고자 합니다. '전'의 의미를 어떻게 해석하는가에 따라서 전인의 의미는 크게 달라질 수 있습니다. 이제까지 전인을 연구한 학자들은 거의 대부분 '전'을 사전적 의미 그대로 '온전함', '완전함', '원만함' 등으로 이해해 왔습니다. 앞서 비판한 바 있는, 지・덕・체를 고르게 갖춘 조화된 인간을 전인으로 보는, 지금까지도 가장 지배적인 관점 또한 전의 의미를 온전함 등으로 파악한 결과라고 볼 수 있습니다. 전의 의미를 그와 같이 받아들임으로써 전인의 의미는 잘못된 길을 걷게 되었다고 판단됩니다. 전을 원래의 의미로 되돌려 놓아야 전인의 개념이 제대로 확립될 수 있습니다.

무엇보다도 '전(全)'은 원래 영어 'whole'에 상응하는 단어라는 점에 주목할 필요가 있습니다. whole은 일차적으로 '전체' 또는 '총체'라는 의미를 가집니다. 일단 이 의미는 앞에서 살펴본, 온전함, 원만함, 완전함, 조화로움과는 상당한 거리가 있어 보입니다. 왜 기존의 연구자들이 총체라는 'whole'의 일차적 의미는 제쳐놓고, 그 번역어에 불과한 全의 의미에 그렇게도 집착해 왔는지 의아할 따름입니다. 그렇다면 whole을 '전체' 또는 '총체'라고 해석했을 때 'whole man'의 정확한 의미는 무엇일까요? 영어 'whole person'에 해당하는 독일어 'Der Ganze Mensch'와 라틴어 '*Homo-totus*'에서 수식어 'Ganze'와 '*totus*' 모두 전체 또는 총체라는 의미를 내포하고 있습니다. 잠정적으로 whole person은 '총체적 인간' 또는 '총체로서의 인간' 정도로 번역해도 크게 무리는 없을 듯합니다. 여기서 '총체적 인간' 또는 '총체로서의 인간'은 무엇을 의미할까요? 그 해답은 피이퍼(J. Pieper)의 『여가』(1952: 36)에서 찾을 수 있습니다.

> 교육은 전인과 관련이 있다. 좀 더 구체적으로 말하면, 교육받은 사람은 총체로서의 세계를 이해하는 안목을 가지고 있는 사람이다. 교육은 전인, 존재하는 모든 사물을 파악할 능력이 있는 인간, 곧 '우주를 그 안에 담을 수 있는 인간(*homo-capax universi*)'과 관련되어 있다(Pieper, 1952: 36).

저는 whole은 '우주 전체', 위인용의 용어로는 '총체로서의 세계' 또는 '존재하는 모든 사물'이라고 수강생들에게 설명합니다. 더 나아가서, 전인은 '우주를 그의 마음 안에 담을 수 있는 인간(*homo-capax universi*)'을 의미한다고 역설합니다. 또한 바로 이것이 '총체로서의 인간'의 진정한 의미이겠지요. 지금으로서는 어떤 이유에서 이러한 전인의 핵심 의미가 그 흔적도 없이 사라지게 되었는지는 알 도리가 없습니다. 여기서 굳이 총체로서의 인간이라는 전인 개념의 배경이 되는 전문적인 존재론이나 인식론을 다루지는 않겠습니다. 그러한 복잡한 설명을 장황하게 하는 것은 이 책의 취지에 부합하지 않는다고 판단되기 때문입니다.

다만 전인은 결코 듣기 좋으라고 외치는 허구가 아니며, 우리가 모두 전인적 존재임을 잊고 살지 않았으면 좋겠습니다. 전인은 교육의 최종 목적이기만 한 것이 아닙니다. 우리가 그 목적을 지향하여 배워가는 과정 중에도 분명 우리는 전인입니다. 인간의 진정한 가치는 얼마나 총체로서의 인간에 가깝게 살아가는가에 달려있습니다. 총체로서의 세계를 끝까지 놓치지 않고 자기 것으로 내면화할 수 있는지가 결국 인간성을 결정합니다. 인간은 체질상 누구나 살다가 보면 부분적, 일시적, 그리고 표피적 이익이나 이해관계에 집착하거나 함몰될 수밖에 없는지도 모릅니다. 그러나 우리는, 비록 그러한 인간의 굴레를 완전히 벗어버릴 수는 없을지라도, 그렇게 살아가는 과정에서도 한편으로는 여전히 총체로서의 인간, 곧 전인으로서 남아 있어야 합니다.

3.

'인간은 변화시킬 수 있다.'라는 아주 단순한 명제에 대해서도 논란이 많을 수 있습니다. '아무리 해도 인간은 변화시킬 수 없다.'라는 입장도 충분히 예상됩니다. 이 논란의 결론을 떠나서 아무튼 교육은 인간의 변화를 도모하는 영위임이 틀림없습니다. 인간이 교육적으로 변화했다는 것은 어떻게 되었다는 것일까요? 불과 50년 전만 해도 교육학에서 인간이 교육적으로 변화했다는 것은 의도적인 교육에 의하여 인간의 '행동(behaviour)'이 변화했다는 의미로 받아들여졌습니다. 이미 검증이 끝났다시피 이 정의에는 교육적으로 맹점이 한둘이 아닙니다. 행동의 범위를 어떻게 정하든지 간에, 행동의 변화에 마음의 변화가 수반되지 않는다면 그것을 진정한 교육적 변화라고 부를 수 없을 것입니다. 교육 개혁이나 교육과정 개정 때마다 항상 우리는 전인교육을 외치면서 동시에, 전인과는 거리가 먼 행동의 변화만을 무조건 추구한다는 것 자체가 어불성설입니다.

저는 인간이 교육적으로 변화했다는 것은 결국 전인적으로 변했다는 것을 의미한다고 생각합니다. 그렇다면 인간이 전인적으로 변화했다는 것은 도대체 어떻게 되었다는 것인가요? 먼저, 위에 예시한 바 있는 전인의 구성 요소들을 가지고 설명하자면, 그 사태는, 총체로서의 세계에 대한 일반적인 지식 또는 그것을 반영하고 있는 교과들이 한 사람의 마음에 내면화되어 지·덕·체(지·정·의/머리·가슴·몸/性·情/영혼·육체 등)가 균형 있게 융합되는 것을 가리킵니다. 다시 말하여 총체에 대한 지식이 한 사람의 마음에 들어와서 그의 전신체에 영향을 미침으로써 그의 지성과 감정과 의지가 각각 따로 놀지 않고 하나의 목적인 총체로서의 마음을 향해 일관성 있게 변화를 겪는 것을 의미합니다. 예를 들면, 국어 시간에 한 편의 시를 배우면서 인상적인 시적 이미지 하나를 떠올리게 된 사람이 있습니다. 그런데 그 이미지는 결코 단순한 지적 이미지에만 머물지 않았고, 일상에서도 그 이미지만 연상하면 매번 가슴이 두근두근하게 되었으며, 또 그때마다 늘 자연스럽게 혼자서 시구를 읊조리면서 주변에 선행을 베푸는 일에 앞장을 서곤 합니다.

내면화한 지적 관념 또는 추상적인 이미지 하나가 온몸에 지대한 영향을 끼쳐서 궁극적으로 구체적인 행동을 자아낸다는 것 자체가 지금 이 순간에도 학생들을 가르치면서 우리가 겪고 있는 신비가 아닐 수 없습니다. 위에서는 기존의 용어, '지·덕·체'를 사용하여 표현했지만, 보다 구체적으로 상세하게 묘사하자면, 전인적으로 변화했다는 것은 외부의 총체로서의 세계에 대한 지식이 몸 안에 들어와, 그의 뇌뿐만 아니라 미세한 근섬유를 포함한 신경세포 하나하나에 이르기까지 모든 것이 통일된 하나, 곧 총체로서의 마음으로 융합하게 되는 전신체적인 변화를 의미합니다. 그런데 총체로서의 세계를 내 것으로 받아들여 '지·덕·체' 또는 '性·

情' 또는 '이성 · 감성' 등이 균형(equilibrium) 있게 융합된 총체로서의 마음을 소유하게 되었다는 것은 어떤 의미를 가질까요? 총체로서의 세계를 배움으로써, 비단 뇌뿐만 아니라 미세한 근섬유를 포함한 신경 세포 하나하나에 이르기까지 모든 것이 변화하여 총체로서의 마음으로 융합되었다는 것은 무엇을 의미할까요? 그것은 아마도 외부 세계를 내 것으로 받아들임으로써 몸과 마음이 겪게 되는 변화가 최고조에 도달하게 되는 경지일 것입니다. 우주 전체의 미미한 한 부분을 차지하고 있는 보잘것없는 개별적 육체에 전 우주의 총체적 질서가 선명하게 드러나게 되는 상태를 의미합니다.

4.

또 한편, 여기서 '지 · 덕 · 체' 또는 '性 · 情' 또는 '이성 · 감성' 등이 균형 있게 융합된 총체로서의 마음은 결코 추상적이거나 공허한 것이 아닙니다. 오히려 '지 · 덕 · 체' 또는 '性 · 情' 또는 '이성 · 감성' 등이 모두 최고도로 발현되어 제 기능을 다하고 있는 역동적이고 활력이 넘치는 상태라고 할 수 있습니다. 그렇기 때문에 이러한 점을 가리켜서, 쉴러(F. Schiller)는 '유희 충동(Spieltrieb)', 훔볼트(W. Humboldt)는 '힘(Kraft)', 콜링우드(R. G. Collingwood)는 '정서(emotion)'라고 각각 부른 바도 있습니다. 성리학(性理學)에서 총체로서의 마음을 나타내는 '中(중)'과 별도로 '庸(용)'을 설정한 이유 또한 거기에서 찾을 수 있을 것입니다. 중은 총체로서의 세계가 한 인간의 몸과 마음에 압축되어 융합된 것이라는 점에서 앞서 다룬 전인(*homo-capax universi*)의 동양적 버전에 해당합니다. 중은 그 자체를 원동력으로 하는, 우리가 흔히 말하는 수단과 목적의 관계 또는 사욕(私慾)과는 전혀 다른 차원의 추진력을 가집니다. 그것은 곧 이해관계나 사욕에 대비되는 실재에서 나오는 힘을 가집니다. 그리하여 中은 자체의 추진력으로 인하여 '그렇게 하지 않으려고 해도 그렇게 하지 않을 수 없게', 달리 말하면 '자연스럽게' 항상 밖으로 드러나기 마련인데, 그와 같이 외부로 표현된 중의 행동적 측면이 곧 용인 것입니다.

중은 그것과는 별도의 어떤 조치를 취해야 비로소 추진력이나 활용 가치를 가지게 되는 것이 절대 아닙니다. 도식적으로 말하여, 중과 용 사이에 별도의 인위적 조치가 개입되어야 용이 되는 것이 아니라는 것입니다. 요컨대, 중은 건드리지 않아도 저절로 용이 됩니다. 중용은 단지 현실에 반영된 중의 또 다른 양상(樣相)일 뿐입니다. 이 점에서 '중과 중용 사이에는 간극이 없다.'라고 감히 말할 수 있습니다. 중은 자연스럽게 용으로 표출되며 그 표출된 용은 '시중(時中)' 개념(君子時中, 『中庸』 2장)이 시사하는 바와 같이 어떤 상황이나 맥락에서도 항상 시의적절합니다. 요컨대, 중용은 총체로서의 마음, 곧 중에서 자연스럽게 비롯되는, 어떤 상황에서도 항상 시의적절한 행동을 가리킵니다. 여기서 자연의 의미는 중이 외부 세계와 관련을 맺는 양상을 가리킵니다. 자연은 가장 깊고 은밀한 마음의 핵심부가 있는 그대로 외부의 생각과 말과 행동 등으로 저절로 드러나게 되는 과정 그 자체를 의미합니다. 도식적으로 볼 때, 원초적 발단으로서의 중과, 중의 최종적 표현으로서의 모든 생각과 말과 행동으로서 용 사이에는 결코 좁혀질 수 없는 상당한 거리가 존재함에도 불구하고, 그 거리가 거리로 느껴지지 않을 만큼 저절로 메워지는 과정이 곧 자연인 것입니다.

전인은 그 됨됨이가 별도의 인위적 조치가 없어도 '자연스럽게' 외부로 드러나게 됩니다. 전인은 외부의 변수에 개의치 않고 저절로 주어진 상황에 딱 맞게 행동합니다. 자연은 모름지기 전인 여부를 판가름해 줄 수 있는 필수 불가결한 징표(徵表)입니다. 오늘날 교육의 당면 과제로서, 외부적 필요나 요청에 의하여 쥐어짜내야 하는 인간의 역량이나 행동은 자연의 의미에 비추어 볼 때 근본적인 한계에 부딪힐 수밖에 없습니다. 어떻게 현대 사회에서 계속해서 쏟아져 나오는 외부의 필요나 요청에 상응하는 역량이나 행동들을 일일이 다 가르칠 수 있겠습니까? 아마도 자연의 의미가 교육에 던져주는 가장 중요한 시사점은, 현대 교육이 추구하는 방향과는 반대로, 마음의 핵심부를 기반으로 자연스럽게 외부의 일을 잘할 정도로, 먼저 심성의 핵심부와 그 함양에 보다 더 관심을 쏟아야 한다는 극히 단순하면서도 당연한 호소일 것입니다.

이상에서 살펴본 바와 같이, 인간 행동에는, 존재하는 모든 것과, 그것과 따로 생각할 수 없는 총체로서의 마음, 그리고 총체로서의 마음과, 반드시 외부로 드러나게 되어 있는 생각과 말과 행동의 관련 양상이라는 거대하고 복잡한 우주의 메커니즘이 엄연히 있음에도 불구하고, 현대 교육은 그것을 외면하고 오직 겉으로 드러나는 부분적인 행위 자체와 그 한시적인 결과에만 집착하는 경향이 있습니다. 그러나 이미 앞에서도 지적한 바와 같이 외적 행동이 일시적으로 엄청난 효율성을 띨지라도 그것에 위의 메커니즘에 따른 마음의 변화가 수반되지 않는다면 그것은 결코 진정한 교육적 변화로 보기 어려울 것입니다. 이제 저는 이상의 논의들을 종합하여 제가 생각하는 전인의 개념을 재규정하는 것으로 본 강의의 결론을 갈음하고자 합니다.

> 전인은 총체로서의 세계와 그 질서를 내면화한 결과, 그의 마음이 총체로서의 세계와 가장 이상적으로 융합하여 전신체적인 변화를 겪게 됨으로써, 그의 모든 생각과 말과 행동이 굳이 애쓰지 않아도 자연스럽게 주변 상황이나 주어진 일에 완벽하게 들어맞게 되는 사람을 일컫는다.

제 2 강

지혜는 가르칠 수 있는가

1.

일상을 살아가면서 매사 경우에 맞게 행동하는 것은 매우 어려운 일입니다. 저 또한 맥락에 어울리지 않거나 어리석은 행동을 하고 나서 후회한 적이 너무나 많습니다. 그렇기 때문에 아마도 인생을 좀 진지하게 살아본 사람이라면 누구나 다 지혜롭게 살고 싶어 할 것입니다. 생활 속에서 상황에 적절하게 행동하는 지혜로운 사람만 보면, 한편으로 부러워하기도 하고, 다른 한편으로 그를 본 삼아 닮으려고 애써 보기도 합니다. 우리는 주변에서 어리석은 사람의 행동과 지혜로운 사람의 행동을 막연하게나마 분별할 수도 있습니다. 비단 위인(偉人)뿐만 아니라 구체적인 평범한 인물의 삶이나 행동을 통해서도 지혜로운 사람이 어떤 사람인지, 그리고 지혜를 가진 사람은 과연 어떻게 행동하는지를 어느 정도 간파할 수 있습니다.

그러나 그럼에도 불구하고, 지금 우리는 지혜란 무엇인지, 지혜롭다는 것은 어떻게 행동하는 것인지 분명하게 설명할 수 없는 형편에 있습니다. 예전에 저도 지혜가 무엇을 의미하는지를 개념적으로 설명하려고 하면, 말문이 막혀서 당황했던 적이 있었습니다. 비단 일반인뿐만 아니라 지혜를 본격적으로 연구하는 학자들조차도 '지혜는 무엇인가'에 대하여 파편적인 설명 이외에 확고한 정의(定義)를 내리지 못하고 있습니다. 우리 주변에 똑똑한 사람들은 꽤 많이 있지만 반면에 의외로 지혜로운 사람은 찾아보기 쉽지 않습니다. 똑똑하지만 지혜가 없는 사람, 소위 '헛똑똑이'도 매우 많습니다. 이 점에서 보면 지혜는 머리만 좋다고 해서 생기는 것은 아닌 것 같습니다. 또 한편, 지혜는 지식과는 비슷한 것 같으면서도 달라 보입니다. 지식을 많이 쌓는다고 해서 곧바로 지혜가 생기는 것도 아닙니다. 아는 것은 많지만 주어진 실제 상황에서 행동을 잘 못하는 사람도 무수히 많습니다. 역으로, 실제 상황에서 수많은 행동을 해 본 사람, 소위 경험이 많은 사람은 다 지혜로운 사람이 될 수 있을까요? 만약 그렇다고 가정한다면, 어느 한 분야뿐만 아니라 인생 전반에서도 인생을 오래 살수록 지혜롭게 되고 나이 많은 사람들은 다 지혜로운 사람이라는 도저히 납득하기 어려운 결론이 나옵니다.

『성경』에서는 지혜를 주요 덕목으로 강조하고 있고, 불교에서도 지혜로운 사람이 되라는 가르침을 주고 있습니다. 그렇다면 서양 철학에서 처음으로 지혜의 개념을 '본격적으로' 연구한 사람은 누구일까요? 아시다시피, 아리스토텔레스(Aristotle)라고 볼 수 있습니다. 왜냐하면 아리스토텔레스라고 하면 무엇보다도 먼저 '프로네시스(*Phronesis*)' 개념이 떠오르기 때문입니다. 동서고금을 막론하고 프로네시스는 지혜 연구의 정점(頂點)이라고 주장하지는 않겠지만, 분명 그 개념은 지혜의 의미 요소와 기본 구조를 파악하는 데 많은 도움을 줄 수 있습니다. 지금까지 프로네시스는 많은 학자에 의하여 매우 다양한 의미로 해석되어 왔습니다. 그중에서도 주목할 만한 번역을 나열하면 다음과 같습니다. '실천 이성', '실천적 지혜', '실천지', '도덕적 분별력', '도덕적 직관 또는 통찰', '신중함', '사려 깊음' 등등(Noel, 1999: 273).

오늘날 프로네시스가 영어 'prudence'의 어원이라는 사실을 아는 사람은 별로 많지 않습니다. 프로네시스는 라틴어로 '*prudentia*'로 번역되며, 여기서 비롯된 영어 '프루던스'는 '신중함', '조심성 있음', '용의주도함' 등으로 해석되고 있습니다. 그러나 이하에서 살펴보겠지만, 원래 프로네시스의 의미와, 현재 쓰이고 있는 프루던스의 의미 사이에는 격차가 너무 많이 납니다. 프루던스에는 프로네시스에 들어있던 중요한 의미 요소들이 많이 생략되어 있습니다. 프로네시스는 프루던스처럼 인간이 주어지는 현실에 대처하는 하나의 덕목 또는 특질에 국한되지 않습니다. 여기서 모두 설명하기는 어렵겠지만 생략된 것 중 한 가지만 거론하자면, 프로네시스는 희랍 철학의 이상인 실재(reality)를 관조(contemplation)하는 것과 결코 무관하지 않습니다. 달리 말하면, 프로네시스를 제대로 이해하기 위해서는 실재로 대변되는 보편적인 것, 궁극적인 선 등을 빼놓을 수 없다는 것입니다.

아마도 프로네시스의 고전적 의미에 충실하자면 가장 근접한 번역어는 '실천적 지혜'일 것입니다. 프로네시스를 실천적 지혜로 번역하는 것은 철학 분야의 오랜 전통이기도 합니다. 그러나 한편, 이 번역에도 문제가 전혀 없는 것은 아닙니다. 바로 '실천적'이라는 수식어 때문입니다. 저뿐만 아니라 프로네시스를 연구한 많은 학자들은 실천적이라는 수식어는 군더더기에 불과하다고 생각합니다. 지혜라는 말에는 이미 '실천적'이라는 의미가 함축되어 있기 때문입니다. 플라톤(Plato)의 4주덕(四主德) 중의 하나인 '지혜'에서도 엿볼 수 있는 바와 같이 실천적이라는 수식어는 애당초 없었으며, 중세에도 라틴어 '프루덴시아(*prudentia*)'의 일반적인 번역어는 그냥 '지혜'였다고 합니다. 이하 논의에서도 드러나겠지만, 프로네시스의 의미에는 이미 '실천(practice)' 또는 '행위(action)'라고 하는 요소가 포함되어 있기 때문에 지혜 앞에 실천적이라는 수식어는 불필요한 부연이나 중복일 뿐입니다. 여기서는 맥락에 따라 편의상 '프로네시스'라는 원래 용어를 그대로 사용할 수도 있지만, 독자들께서는 그 용어가 등장할 때마다 그것을 일상적인 의미의 '지혜'로 이해해도 크게 무리는 없을 것입니다.

2.

이제 프로네시스의 의미 요소와 그 구조를 분석해 봄으로써 지혜의 의미에 좀 더 다가서 보고자 합니다. 여기서 아리스토텔레스의 『니코마코스 윤리학』—이하 *E.N.*으로 표기함—에 설명된 프로네시스 개념 전체를 학문적으로 개괄하는 것은 제 능력 범위의 밖일 뿐만 아니라 불필요하다고 생각합니다. 다만, 아리스토텔레스가 프로네시스 개념을 다룰 때 핵심적으로, 또 반복적으로 제시한 의미 요소들을 알아보는 것이 큰 도움이 됩니다. 무엇보다도 먼저, 프로네시스 개념을 설명하고자 할 때 절대 빠뜨릴 수 없는 중요한 의미요소는 '보편적인 것(the universals)'입니다. 위에서도 잠깐 언급한 바와 같이 프로네시스를 제대로 이해하기 위해서는 실재를 반영한다고 여겨지는, 보편적인 것, 궁극의 선(善), 좋은 삶, 목적, 이론, 이념, 원리, 규칙 등을 빼놓을 수 없습니다. 이하에서는 이와 같이 맥락에 따라 다양하게 표현되는 것들을 모두 보편적인 것으로 통칭하고 얘기를 계속해 보겠습니다.

아리스토텔레스는 프로네시스의 의미 구조를 논리학의 '삼단논법'에 비유해서 설명했는데, 보편적인 것은 실천적 삼단논법의 '대전제'에 해당합니다. 이유 없는 무덤이 없는 것처럼, 인간이 살아가는 세상에서 아무 생각이나 지침, 곧 '보편적인 것' 없이 하는 행동은 애당초 존재하지 않습니다. 물론 인간의 행위가 여러 가지 현실적인 이유에서 원래의 보편적인 것대로 안 되는 경우도 많겠지만, 분명한 사실은, 행위는 암암리에 보편적인 것을 대전제로 삼아 이루어지게 되며, 보편적인 것은 행위의 과정 내내 지속적으로 행위에 영향을 미친다는 것입니다. 프로네시스의 의미요소로서의 보편적인 것은 실제 여러 상황 속에서 단순히 경험을 많이 쌓는다고 해서 얻을 수 있는 성격의 것이 아닙니다. 보편적인 것은 앞서 잠깐 언급한 바 있는 실재에 대한 관조, 실재에 대한 기존의 선각자들의 설명이나 묘사, 이론적 지식 등을 내면화하거나 학습함으로써 비로소 획득할 수 있습니다.

다음 프로네시스의 의미요소로서, '개별적인 것(the particulars)'을 꼽을 수 있습니다. 여기서 개별적인 것이란 예상되는 행위에 영향을 미칠 만한 주어진 여건이나 조건들 일체를 의미합니다. 그것은 방법이나 기술이 될 수도 있고, 주변의 공간이나 사물이나 사람, 시기나 날씨 등도 될 수 있습니다. 그것은 끊임없이 변화하며 복잡하게 서로 얽혀서 행위에 영향을 줍니다. 아리스토텔레스가 보기에 인간이 속한 삶의 실제는 개별적인 것에 비추어 판단되지 않으면 안 됩니다. 아마도 이 점에서 아리스토텔레스가 실재에 대한 순수한 관조와 이론적 지식만을 고수했던 플라톤과 사상적 노선을 달리했을 것으로 추측됩니다. 프로네시스의 의미요소로서 '개별적인 것(the particulars)'을 반드시 포함시켜야 하는 이유는 인간의 실천적 행위(praxis) 모두가 개별적인 것과 관련하여 이루어지기 때문입니다. 개별적인 것은 실천적 삼단논법의 '소전제'에 해당합니다. 인간의 행위가 정말로 지혜롭게 이루어지기 위해서는, 달리 말하면 프로네시스가 잘 작동하기 위해서는 단순히 보편적인 것에만 의존해서는 안 되며, 반드시 개별적인 것까지도 알아야만 합니다. 심지어 아리스토텔레스에 의하면, 만약에 그 둘 중 어느 한쪽만 알 수밖에 없는 형편이라면 차라리 개별적인 것을 아는 편이 더 낫습니다.

또한 프로네시스의 의미요소로서, 그리고 실천적 삼단논법의 결론으로서 '행위'를 제외할 수는 없을 것입니다. 지혜가 객관적인 지식과 결정적으로 다른 점은 그것이 곧장 유관한 행위와 연결된다는 점일 것입니다. 프로네시스는 구체적인 행위에 초점을 맞추어 발현되는 능력입니다. 그렇기 때문에 프로네시스는 개념상 구체적인 행위를 떠나서 설명될 수 없습니다. 앞에서 설명드린 바와 같이, 프로네시스를 우리말로 번역할 때 '실천적'이라는 수식어가 불필요한 이유는 프로네시스의 의미에는 이미 '행위'라는 요소가 내포되어 있기 때문입니다. 지혜는 단순히 무엇을 해야 할지 알기만 하는 지식이 아니라, 반드시 그 무엇을 숙련되게 하는 행위로 발현되어야 비로소 그 의미가 충족됩니다.

또 한편, 프로네시스 개념을 연구하는 대다수의 학자들은 아리스토텔레스의 『니코마코스 윤리학』(*E.N.* 2.9)에 근거하여, 프로네시스를 보편적인 것과 개별적인 것 사이의 '조율(attunement)'이라고 정의하곤 합니다. 어떤 사람이 한편으로 보편적인 것을 알고 있고, 다른 한편으로 개별적인 것을 파악하고 있다고 해서, 그것만으로 지혜를 발휘할 수 있을 것으로 기대할 수는 없을 것입니다. 프로네시스가 작동한다는 것은 한편으로 일상적인 경험들과 무관하게 일방적으로 이론적 잣대를 휘두르는 일도 아닐 것이며, 다른 한편으로 이미 익숙해진 기존의 경험 양식을 가지고 새로운 경험을 상투적으로 포섭하는 일과는 구분되어야 합니다. 따라서 프로네시스 개념에는 보편적인 것과 개별적인 것을 연결시켜 줄 수 있는 요소, 곧 조율이 반드시 포함되어야 합니다. 조율에 의하여 비로소, 보편적인 것과 개별적인 것이 적절한 사람과, 적절한 정도로, 적절한 시기에, 적절한 방식으로 조화를 이루게 됩니다.

지금까지 프로네시스의 의미에 반드시 포함되어야 할 핵심적인 골격으로서, '보편적인 것', '개별적인 것', '행위', '조율'을 추려 보았습니다. 아직은 부족하겠지만 앞으로의 논의 전개를 위하여 위의 4가지 의미 요소들을 구조화해 프로네시스를 잠정적으로 정의해 볼 수 있을 것입니다. 앞서 잠깐 시사했듯이, 프로네시스는 '탁월한 행위를 수행하기 위한, 보편적인 것과 개별적인 것들 사이의 조율이다.'라고 정의할 수 있습니다. 그러나 유감스럽게도 이 정의는 기대에 못 미치는 건조한 것에 불과합니다. 비록 프로네시스의 의미요소는 빠짐없이 모두 들어가고 프로네시스를 한 문장으로 구조화하고 있지만, 정작 지혜에 대하여 알려주는 것이 별로 없는 기계적이고 감동이 없는 정의에 속할 뿐입니다. 특히 조율은 정확하게 무엇을 의미하는지에 대한 설명이 필요합니다. 보다 구체적으로 질문하자면, 조율은 무엇을 하는 것이며, 또 그것이 어떻게 가능한 것인지에 대한 설명이 요구됩니다. 조율의 능력은 인간이 선천적으로 타고나는 것인지, 아니면 후천적으로 배워서 습득하게 되는지도 궁금합니다. 이 문제를 해결하기 위해서는 위의 기본 의미요소와 개념을 전제로 하여 보다 심도 있는 보충 설명이 필요합니다.

먼저, 프로네시스의 의미요소로서 보편적인 것은 결코 객관적 지식이 아닙니다. 지금 우리의 삶의 실제와 행위에 지대한 영향을 주고 있는 궁극선, 좋은 삶, 목적, 이론, 이념, 원리, 규칙 등은 책 속에 존재하는 딱딱한 앎이 아니라, 우리가 내면화하고 있는 주관적 지식입니다. 어떻게 행동해야 할지 고민되는 상황은 대부분 급박한 순간이며, 이 경우에 책 속의 객관적 지식은 별로 도움이 안 됩니다. 인간 행위는 단순하게, "A라는 행동에는 Ⓐ라는 규칙이 적용된다."라는 식으로, 일의적으로 결정될 수 없기 때문입니다. 프로네시스를 실천적 삼단논법으로 환원시켜서 적용하는 데 반대하는 연구자들은 프로네시스를 '덕' 또는 '인격'과 관련지어 이해합니다. 저는 그 입장에 전적으로 동의합니다. 행위를 결정짓는 규칙, 곧 내면화된 보편적 지식은 결코 낱낱으로 분리되어 존재하지 않습니다. 프로네시스를 소유한 사람의 마음속에서 궁극선, 좋은 삶, 목적, 이론, 이념, 원리, 규칙 등은 단순한 위계질서를 뛰어넘어 복합적으로 관련되어 총체를 이루고 있습니다. 그렇기 때문에 엄밀하게 말하면 프로네시스가 발휘되는 때 보편적인 것이 단독으로 작동한다기보다는 총체로서의 덕 또는 인격이 어떤 방식으로든지 관련되어 작용한다고 보아야 합니다. 물론 여기서 총체로서의 덕 또는 인격이라는 것은 인간이 인생을 살아오면서 세상과 사물과 사건에 대하여 경험하고 학습하고 깨달은 것, 곧 세계를 자기 것으로 내면화한 것들의 총합이라고 보아도 무방할 것입니다. 바로 이러한 의미에서 프로네시스의 의미요소로서 '총체(wholeness)'를 설정할 수 있을 것입니다.

다음은 개별적인 것에 대한 보충 설명입니다. 앞서 개별적인 것의 예를 몇 가지 들었지만, 사실 인간 행위에 영향을 미치는 개별적인 것은 아주 구체적인 변수들로서 모두 다 형언하기 어려울 정도로 그 수가 많고 다양하며 복잡성을 띠고 있기 마련입니다. 또한 개별적인 것은 보편적인 것과 마찬가지로 각각 독자적으로서가 아니라, 서로 복잡하게 얽혀 있는 하나의 복합체로서 행위에 영향을 줍니다. 프로네시스를 연구하는 학자들은 그 복합체를 '상황(situation)'이라고 부릅니다. 상황은 시간의 지배를 받으면서 얼마든지 달라질 수 있습니다. 상황의 구성요소는 늘 바뀔 뿐만 아니라, 그렇게 구성된 상황 자체도 항상 변화를 거듭하기 때문에 행위 당사자 입장에서는 마음 밖의 상황을 제대로 포착하거나 제어하기 어려울 수밖에 없습니다. 이러한 이유에서 개별적인 것이 인간 행위에 영향을 미친다는 것은 지나치게 생략된 설명에 해당하며, 오히려 개별적인 것보다는 상황을 프로네시스의 의미요소로 설정하는 것이 타당해 보입니다.

이상에서 발굴한 총체와 상황의 의미에 비추어볼 때, 위에서 지적한 조율의 모호함이 더욱 부각됩니다. 다시 말해서, 조율은 도대체 무엇을 어떻게 하는 것인지와 같은 의구심이 생깁니다. 말이 그렇지 총체와 상황은 서로 너무나 이질적인 성격을 띠고 있습니다. 총체는 인간의 마음에 내면화된 보편적인 것의 복합체이고, 상황은 인간이 마음대로 파악하거나 조절할 수 없는 외적 변수들의 집합체이기 때문입니다. 여기서 조율은 총체를 어떻게 한다는 것인지, 또 상황을 어떻게 조정할 수 있다는 것인지, 아니면 이질적인 두 요소 사이를 매개한다고 하면 어떻게 다리를 놓겠다는 것인지에 대한 분명한 답을 던져주고 있지 않습니다. 요컨대, '프로네시스는 탁월한 행위를 수행하기 위한, 보편적인 것과 개별적인 것 사이의 조율이다.'라고 규정할 때 조율이라는 카드는 말만 그럴듯할 뿐이지 얼마나 무기력한 설명인지 금방 알아차릴 수 있습니다.

3.

저는 이 문제로 한참 고민하던 중에 의외의 아이디어에서 도움을 받게 되었습니다. 그것은 바로, '중용(中庸)' 이론입니다. 그것에 따르면, 중(中)은 삼라만상 또는 우주, 곧 총체로서의 세계를 내면화한 가장 이상적인 인간의 마음을 의미합니다. 여기서 모두 설명드릴 수는 없겠지만, 좀 더 부연하자면 『中庸』 1장에서 '천명지위성 솔성지위도 수도지위교(天命之謂性 率性之謂道 修道之謂教)'라고 할 때 성(性)은 총체로서의 세계를 압축적으로 담고 있는 상태를 의미하며, 그것이 실존하는 인간의 마음에 실현된 상태, 곧 총체로서의 마음이 바로 중(中)이라는 것입니다. 이 설명에 따르면, 중은 실존하는 인간이 총체로서의 세계를 내 것으로 받아들여 그의 마음이 평정(equilibrium)을 이루게 된 상태(喜怒哀樂之未發)를 가리킵니다(이홍우, 1996).

물론 이것이 중용에 대한 유일한 설명이라고 생각하지 않습니다만, 교육학자가 근본적인 교육이론을 만들고자 할 때, 특히 지금 다루고 있는 프로네시스의 의미 요소로서 총체를 이해하는 데 많은 도움을 줄 것으로 믿어 의심치 않습니다. 중은 세속적인 의미에서 위에서 언급한 총체로서의 덕 또는 인격과 결코 다르지 않습니다. 중 또한, 한 인간이 구체적인 삶을 살면서 주변의 세계를 자기 것으로 내면화한 것들의 총합과 다름없습니다. 프로네시스가 발휘되는 때 보편적인 것이 각각 단독으로 작동한다기보다는, 그 총합으로서의 중이 어떤 방식으로든지 상황과 관련되어 작용한다고 볼 수 있습니다.

한편, 『중용』의 저자들은 중과는 별도로 용(庸)을 언급하고 있습니다. 왜 중과는 별도로 용을 언급할 필요가 있었을까요? 제가 배운 바로는, 용은 중의 행동적 표현 또는 측면입니다. 중은 애당초 궁극적으로 용을 염두에 둔 개념이라는 것입니다. 앞서 프로네시스 개념은 성격상 구체적인 행위를 떠나서 설명될 수 없었던 것처럼, 중 또한 구체적인 행위를 전제로 하여 태어난 개념이라는 것입니다. 그렇다면 중용의 저자들은 중과 용의 관련성을 어떻게 설명할까요? 중은 내면의 힘이며 그 자체를 원동력으로 하는, 인간 행위를 지배하는 사욕(私慾)과는 차원이 전혀 다른 추진력을 가집니다. 중은 바로 그 자체의 추진력 때문에 그렇게 하지 않으려고 해도 그렇게 하지 않을 수 없게, 요컨대 '자연(自然)스럽게' 밖으로 드러나기 마련인데, 그것이 바로 용입니다.

이러한 관점에서 보면, 서양의 루소(J. J. Rousseau)나 동양의 노자(老子)가 강조하는 '자연(nature)' 개념은 중과 용 사이의 관계로 규정될 수 있습니다. 물론 중과 용 사이에 시·공간적 거리나 간극이 존재하는 것은 아니지만, 공간적 비유로 설명하자면 중에서 용으로 자연스럽게 이어지는 일련의 '과정(process)'이 동서고금을 막론하고 가장 이상적인 의미의 자연일 것입니다. 중에 도달하기만 하면 어떤 별도의 인위적 조치도 필요 없이 가장 은밀하고 미미한 마음의 핵심부가 생각과 말과 행동으로 저절로 자연스럽게 외부로 드러나는 것이야말로 모든 사람이 희구하는 자연의 의미로 손색이 없을 것입니다. 한편, 용(庸)은, 총체를 내면화하고 있는 총체로서의 인격에서 비롯되어 초점적으로 수렴된 행동이기 때문에 어떤 '상황(situation)'에서나 시의적절(時宜適切)할 수밖에 없습니다. 다산(茶山) 정약용(丁若鏞)은 용이 자연스럽게 상황에 부합하는 측면에 주목하여 중용의 별칭으로서 '시중(時中)'을 강조한 바도 있습니다.

이제 지금까지 살펴본 중용 이론을 토대로 하여 프로네시스를 재정의할 때가 되었습니다. 위에서도 지적한 바와 같이 조율은 기대만큼 프로네시스에 대하여 설명해 주는 것이 별로 없는 개념입니다. 조율이 사람 마음 안에 있는 보편적인 것과, 외부 상황과 결부된 개별적인 것 사이의 메꿔질 수 없는 간극을 어떻게 해소해 줄 수 있다는 것입니까? 이 문제를 해결하는 데 있어서 위에서 다룬 '자연' 개념이 절대적으로 기여할 수 있습니다. 보편적인 것과 개별적인 것 사이의 간극은 조율과 같은 어떤 별도의 조치를 통해서 인위적으로 메워질 수 있는 성격이 아니라, 인간의 마음이 중 또는 총체에 도달하기만 하면 '자연스럽게' 극복됩니다. 요컨대, 조율은 인위적으로 하는 것이 아니라 자연적으로 이루어집니다. 이 점에서 자연은 프로네시스의 의미 구조에서 조율을 대체해도 무방한 개념이라고 사료됩니다.

이러한 관점에서 볼 때 프로네시스는 총체로서의 인격에서 자연스럽게 우러나오며, 보편적인 지식과는 이질적인 구체적 상황의 여러 변수들에 의하여 수동적으로 좌지우지되기보다는, 오히려 총체로서의 인격을 기반으로 하여 그 변수들을 능동적으로 조절해 나갈 수 있는 능력입니다. 그렇다면, 이제 새로 발굴한 4가지 의미 요소, 총체, 상황, 자연, 행위를 포함시켜 프로네시스를 다시 정의해 보고자 합니다. 프로네시스는 '총체로서의 마음이 지금 직면하고 있는 상황 속의 예상되는 행위에 초점을 맞추어 자연스럽게 발현되는 통찰'을 가리킵니다. 총체로서의 마음(中)이 지금 여기의 행위(庸)에 초점을 맞추어 저절로 우러나옴으로써(中庸 또는 時中), 시의적절한 완벽한 행위가 달성된다는 점에서 프로네시스의 의미를 찾을 수 있을 것입니다.

이상에서 살펴본 바와 같이 프로네시스는 중용 개념에 비추어 볼 때 그 의미가 보다 확연하게 드러납니다. 물론 거꾸로도 중용 개념 또한 프로네시스에 의하여 그 중요성의 초점이 제대로 맞추어집니다. 프로네시스를 몰랐을 때 저는 중용이라고 하면 단순하게 탁월한 인간 행동 또는 그 메커니즘 정도로 이해했습니다. 그러나 이제 저는 중용을 지혜로 파악하고, 그 이론을 인류의 지혜에 대한 방대한 고찰로 받아들이고 있습니다. 중용은 단순히 시의적절한 행동에 대한 고찰이 아니라, 그 행동의 원천으로서 지혜에 대한 거대 담론인 것입니다. 아무튼 프로네시스와 중용 모두 총체로서의 마음에 힘입어 부분적인 사태를 탁월하게 해결하는 능력입니다. 프로네시스와 중용 모두, 그 핵심은 결국 '총체로서의 마음의 발현(中庸)'에 있으며, 기본 의미 요소(총체－상황－자연－행위)와 구조(위의 재정의 참조)가 동일합니다. 바로 이 점에서 '프로네시스가 곧 중용이요, 중용이 곧 프로네시스이다.'라고 해도 과언이 아닐 것입니다. 물론, 중용에도 군자의 중용과 소인의 중용이 있듯이, 프로네시스에도 다양한 위계와 차원, 그리고 분야마다의 프로네시스가 각기 존재할 것입니다. 다시 말하여, 관조에 가까운 신적인 최고의 프로네시스도 있겠지만, 부분적 전문 영역마다 테크네(*techne*)와 직결되는 세속적인 프로네시스도 얼마든지 존재할 수 있습니다. 그래도 무엇보다도 이 세상에서 가장 큰 프로네시스는 바로 개념적 수준에서의 중용일 것입니다. 바꿔 말하면, 중용은 세상에서 가장 위대한 지혜입니다.

이상에서 프로네시스와 중용 개념을 통하여 지혜의 의미를 고찰해 보았습니다. 그렇다면 우리가 어떻게 하면 지혜를 자식에게 길러줄 수 있을까요? 그 해답의 실마리는 결국 프로네시스의 의미 요소와 구조에 달려있습니다. 다시 말하면, 지혜의 의미 요소와 구조 중 어느 것에 비중을 많이 두는가에 따라 그 방법론이 달라질 수 있습니다. 예를 들어, 지혜를 가르치고자 할 때 '상황'에 비중을 많이 둘 수도 있습니다. 그렇게 되면 교육과정에서 상황을 잘 포착하는 감수성, 상황의 변화를 잘 느끼는 지각 능력, 다양한 상황마다 요구되는 적응 또는 대처 능력 등이 강조될 수 있습니다. 그러나 상황에 필요 이상의 비중을 둘 때 생길 수 있는 폐단이 몇 가지 있습니다. 그중에 하나는, 상황에 지나치게 초점을 맞추고 프로네시스 개념에서 구체적인 행동 강령이나 대처 방법을 상세하게 뽑아내려고 하는 접근입니다. 그러나 그러한 시도가 역사적으로도 몇 차례 있었지만 모두 실패로 돌아갔습니다. 앞서 살펴본 바와 같이, 지혜는 총체에 바탕을 두고 구체적인 상황에서 순간순간 역동적으로 변화하면서 작용합니다. 그러한 본질을 가진 지혜를 언어로 붙들어 외화시키고 나면 그것은 한낱 처세술이나 임기응변으로 전락할 수밖에 없습니다.

상황에 너무 비중을 많이 두지 말아야 할 더 근본적인 이유는 아주 현실적인 데 있습니다. 사실, 상황은 경우의 수가 무수히 많고 너무 복잡하게 얽혀 있으며 항상 변화하고 있습니다. 그러한 성격 때문에 상황마다 그에 적합한 지혜를 모두 가르친다는 것은 현실적으로 거의 불가능한 일입니다. 그러한 의미에서 결국 지혜는 가르칠 수 없다는 결론이 도출됩니다. 그렇다면 대안으로 정반대의 접근 방법을 고려해 볼 수 있습니다. 그것은 바로 프로네시스의 의미요소 중에 총체에 주안점을 두는 것입니다. 앞서 재정의한 프로네시스의 개념, 즉 '프로네시스는 총체로서의 마음이 지금 직면하고 있는 상황 속의 예상되는 행위에 초점을 맞추어 자연스럽게 발현되는 통찰이다.'에 따르면, 지혜를 길러주고자 할 때, 그 원천으로서 총체의 가치는 그야말로 막중할 수밖에 없습니다. 총체야말로 인간을 동물과 구별해 줄 수 있는 가장 뚜렷한 지표입니다.

4.

그렇다면 총체는 어떻게 가르칠 수 있을까요? 총체로서의 마음은 '그 성격상' 인간이 욕망을 가지고 세상을 살다가 보면 저절로 생기는 것이 아닐 것입니다. 또는 세파에 시달리면서 무작정 나이를 먹거나 세상 경험을 많이 쌓으면 자동으로 획득하게 되는 것도 아니라고 봅니다. 앞서 설명한 바와 같이, 총체로서의 마음은 정신적인 것이든 물리적인 것이든 상관없이 인류가 전통적인 유산으로 후대에 남겨 온 여러 가지 제도와 문물과 경험 전체, 곧 총체로서의 세계를 내면화함으로써 비로소 획득하게 되는 것을 의미합니다. 물론 고작 100년 남짓 유한한 존재로서의 인간이 그러한 경지의 이상적인 마음에 도달할 가능성은 거의 희박합니다. 그럼에도 불구하고 인류는 후대에게 총체로서의 마음을 전수해 주기 위한 원대한 발명품을 개발했는데, 그것이 바로 학교에서 가르치는 '교과(curriculum)'입니다. 서양의 교육에는 고대 희랍부터 '자유교과(liberal arts)'라는 유구한 전통이 있습니다. 자유교과는, 오로지 유용성만 따지는 일의 세계의 온갖 침해 속에서 총체로서의 마음을 보장해 줄 수 있는 최소한의 지식의 폭과 깊이를 지켜내고자 하는 데 근본 취지가 있습니다.

이러한 이념은 비단 서양의 자유교육뿐만 아니라, 현재 우리가 가르치고 있는 학교 교과에도 그대로 적용될 수 있습니다. 오늘날에는 학생이나 학부모들은 물론 교사들조차도 이러한 교과의 근본 취지를 모르는 경우가 많습니다. 시험만 없다면 다양한 교과를 다 공부하는 것은 불필요한 일이기 때문에 어느 특정 한 과목이나 역량만 잘 가르치면 된다는 오해를 하곤 합니다. 그러나 우리는 이 점을 결코 잊으면 안 됩니다. 매일매일 습관적으로 쇠꼴이나 베러 다니고 개구리 잡으면서 소일하던, 어느 오지의 산골에 사는 소년이 학교에 가서 다양한 교과를 배움으로써 비로소, 협소했던 그의 경험이 광대하게 확장되고 깊이를 더하게 될 것입니다. 이미 오래전에 죽었던 중국 철학자들의 지혜와 목소리가 그의 머릿속에 생생하게 울려 퍼지고, 생소한 별자리의 이름과 악보에서 흘러나오는 주옥같은 선율의 신세계가 그에게 펼쳐질 것입니다. 돌이켜 보면 우리가 우리 일생을 통해 가장 많이 총체로서의 세계를 경험하는 때는 취업 준비하던 대학 시절이 아니라 오히려, 다양한 교과들을 아무 생각 없이 시험에 나온다는 그 한 가지 이유로 밤새워 공부하던 중·고등학교 시절이 아니었던가 하는 생각이 듭니다.

프로네시스의 의미요소 중 '총체'에 비추어볼 때, 학교에서 가르치는 교과는 총체로서의 마음을 거시적이고 통시적인 차원에서 단절 없이 예방적으로 양성해 나가고자 하는 인류의 제도적 장치입니다. 결국 총체로서의 마음을 획득하기 위해서는, 곧 이상적인 최고의 지혜를 얻기 위해서는 학교에서 가르치는 교과를 제대로 배우는 것 이외에 다른 방도가 없습니다. 그런데 학교에서 교과를 배우는 활동은 대부분 인간의 여러 측면 중에 지성을 자극하고 있습니다. 물론 인간의 지적 측면만 발달한다고 하여 총체로서의 마음에 도달할 수 있는 것은 결코 아닙니다. 프로네시스를 연구해 온 많은 학자들은 프로네시스에서 덕이나 인격의 측면을 강조하면서도 지성을 배제하지 않았습니다. 저는 그 이유는 지성에 호소하는 것이 인간을 총체에 도달시킬 수 있는 거의 유일한 경로이기 때문이라고 생각합니다. 인간이 아무리 세상에서 구체적인 경험을 많이 쌓더라도 지성을 계발하지 않는다면, 총체는 인간에게 그만큼 더 요원한 목표가 될 수밖에 없습니다. 또 한편, 앞서 프로네시스의 의미 요소 중 상황에 대한 감수성 또는 예민함의 중요성을 언급한 적이 있습니다. 그러나 그것 또한 인간의 지성과는 별도로 존재하는 인간의 타고난 원초적 능력이라기보다는 지성과 연속상에서 파악되는 것이 더 설득력이 있어 보입니다.

다시 한번 강조합니다만, 이상에서 고찰한 프로네시스의 개념에 비추어볼 때, 지혜는 총체로서의 마음이 지금 직면하고 있는 상황 속의 예상되는 행위에 초점을 맞추어 자연스럽게 발현되는 통찰입니다. 이 점에서 지혜는 구체적 상황의 여러 변수들에 의하여 수동적으로 좌지우지되기보다는, 오히려 총체로서의 마음을 기반으로 하여 그 변수들을 능동적으로 조절해 나갈 수 있는 능력입니다. 총체로서의 마음(中)이 지금 여기의 행위(庸)에 초점을 맞추어 저절로 우러나옴으로써, 시의적절한 완벽한 행위가 달성됩니다(中庸 또는 時中). 앞에서 프로네시스에 대한 기존의 규정에서 조율의 문제점을 지적한 바 있습니다. 엄격히 말해서 총체는 마음 안의 세계이고 상황은 마음 밖의 세계라는 점에서, 양자는 동일한 차원(dimension)에서 서로 통할 수도 없고 비교 불가능한 성격을 띠고 있습니다. 사실, 조율이라는 용어는 동일한 차원에서만 가능한 일입니다. 조율은 마음 안에서 보편적인 것들의 위계 또는 우선순위를 정하거나, 마음 밖에서 상황의 여러 변수 간에 비중을 조정하는 것에 잘 어울리는 용어입니다.

조율이라는 용어에 담긴 발상 자체가 프로네시스의 핵심 의미요소인 '자연'에 크게 어긋납니다. 위에서 고찰한 바와 같이, 자연에 비추어보면 지혜의 발현은 조율의 예와 같이 인간이 인위적으로 무엇인가를 해야 하는 것이 아니라, 총체로서의 마음에 도달하기만 하면 저절로 이루어집니다. 즉 총체로서의 마음에서 매사를 잘할 수 있는 능력이 그야말로 '자연스럽게' 우러나오는 것입니다. 그것도 주어진 상황에 완벽히 들어맞기에 말입니다. 아마도 교육과정 분야에서 현대판 조율 중의 하나가 이른바 '역량중심 교육과정'이라고 저는 생각합니다. 역량중심 교육과정은 마음의 안팎을 자연에 역행하여 억지로 엮어내려고 한다는 점에서 조율의 연장선상에서 파악될 수 있습니다. 아시다시피, 유감스럽게도 역량이라는 용어가 우리나라 교육계를 휘어잡고 흔들고 있습니다. 그러나 역량은 직업 세계의 직무분석에서 유래한 용어로서 주어진 상황의 부분적인 일과 인과적 관련이 있다고 보이는 마음의 특정 능력을 의미합니다. 저는 총체로서의 마음과 아무런 관련 없이 그러한 마음이 별도로 존재할 수 있는지부터가 매우 의심스럽습니다.

아무튼 역량은 처음부터 총체로서의 마음을 염두에 두지 않고 현실에서 요구되는 일이나 과업에서 비롯된 부분적인 마음이라는 점에서, 이상에서 강조한 지혜와 서로 대척점에 서 있습니다. 또한 바로 그 점에서, 부분적인 마음을 인위적으로 양성하려고 하는 역량중심 교육과정은 이제까지 고찰한 지혜의 의미요소로서의 총체뿐만 아니라 자연의 의미에도 정면으로 위배되는 시도라고 할 수 있습니다. 자연은 지혜를 가르치는 교육, 이른바 '지혜중심 교육과정'의 기본 원리일 뿐만이 아니라, 인류의 보편적이고 이상적인 교육의 근본 원리입니다. 이것은 비단 루소나 노자뿐만 아니라 수많은 인류의 선각자들이 그토록 희구했던 교육의 목적이기도 합니다. 거기에 비하면 역량중심 교육과정은 역사가 일천하기 그지없습니다. 비록 짧기는 하지만 교육의 역사에서 역량중심 교육과정은 지혜가 발원되는 기본 경로를 거꾸로 뒤집어 놓은 것으로 기억될 것입니다.

급변하는 오늘날과 같이 직장이나 학교에서 전문적인 일이나 특수한 분야에서 쓰이는 역량이 그때그때 다급하게 요구되는 사회 속에서, 교육의 근본 원리로서 총체로서의 마음이나 자연을 강조하는 것 자체가 납득이 잘 안될 것입니다. 그러나 역량은 그 수행이 제아무리 잘 된다고 한들 고작 '부분적 완전성'에 머물 수밖에 없지만, 지혜는 그 수행이 완벽한 행위에까지는 덜 미칠지 몰라도 '총체적 미완성'에 도달할 수 있도록 해 줄 수 있습니다. 부분적으로 완전해 보이는 수행도 중용(中庸)과 같은 세상의 가장 위대한 지혜에 비추어보면 결정적인 결함이나 한계가 있을 수밖에 없지만, 지혜에서 비롯된 행위는 설사 부분적으로 잠시 어눌하고 불안해 보일지라도 전체적으로는 무한한 발전이나 개선의 가능성을 내포하고 있기 마련입니다. 역량은 그 수행의 목적이 달성되고 나면 더 이상의 목표나 행위자의 노력이 필요하지 않게 되지만, 지혜의 발현은 총체적 미완성에 해당하기 때문에 항상 총체적 완성을 지향하며, 행위자는 더 높은 수준이나 단계의 수행 앞에 겸손해질 수 있습니다.

본 강의의 결론으로, 이상의 논의에 의지하여 감히 저는 지혜는 가르칠 수 있다고 생각합니다. 또한 지혜를 가르치는 일은 지금부터 새롭게 교육을 개혁해야 가능한 일이 아니라, 앞서 설명드린 '총체로서의 마음과 교과의 관련'에 드러난 바와 같이, 지금까지 계속해서 전통적인 교육이 그 역할을 어렵사리 감당해 왔습니다. 비록 완전하지는 않더라도, 이제까지 학교에서 가르쳐 온 교과는 거시적이고 통시적인 차원에서 지혜를 예방적으로 양성해 왔습니다. 한편, 감사하게도 그러한 의미의 교육 세례를 상당한 기간 받아 온 우리는 그 귀한 지혜를 어느 정도 소유하고 있다고 볼 수 있습니다. 한 세대에서 다음 세대로 이어져야 할 지혜의 전수는 자식이 잘되기를 바라는 부모뿐만 아니라 인류의 과제입니다. 그것은, 때마다 당장 시급한 개인적인 문제들을 해결하면서 살아가야 하는 우리에게는, 나와 직접 상관없어 보이는 너무 오래 걸리고 따분한 공적인 일일지도 모릅니다. 그렇다고 하여 그 영위를 지금 소홀히 하게 되면, 후세대가 치러야 할 대가는 그만큼 엄청나게 커질 것입니다. 저도 인정하고 싶지는 않지만, 어쩌면 지금 우리는 비단 교육뿐만 아니라 여러 영역과 분야에서 그 대가를 혹독하게 치르는 중인지도 모릅니다.

제3강

학교는 왜 가야 하는가

1.

제가 직접 가서 체험한 학교는 우리나라, 미국, 중국, 일본, 싱가포르, 뉴질랜드 정도에 불과하고 주로 초등학교에 한정되어 있습니다만, 이 밖에도 여러 TV 다큐멘터리를 통해서 세계의 오지(奧地)에 있는 수많은 학교들을 유심히 시청하면서 많은 것을 느꼈습니다. 비교적 잘사는 나라의 도심에 존재하는 학교들을 보면 으레 그러려니 하고 일상적인 의미로 받아들이게 되지만, 학교가 존재할 이유와 여건조차 갖추어지지 않은 오지의 학교들과, 거기에 매일 필사적으로 등교하는 학생들을 보면 놀라움을 넘어 경외감마저 들곤 합니다. 제 기억이 정확하지는 않습니다만, 필리핀의 어느 오지에서는 학생들이 급류가 흐르는 강을 항아리에 교과서를 넣은 채 헤엄쳐서 등·하교하기도 하고, 네팔 어느 오지에서는 새벽부터 험악한 산악 지형의 아찔한 등반을 수십 킬로 수행해서 등교하자마자 바로 점심을 먹기도 하며, 아프리카 어느 난민 지역에서는 총성이 오가는 어려운 전쟁 상황에서도 땅바닥에 간이 칠판만 있는 천막 학교를 계속 운영하고 있습니다.

도대체 학교가 그들에게 어떤 의미가 있기에 그러한 위험들을 무릅쓰고도 가야만 하는 것일까요? 하루하루 먹고살기도 힘든 학부모들은 어떤 기대와 소망을 가지고 자녀들을 매일 학교에 보내는 것일까요? 학부모들은 당신의 자녀들이 그렇게 어렵게 학교에 다녀서 무엇을 배워오길 바라는 것일까요? 당장 생계가 문제가 되는 어려운 여건 속에서도 그들의 자녀들을 학교에 보냄으로써 자녀들이 어떻게 변화 또는 성장하기를 바라는 것일까요? 위 사례 중에 부분적으로 인터뷰한 결과를 보면, 학부모들 대부분은 자녀들이 지금 자기들의 삶보다는 더 좋은 인생을 영위하기를, 또는 보다 구체적으로 미래에 변호사나 의사와 같은 전문적인 직업을 가지기를 소망하기 때문에 자녀들을 학교에 보낸다고 합니다.

그렇다면 학교에서 구체적으로 어떤 활동이 이루어지기에 자녀들이 미래에 보다 나은 삶을 살게 되며, 더 나아가서 좋은 직업을 가지게 되는 걸까요? 요컨대, 그렇게 되는 데 있어서 학교가 하는 역할은 무엇인가 하는 질문입니다. 이 글에서 저는 그 질문에 대한 해답의 실마리를 학교의 어원에서 찾아보고자 합니다. 물론 어원을 가지고 학교의 의미를 해석하는 것은 학교의 실제와 상당한 거리가 있을 것이며, 학교를 연구하는 유일한 접근 방법이라고 생각하지도 않습니다. 다만 옛 선인들이 학교라는 존재에 부여한 의미에는 동서고금을 관통하는 보편적인 교육의 근본 원리가 들어있을 것이라는 막연한 기대를 한번 가져 봅니다. 오늘날 우리는 학교의 역할을 오로지 제도적 또는 기능적 관점에서만 파악하는 데 너무 익숙해져 있습니다. 또한 역사적으로, 학교를 단지 희랍 자유민의 여가 장소, 또는 서양 근대 국가주의 시대에 있었던 제도적 잔재에 국한해 이해하려는 경향도 있습니다. 이러한 가운데 학교의 존재 이유를 알아보기 위하여 학교의 어원에서 출발하는 개념적 연구가 이하에서 어떻게 진행될지 매우 흥미롭습니다.

2.

학교를 의미하는 영어의 'school', 독일어의 'Schule'는 라틴어 '*schola*(스콜라)'에서 유래하고, 이것은 또 여가(餘暇), 휴식을 뜻하는 희랍어 '*schole*(스콜레)'에 그 기원을 두고 있습니다. 이러한 스콜레의 의미에 비추어보면, 학교는 곧 여가라고 규정될 수 있습니다. 그러나 사실, 학교와 여가 사이에 어떤 의미상의 연관성을 찾아보기 쉽지 않습니다. 이러한 난점 때문에 어떤 사람은 학교를 그야말로 한가하게 여가를 보내는 장소라고 파악하기도 하고 또 어떤 사람은 노예가 궂은 온갖 생산 활동을 전담하는 가운데 노동으로부터 해방된 자유민이 무한정으로 남는 시간에 여가를 즐기는 것으로 해석하기도 합니다. 이것이 현재 일반인들이 지닌 지배적인 의견이라고 할 수 있으며, 저 또한 교육학을 교직 과목으로 배울 때 그렇게 배우기도 했습니다.

그러나 저는 두 가지 해석 모두 학교의 근본이념으로서 한계를 가진다고 봅니다. 저는 한 약 30년 전에 스콜레를 통해서 학교의 이념을 모색하는 박사 논문을 쓴 적이 있고, 그 후 20년 뒤에 그것을 더욱 발전시켜 『여가란 무엇인가』(2015)라는 저서를 출간한 바 있습니다. 이미 스콜레는 제 인생에 화두가 되었습니다. 제 공식 메일 아이디 또한 'schole'이며, 거의 30년 이상 바꾸지 않고 사용하고 있을 정도입니다. 본격적으로 연구하는 철학자들에 비하면 많이 부족하겠지만, 오랫동안 스콜레의 의미를 탐색하기 위하여 희랍 철학, 중세 스콜라철학도 공부해 보고, 안식년에는 미국 대학 도서관들을 뒤져서 관련 서적들을 수집하기도 했으며, 스콜레의 현대적 양상을 놓치지 않기 위해서 여가, 휴식, 느림 등을 다룬 현대 연구물이나 저서들도 섭렵해 왔습니다.

그러던 중 저는 우리가 모르는, 교육학자인 저조차 몰랐던 아주 중요한 스콜레의 핵심 의미를 발견하게 되었습니다. 스콜레는 특정한 장소보다는 그 이전에 '직관(intuition)'이나 '관조(contemplation)'와 같은 정신적인 활동을 가리킨다는 것입니다. 바로 그러한 의미에서 아리스토텔레스는 그의 『정치학』에서 스콜레를 최상의 교육목적으로 삼았으며, 중세 스콜라철학자들은 스콜라를 그들의 사상을 특징짓는 이름으로 사용한 바 있습니다. 요컨대 스콜레, 그리고 그 현대적 번역으로서의 여가는 의미상 관조와 그것을 추구하는 삶과 깊은 관련이 있습니다. 여기서 잠시 간략하게나마 제가 파악한 관조에 대하여 설명해 보겠습니다. 설명의 편의상, 이하에서는 관조 대신에 스콜레(여가)라는 용어를 사용하게 될 텐데, 그것 또한 스콜레의 관조적 측면으로 이해하시길 바랍니다.

스콜레는 우리의 일상생활에도 널리 퍼져 있습니다. 다만 스콜레가 바쁜 생활 속에서 부각되거나 의식되는 경우는 매우 드뭅니다. 스콜레를 논할 때 실재—reality, being, 있는 것 존재, 실제 등등—를 이야기하지 않을 수 없습니다. 우리의 일상생활 속에 실재는 있기도 하고 없기도 합니다. 아마 생활에 유용한 일을 중심으로 정신없이 바쁘게 살다 보면 실재를 느낄 겨를이 없을 것이고, 사람마다 다르겠습니다만 간혹 우연한 기회에 그러한 삶을 멈추면 비로소 실재가 보이게 됩니다. 또 중요한 사실은 관조는 오직 인간에게만 주어진 실재를 파악할 수 있는 능력이며, 또한 그러한 의미에서 실재는 인간에게 선택이 아니라 필수라는 것입니다. 이러한 이론적 배경에 터하여 저는 스콜레를 잠정적으로 이와 같이 정의해 봅니다. "스콜레는 실재와의 찰나적 만남이다."

현대 스콜라철학자 피이퍼(J. Pieper)는 『여가』(1952)에서 수단과 목적의 연쇄가 지배하는 일상생활을 '일의 세계'라고 규정하고, 그것과 대비시켜 스콜레를 일에 직교하는 차원으로 설명합니다. 수학적 도식을 가지고 비유하자면, 일상에서 일이 진행되는 방향을, 오른쪽에서 왼쪽으로 가는 실선(→)으로 표시한다면, 눈에 보이지 않는 스콜레는 하늘에서 지상으로 떨어져서 그 실선과 순간적으로 만나는 점선(⇣)으로 나타낼 수 있을 것입니다. 이 도식에 따르면 스콜레는 수고와 노력이 드는 일과는 달리 의도치 않게 무상으로 주어지는 은총과 같은 것입니다. 일상에서 스콜레의 몇 가지 예를 들어 보겠습니다. 뉴턴이 한가롭게 낮잠을 자다가 떨어지는 사과를 머리에 맞고 순간적으로 '만유인력의 법칙'을 발견한 일화도 있고, 아르키메데스가 긴장을 풀고 목욕을 하다가 갑자기 '부력의 법칙'을 깨닫고 너무 기쁜 나머지 '유레카!' 하면서 벌거벗고 뛰쳐나갔다는 일화도 있으며, 모세가 산에 올라가 아무 일도 하지 않고 기다리는 가운데 출애굽에 관한 여호와의 계시를 순식간에 받았다는 일화도 있습니다.

이상의 일화들에서도 알 수 있듯이 피이퍼는 스콜레가 서양의 문명과 문화의 기초라고 주장합니다. 저는 그 이상으로 동·서양을 막론하고, 흔히 사람들은 인류의 역사와 문명이 일의 역사와 그 결과물이라고 생각하지만, 사실은 인류가 이제까지 이루어 놓은 그 모든 것은 스콜레에 그 뿌리를 두고 있다고 봅니다. 지금 생각해도 각 분야마다의 찬란한 업적과 전통들은, 수단과 목적의 연쇄만 고려하는 현대인의 입장에서는 도저히 엄두가 나지 않는 것들에 해당합니다. 반면에 희랍인들은 이상에서 설명한 스콜레의 존재와 그 가치를 충분히 인식하면서 살았다고 합니다. 스콜레는 일과 더불어 삶을 이루는 두 개의 축(軸)이라고 한다면, 희랍인들은 스콜레를 중심으로 살았으며 스콜레를 위해서라면 어렵고 고달픈 일도 마다하지 않았습니다. 그러한 삶에 대한 태도는 일로 인해서 바쁜 나머지 스콜레의 존재조차 모르는 현대인과는 정반대의 사고방식입니다.

아무튼 학교는 그 어원에 잘 나타나 있듯이 이상에서 설명한 스콜레를 의미합니다. 만약 굳이 장소의 의미를 살린다면 일단 학교는 관조와 같은 정신적 활동을 추구하는 특별한 장소로 이해될 수 있을 것입니다. 프뢰벨(F. Fröbel)도 『인간 교육』(1826)에서 학교를, 사물에 대한 직관이나 관조가 학생들에게 일어나는 것을 보장하기 위하여 존재하는 장소로 규정하고 있습니다. 한편, 위에서 언급한 바 있는, 학교를 노예의 생산 활동에 대비되는 자유민의 여가 활동을 하는 장소로 매도하는 것 또한, 스콜레의 사회 계층적인 측면에 초점을 집중시킨 나머지, 스콜레의 핵심 의미요소로서 관조와 같은 정신적인 측면을 간과할 우려가 큽니다. 특히 듀이(J.

Dewey)는 『민주주의와 교육』(1916)에서 스콜레의 의미를 노예의 생산 활동에 대비되는 자유민의 여가 활동으로 파악하고, 학교 교육과정상에서 생산 활동과 여가 활동 사이의 간극을 허물어야 한다는 입장을 피력한 바 있습니다. 현대 사회의 관점에서 보면 학교 교육과정상에서 노예의 일과 자유민의 활동 사이에 구분을 없앤다는 것 자체가 언뜻 사회적 평등을 지향하는 것처럼 보일지 몰라도, 실제로 그렇게 되면 인류가 고대 희랍에서 지금까지 학교라는 영위를 통하여 지켜오려고 했던, 스콜레의 핵심 의미요소로서 관조는 심하게 왜곡되거나 상실될 위험이 있습니다.

3.

그렇다면 지금 여기서 자라나는 우리의 아이들에게 직관이나 관조를 보장해 주기 위해서는 어떻게 해야 할까요? 그것은 듀이와는 정반대 방향에서 찾을 수 있습니다. 그것은 가능한 한 최대로 생산 활동과 여가 활동을 분리하는 일입니다. 희랍의 자유민이 노예가 해 주는 일에 힘입어 매일 하던 활동은 '이론적 활동'일 것이며, 현재 학교에서 아이들이 공부하는 교과 내용도 그 대부분이 이론적 활동으로 채워져 있다고 해도 과언이 아닐 것입니다. 사실 이론적 활동이라는 것은 이때까지 희랍의 자유민을 포함하여 위대한 선조들이 관조를 하다가 남긴 수많은 자취 또는 다양한 스콜레의 흔적들이라고 볼 수 있습니다. 스콜레는 본질상 의도할 수 없는 '실재와의 순간적인 조우'이기 때문에, 스콜레를 위한 최대한의 배려와 노력은 가급적 스콜레의 자취와 흔적들에 자주 접촉하는 일일 것입니다. 또한 그것이 바로, 인간의 모든 활동 중에서, 오로지 직관이나 관조만을 위한 활동들, 곧 '이론적 활동'을 따로 '분리' 또는 '격리(seclusion)'시켜 가르치는 교과 활동을 의미하며, 결국 학교는 그러한 교과 활동을 보장해 주기 위해서 존재하는 것일 뿐입니다.

오우크쇼트(M. Oakeshott)에 의하면, 학교가 다른 장소에 비하여 특이하다고 할 수 있는 점은, 서양의 수도원이나 동양의 사원과 마찬가지로, 헤겔(F. Hegel)이 말한 '지금 여기', 즉 눈앞에 벌어지고 있는 부분 부분으로서의 삶으로부터의 '격리'와 '초월'에서 찾을 수 있습니다. 우리의 아이들은 학교에서 이루어지게 되는 교과 활동, 곧 이론적 활동을 통하여 일 세계의 구조적 족쇄에서 비로소 벗어날 수 있게 됩니다. '지금 여기'의 빽빽하게 들어찬 번잡스러운 사건이나 활동으로부터 해방될 수 있게 되고, 자신이 태어난 시대와 장소의 급박한 요구에서 벗어날 수 있게 되며, 현재의 사태나 인간관계를 오직 당장의 유용성으로만 파악하려고 하거나 수단과 목적의 관계로 환원시키려는 경향에서 탈피할 수 있게 됩니다. 일상의 세계에서 어떤 사건이나 활동을, 수단과 목적의 관계에서 파악하는 것은 굳이 특별한 노력을 기울여 가르치지 않아도 쉽게 배우게 됩니다. 그러나 한편, 직관이나 관조의 관점에서 바라볼 수 있게 되는 능력, 곧 사물이나 현상을 왜곡시키지 않고 있는 그대로 볼 수 있게 되는 스콜레는 학교와 같은 특별한 장소에서 비교적 오랜 기간의 학습을 절대적으로 필요로 합니다.

피이퍼(J. Pieper)에 의하면, 스콜레는 자유, 교육, 문화를 지켜

주는 보호구역입니다. 말하자면, 스콜레는 직업 세계의 메커니즘에 얽매인, 특정 기술을 가진 전문가들만이 득세하는 일상 세계에서 사람들로 하여금 우주 전체를 결코 부분 부분이 아닌 하나의 총체로서 파악할 수 있는 인간성을 끝까지 잃지 않게 해 줄 마지막 보루라고 할 수 있습니다. 피이퍼에 따르면, 여기서 말하는 '우주 전체를 부분 부분이 아닌 총체로서 파악할 수 있는 인간성'은 곧 전인(全人, whole man)을 의미합니다. 우리는 전인이라고 하면 고작해야 '지 · 덕 · 체가 조화롭게 발달한 인간'이라는 방계적 의미에 머물고 있지만, 분명 위 개념은 무슨 이유에서인지 몰라도 오랫동안 잊혀 왔던 전인의 가장 핵심적인 의미입니다. 총체로서의 세계를 내면화한 전인은 인간을 다른 동물과 구분시켜 주는 가장 전형적인 징표인 동시에, 더 나아가서 인간다움의 척도입니다.

아퀴나스(Thomas Aquinas)는 '관계 능력이 관계 영역을 결정한다.'라는 의미심장한 명제를 제시한 바 있습니다. 그의 유추에 의하면, 돌은 관계 능력이 없기 때문에 세계라고 할 만한 것이 아예 없고, 식물은 생장 능력에 걸맞은 한정된 세계가 있으며, 동물은 생장 능력에 운동과 감각 능력이 더해져서 식물의 세계와는 비교가 안 되는 광활한 세계가 엄연히 존재합니다. 이 유추의 종점인 인간은 생장, 운동, 감각 능력에 인식 또는 사고 능력이 융합되어, 식물이나 동물의 세계와는 차원을 달리하는 인간만의 총체로서의 세계가 비로소 허락됩니다. 물론 인간의 인식 또는 사고 능력의 정점은 바로 이상에서 설명한 관조, 곧 스콜레일 것입니다. 앞에서 저는 스콜레를 실재와의 찰나적 만남으로 정의한 바 있습니다. 스콜레의 찰나가 바로 총체로서의 세계에 들어가는 유일무이한 문

(門)이며, 결국 그 통로를 통해서 총체로서의 세계로 이어지게 됩니다.

인간이 아무리 오래 살고 많이 노력한다고 한들 그 경험치는 한계가 있을 수밖에 없습니다. 더군다나 일의 세계에 푹 빠져 치열한 경쟁 속에서 살아남으려고 한다면, 총체로서의 세계를 경험한다는 것은 너무나 요원한 일일 것입니다. 끊임없이 당장 시급한 부분 부분의 역할이나 직무에 매달려야 하고, 당대의 변덕스러운 그때그때의 일시적인 욕망을 채우기에 무척 바쁠 것입니다. 이러한 가운데 얻어지는 경험이라는 것은 즉흥적이며 필요한 쪽으로만 치우칠 우려가 있을 뿐만 아니라, 항상 조각들로 나누어진 채 제대로 뭉쳐지지 않습니다. 반면에, 이러한 일의 메커니즘을 단절하고 우리의 아이가 학교에 갔을 때 달라지는 경험을 상상해 볼 수 있습니다. 시골에서 쇠꼴이나 베면서 소일하던 아이가 학교 문에 한 발짝을 들여놓는 순간, 그에게 그야말로 엄청난 신세계, 곧 총체로서의 세계가 활짝 펼쳐지게 됩니다.

> 나는 어네스트 바커가 그의 자서전에서 말한 다음과 같은 구절을 잊을 수 없다. '내가 살던 오두막집을 나가면 내가 다니던 학교 말고는 아무것도 없었다. 그러나 학교가 있는 한 나에게는 모든 것이 있었다.' 바로 거기, 그 학교에서, 아이가 태어난 곳, 태어난 시대의 좁은 경계는 허물어지고 그것과는 전연 다른 세계가 전개되었다. 그 세계는 바로 옆의 마을이나 옆의 도시에서, 의회에서, 또는 UN에서 일어나고 있는 일이 아니라, 사물, 사람, 사건, 언어와 신념, 발언과 광경과 소리의 세계,

> 아이가 도저히 상상도 못하던 세계, 가장 멍청한 아이라도 완전히 무관심할 수는 없는 세계였다. ...... 잉크 묻은 손으로 책가방을 열고 숙제를 하려고 할 때 그 아이는 삼천 년 동안 인간의 지적 모험이 겪은 온갖 행운과 불운을 마주 대하는 것이었다. 욥이 겪은 고난, 달빛을 가르며 소리 없이 테네도스를 떠나는 선박, 셰익스피어와 라시느의 희곡이 보여주는 인간 조건의 공포와 얽힘과 연민, 또는 물의 화학적 성분 등등이 그에게, 또는 와바쉬의 강변에, 컴벌란드의 언덕에, 드레스덴의 교외에, 나폴리의 빈민가에 태어난 그에게 도대체 무슨 상관이 있는가 하는 것은 물을 엄두조차 내지 못했다. 설사 그 질문이 머리에 떠올랐다고 하더라도, 막연하게나마 그것들은 인간의 자기 이해의 반영으로서 자신은 그것을 오직 학습할 뿐이라는 느낌을 가졌을 것이다(Oakeshott, 1975: 169).

언제인가 저는 TV 다큐멘터리에서 방글라데시의 한 어린이가 가족의 생계를 짊어진 채 적령기에 학교도 가지 못하고 하루 종일 축구공만 꿰매고 있는 장면, 에티오피아의 한 어린이가 가정 형편 때문에 등교하지 못하고 염색 공장에서 오염물질을 뒤집어쓰고 노동력을 착취당하는 모습을 가슴 아프게 본 적이 있습니다. 그 어린이들에게는, 오로지 수단과 목적의 연쇄가 만연한 '일의 세계'의 침범을 차단하여 그들을 보호해 줄 학교도 없고, 일생일대의 소중한 시기에 스콜레의 축복이 허락되지 않으며, 위에서 묘사한 학교에서 배우게 될 총체로서의 세계는 감히 상상조차 할 수 없는 추상적인 대상일 뿐입니다. 또 다른 한편으로, 어떤 예능 프로그램에 나와서 아주 상식적인 대화에도 끼지 못하는 아이돌들, 평생 스치듯이 학교 구경만 하고 제대로 배워 본 적이 없는 스포츠 스타의 엇나간 행동거지들을 보면 가슴이 미어질 뿐입니다. 안타깝게도 그들은 천만금을 줘도 다시 회복할 수 없는 스콜레의 시기를 놓친 것입니다.

물론 이상에서 언급한 스콜레의 의미에 비추어 볼 때, 오늘날 우리가 맞닥뜨리고 있는 학교의 현실 또한 그리 녹록치 않습니다. 요즘 우리의 형편만 보더라도 격리나 초월이라고 하는 학교의 의미가 많이 퇴색되었습니다. 이미 비단 대학교 차원에서뿐 아니라, 보편적인 전인교육을 추구해야 할 초・중등 학교 또한, 자본주의 또는 일 세계의 희생양이 되어 그 도구 역할을 하는 경우가 많습니다. 어처구니없는 일이지만, 최근 의대 열풍이 불면서 초등학생이 다니는 학원에 의대 입시반이 따로 있고, 극소수의 학생들은 상급 학교의 교육과정을 미리 다 배운다고 합니다. 초등학교는 중・고등학교를 위한, 또 중・고등학교는 대학을 위한, 또 대학은 취직을 위한 수단일 뿐입니다. 아이들은 학교에 가서 즐거운 것이 아니라 오히려 심한 스트레스를 받습니다. 이 정도 되면 앞으로 우리 아이들이 학창 시절을 추억하면서 삶의 여백(餘白)이나 스콜레에서 비롯되는 배움의 기쁨과 같은 좋았던 기억을 가질 리 만무합니다.

우리 아이들은 인생을 통틀어 거의 3분의 1을 학교에서 대부분의 시간을 보내게 되는데, 거기서 스콜레를 누릴 수 없이 인생을 허비하고 있다는 사실은 너무나 불행한 일이 아닐 수 없습니다. 랑에펠트(M. J. Langeveld)에 의하면, 학교는 한편으로 우리 아이들을 어른의 세계로 인도하는 긴 오르막 계단의 각 단계임과 동시에, 다른 한편으로 어린이다움이 전혀 부정되지 않는 '어린이의 생활의 장' 그 자체가 되어야 합니다. 그 속에서 아이들은 남과 다른 '자기만의 세계'의 존재와 필요에 대하여 비로소 눈뜨게 됩니다. 이 '자기만의 세계'는 소극적으로는 외부의 영향에서 벗어나 과제나 의무나 필요에 의하여 구속되지 않는 열린 장소를 가리키며, 또 적극적으로는 어린이가 편안하고 자기 자신일 수 있고 모든 일이 어린이의 창의력에 맡겨져 있는 자유로운 창조적 영역을 의미합니다. 이러한 의미에서 랑에펠트는 학교를 일종의 '완충 지대' 또는 '백지의 장소'로 여기면서 아이들에게는 그러한 장소가 반드시 존재해야만 한다고 주장합니다. 왜냐하면 아이들은 오로지 그와 같은 완충 지대 속에서, 반드시 결과를 내야만 한다는 긴장과 압박에서부터 잠시 숨을 돌리고, 당장 필요 없는 것에도 몰두할 수 있는 자유와 꿈꾸는 것과 자기 자신일 수 있는 것, 그리고 감정적이거나 이성적인 실험을 하면서 고독해지는 기회를 가지며, 모든 인위적이고 복잡다단한 규정으로부터 잠시 거리를 둘 수 있기 때문입니다(和田修仁, 번역본: 262).

4.

이제 다시 스콜레의 의미에 터하여 학교에 대한 기존의 통념을 바꿀 필요가 있습니다. 각급 학교를 미래의 다음 단계의 학교로 진출하기 위한 수단만이 아니라, 현재 아이들이 자유롭게 마음껏 뛰놀고 여유 있게 공부에 몰두하면서 발견이나 깨달음의 기쁨을 누릴 수 있는 완충과 여백의 공간으로 만들어 주어야 합니다. 어른들은 눈이 오면 우선 미끄러운 퇴근길을 걱정하지만, 아이들은 눈을 보고 마냥 기뻐하고 얼음도 지치고 눈사람도 만드는 즐거운 상상을 하곤 합니다. 학교에서 아이들은 교과 활동을 통하여 어른들이 관여하고 있는 '일의 세계'의 상투적인 사고방식을 초월하여 자유롭게 생각하고 마음껏 뛰놀 수 있는 경험을 할 수 있게 됩니다. 그리하여 아이들이 학교에서 경험한 이러한 배움의 기쁨이나 깨달음의 즐거움은 먼 훗날 그들이 어른이 되었을 때 더 풍요로운 스콜레를 누릴 수 있는 능력으로 발휘될 수 있을 것입니다. 요컨대, 학교는 아이들에게 스콜레를 보장해 주기 위한 일종의 제도적 장치입니다. 앞에서도 예를 든 바도 있듯이 뉴턴의 '만유인력'의 법칙, 아르키메데스의 '부력'의 원리, 미켈란젤로의 벽화 '천지창조', 모세의 '엑소더스(Exodus)' 등등, 이 세상에서 위대한 발명과 고귀한 예술적 통찰, 그리고 역사를 바꿔놓은 결단은 모두 긴장과 고통이 아닌 여유와 휴식 속에서 피어날 수 있었습니다. 일반적인 통념과 달리 그러한 인류의 이벤트들은 모두 의외로 일이 아니라, 스콜레(여가)에서 생겨난 것입니다.

현대 사회에서 극악무도하거나 패륜적인 범죄가 발생할 때마다 으레 일반인들은 그런 범죄자는 응당 극형으로 다스려야 한다는 격앙된 반응을 보이면서 세계의 종말이나 사회의 붕괴를 예견하곤 합니다. 그러나 다른 한편으로 생각해 보면, 동서고금을 막론하고 그러한 범죄가 끊임없이 일어나고 있고 당대 사람들이 심각하게 우려했음에도 불구하고, 지금까지 우리 사회가 한꺼번에 무너지지 않고 그런대로 유지, 존속되고 있다는 것 자체가 정말 신비한 일이 아닐 수 없습니다. 예를 들어 우리 사회 인구 전체를 100명으로 놓고 그중 범죄자의 비율을, 많이 잡아서 100분의 1명이라고 가정해 봅시다. 범죄자 1명은 제외한다고 치더라도 나머지 99명이 반사회적인 행동을 하거나 범죄의 길을 걷지 않고 평범하고 정상적으로 살아갈 수 있게 만들어 준 메커니즘은 무엇일까요? 보는 눈이 없어도 항상 상식에 따라 행동하면서 주변에 선한 영향력을 끼치는 정상인들, 아니, 때로는 준법과 위법 사이에서 갈등하는 평범한 사람들의 심성 함양과 바른 행동에 결정적인 영향을 미친 보편적 요소는 과연 무엇일까요?

언뜻 보면 학교와 교도소는 유사한 점이 많습니다. 컴퓨터나 냉장고와 같은 기계가 고장이 나면 전원을 끊어 작동을 멈추고 다시 전원을 넣기까지 그 막간(幕間)에 수리를 하여 다시 사용할 수 있는 것처럼, 사람이 고장이 난 경우, 즉 반사회적인 행동을 한 범죄인도 사회로부터의 격리를 통하여 정상적인 사회생활을 일정 기간 정지시킨 후에 그 막간의 기간을 이용하여 그의 갱생을 도모할 수 있습니다. 학교 또한 교도소와 마찬가지로 자연스러운 삶을 거스르는 인위적인 조치에 해당합니다. 학교는 간단없이 흐르고 있는 강물과도 같은 삶의 실제에 대하여 막아서는 막간(완충)의 조치에 해당합니다. 교도소가 범죄자의 사회생활을 일시 정지시켜 놓고 그 막간을 이용하여 그의 갱생을 도모하는 것처럼, 학교는 일상 삶의 소용돌이로부터 학생들을 격리해 그 막간을 이용하여 올곧은 마음을 형성하기 위하여 매진합니다. 그리하여 이 일이 제대로 성공을 거둔다면 학생들은 학창 시절이 지나서도 일상의 빽빽하고 바쁜 소용돌이 속에서도 스스로 멈춰 서서 리얼리티를 만끽할 수 있는 스콜레 능력을 가질 수 있게 될 것입니다. 어느 책 제목에도 있듯이 세상에는 바쁘게 막 달리다가 멈추면 비로소 보이는 것들이 많습니다.

단지 학교가 교도소와 다른 점이 있다면 막간의 조치로서 학교는 '사전 예방(事前豫防)'의 성격을 띤다면 교도소는 '사후 처방(事後處方)'에 해당한다는 점입니다. 만물의 성장에 결정적인 시기가 있듯이 인간의 심성 함양에 있어서도 교육이 가능한 결정적인 시기가 있으며, 만일 그 시기를 놓치게 되면 그 이후의 어떤 조치로도 보완이나 수정은 불가능해질 것입니다. 학교는 학생들을 일상의 삶으로부터 의도적으로 격리시킨다는 점에서 언뜻 교도소와 비슷하지만, 그것이 학생의 생애 전체를 두고 사후처방이 아닌 예방적인 차원에서 이루어진다는 점에서 교도소와 전혀 다릅니다. 물론, 범죄자의 사회생활을 일시 정지시켜 놓고 그 막간을 이용하여 그를 갱생시키고자 하는 노력이 수포가 되는 경우가 많은 것처럼, 오로지 올곧은 마음의 형성을 목적으로 학생들을 일상적인 생활 사태로부터 격리해 가르치려고 하는, 막간의 조치로서의 학교의 시도 또한, 현대 사회의 학교의 위기가 잘 보여주고 있듯이 실패로 돌아갈 가능성이 매우 높습니다. 그럼에도 불구하고 인류가 학교라는 제도를 처음으로 고안하고 지금까지 그것을 보전하려고 노력해 온 데는 중요한 이유가 있다고 보지 않으면 안 됩니다.

안타까운 일이지만, 늘 수단과 목적의 관계가 선점하고 있는 일의 세계 속에서 별다른 조치 없이 그대로 방치되었을 때, 아이들은 십중팔구 인간으로서 가져야 할 마음의 기본 틀이 채 형성되기도 전에 번잡하고 다급한 생활 사태에 쉽게 흡입되고 말 것입니다. 그러나 아이들은 학교라는 막간의 조치를 통하여, 어떤 사물이나 사태를 단지 수단과 목적의 관계만이 아니라 다양한 교과들의 관점에서 리얼리티 또는 총체로서의 세계로 바라볼 수 있는 연습의 기회를 부여받게 됩니다. 학교는 아이들에게, 마음껏 뛰놀고 여유 있게 공부에 몰두하면서 발견이나 깨달음의 기쁨을 누릴 수 있는 격리와 초월의 공간을 의미합니다. 아이들은 이러한 축복 속에서 여유 있는 공부를 통해서 부분적 전문성에 함몰되지 않고 이제까지 인류를 지탱해 준 총체로서의 인간성을 형성할 수 있게 됩니다. 바로 이러한 의미에서 학교는 앞에서 말한 99명을 정상적으로 길러낸 신비의 메커니즘 전부는 아니지만, 그것의 핵심적인 한 축을 이루고 있다고 감히 말할 수 있습니다.

물론 오늘날의 학교는 이미 격리와 초월의 기능을 제대로 하지 못한 지 오래되었으며, 거꾸로 일의 세계를 대변하기까지 한다는 비판을 받고 있음을 아주 부정할 수 없습니다. 우리 학교에서도 아이들은 일 세계의 논리, 곧 수단과 목적의 관계에 지배되어 평가와 미래의 결과에만 목매단 채, 항상 옆 친구와 치열하게 경쟁하고 긴장하고 강한 스트레스를 받으면서도 정작 학교의 본연의 가치인 스콜레를 누리지 못하고 있습니다. 우리 학생들의 평가 학력은 OECD 국가 중 늘 상위에 자리 잡고 있지만, 보다 본질적인 발견이나 배움의 기쁨은 늘 거의 꼴찌라는 사실은 다시금 우리 교육을 반성하게 만듭니다. 그럼에도 불구하고 다른 한편으로, 우리 사회가 급격하게 무너지지 않고 이 정도나마 유지, 존속될 수 있다는 것 자체가 학교에 힘입은 바 크다는 것 또한 인정하지 않을 수 없습니다. 그러한 의미에서 앞으로는, 학교를 걱정하는 모든 사람이 현재 학교와 그 안에서 이루어지고 있는 모든 활동을 단지 비판적인 시각만이 아니라, 약간은 따뜻한 눈길로 바라볼 필요가 있습니다. 그럴 때 비로소, 지금까지 학교가 존재하는 것 자체가 우리에게 하나의 신비한 일처럼 느껴질 수 있을 것입니다.

물론 서론에서 언급한 지구상 오지에 사는 학부모들이 이상에서 설명한 학교의 심오한 의미와 역할을 모두 정확하게 알고 나서 그 역경 속에서도 자녀들을 학교에 보내는 것은 아닐 것입니다. 그들은 개인적으로 그저, 자녀들이 자신들보다는 더 잘살고, 변호사나 의사와 같은 전문적인 직업을 가지기를 바랄 뿐입니다. 그러나 부모들은 그러한 개인적인 소망을 가지고 자녀들을 학교에 보내겠지만, 자녀들은 학교에 다니면서 처음부터 단지 변호사나 의사가 되는 지식이나 기술만 배우는 것은 아닐 것입니다. 만약 이상에서 설명한 학교의 의미와 역할을 충실하게 수행하는 학교에 다닌다고 하면, 자녀들은 비단 직업적인 전문 분야의 지식뿐만 아니라, 다양한 교과를 통하여 총체로서의 세계에 입문할 기회를 부여받게 될 것이며, 더 나아가서 그것들을 배울 때 따라오는 스콜레의 축복을 받을 수 있게 될 것입니다.

이렇게 될 때 비로소, 한편으로 개개인 모두가 교육을 통하여 자신의 욕망을 달성하려고 애쓰는 가운데, 다른 한편으로 인류의 보편적인 인간성은 학교라는 제도를 통해서 한 세대에서 다음 세대로 '암묵적으로' 전수될 것입니다. 결론적으로, 학부모의 입장에서 학교를 장소의 의미로만 받아들일 때 학교는 자녀를 보낼 수도 있고 그렇지 않을 수도 있는 선택지일 수도 있겠지만, 학교의 의미, 곧 스콜레에 비추어볼 때 학교는 자녀의 인성, 그리고 그 형성과 따로 분리될 수 없는 필수입니다. 우리나라가 국제적 오지(奧地)

인 네팔, 라오스 등에 학교를 지어주었다는 미담을 들은 적이 있습니다. 누군가 본 강의에서 설명한 학교의 의미를 제대로 알고 한 일인지는 몰라도, 학교는 그곳의 학생들에게는 정말로 일생일대의 대단한 이벤트가 아닐 수 없을 것입니다.

제4강

아이와 어른은 어떻게 구분할 수 있는가

1.

아리에스(P. Ariès)의 『아동의 탄생』을 읽어 보면, 놀랍게도 서구에서 어린이가 어른과 구별되어 특별히 보호되고 교육되지 않으면 안 되는 존재로 인식된 것은 현대로부터 그리 멀지 않은 17세기 말부터입니다. 그 이전 중세 말까지만 하더라도, 어른의 잣대에 비추어서 어린이는 단지 '작고 모자란 성인'이나 '반인간(半人間)'으로서 어른들 속에 섞여서 함께 성인의 놀이를 하고, 동등한 조건에서 일하며 경쟁하는 존재로만 여겨졌다고 합니다. 그러한 오랜 암흑기에도 불구하고, 17세기 말 이후에, 루소(J. Rousseau)의 『에밀』에도 잘 묘사되어 있듯이, 처음으로 어린이를 어른과 구분되는 하나의 독립된 개체로 보고 존중받아야만 한다고 생각하게 된 것 자체가 자연스러운 것이 아닌 하나의 '역사적 대발견'이라는 것입니다.

그렇다면 어린이와 어른을 가르는 절대적 '기준'은 무엇일까요? 남탕이나 여탕에 입장할 수 있는 이성(異性)의 나이일 수도 있고,

운동장이나 체육관에서 열리는 시합을 관람할 수 있는 입장권을 할인받을 수 있는 나이일 수도 있으며, 성인 영화를 제한 없이 볼 수 있는 연령일 수도 있습니다. 문제는 기준이 되는 연령이 제가끔 다르다는 데 있습니다. 좀 더 공식적인 수준이라고 해서 형편은 크게 다르지 않습니다. 제가 아는 한, 그 기준이 보건복지부, 교육부, 법무부마다 각기 다릅니다. 요컨대 나이로 어린이와 어른을 구분하는 데에는 분명한 한계가 있습니다. 그렇다고 해서, '어른'의 우리말 어원 '어르다(婚姻하다)'에 시사된 것처럼 결혼 유무를 어린이와 어른의 기준으로 삼을 수는 없을 것입니다. 옛날에는 아무리 나이를 먹어도 머리를 올리지 않으면 어른으로 취급받지 못했던 시대가 있었습니다. 물론 요즘도 나이와 상관없이 여전히, 결혼해서 가정을 가진 사람과, 여러 사정으로 미혼으로 사는 사람 사이에 의식 구조나 생활방식 면에서 의외로 많은 차이가 나더군요.

다른 한편, 때때로 키나 체중이 어린이와 어른을 구분하는 기준이 될 수도 있을 것입니다. 예를 들어 놀이동산에서 다소 위험한 놀이 기구나 장치에 승차할 때, '신장은 몇 미터 이상, 또는 몸무게 몇 킬로그램 이상'과 같은 제한 기준이 있습니다. 그 기준에 따라서 놀이 기구나 장치에 승차한 사람은 어른이고, 반대로 못 탄 사람은 어린이 취급을 받을 수 있습니다. 또 정신적인 것이든지 기능적인 것이든지 간에 어떤 과업을 수행할 수 있는 능력이 있는지 여부도 어린이와 어른을 구분하는 기준이 될 수 있습니다. 그러나 사실, 신장이나 체중, 그리고 과업 수행 능력 또한 자의적(恣意的) 기준에 불과합니다. 어른보다도 키나 덩치가 큰 어린이도 얼마든지 있고, 반대의 경우로 분야에 따라 초등학생보다도 일을 잘하지 못하는 어른도 의외로 많이 있습니다.

2.

어린이와 어른의 분별 기준을 나이나 능력으로 정할 수 없다면, 어린이와 어른을 가를 수 있는 다른 기준은 없을까요? 저는 그 무엇보다도 먼저 '교육'이라고 생각합니다. 어린이와 어른의 구분은 교육을 배제하고 별도로 논의될 수 없습니다. 보다 구체적으로 말하면 교육을 제대로 받아서 보편적인 인격체가 되었는지 여부가 절대적 기준이 될 수 있습니다. 이 주장을 뒷받침하기 위해서 여기서 '어린이 인간학'을 주창한 랑에펠트(M. J. Langeveld)의 인간관을 잠깐 살펴볼 필요가 있습니다. 랑에펠트가 보기에, 인간은 교육을 통해서 점차 성숙한 인간이 되어가야만 하는 '과정적 존재'입니다. 인간은 처음부터 인간으로 태어난 것이 아니라, 차츰차츰 인간이 되어야 하는 존재입니다. 세상에서 그런 존재는 인간이 유일합니다. 따라서 인간은 천성이 아니라 하나의 과제라고 볼 수 있습니다.

철학의 역사에는 동서고금을 막론하고 어린이는 본질적으로 선한 존재인가, 아니면 악한 존재인가?라는 해묵은 논쟁이 이어져 왔습니다. 이상의 논의에 충실하면, 아마도 아이는 성선설(性善說)과 성악설(性惡說), 그중 어디에도 해당하지 않을 것입니다. 왜냐하면 교육받기 이전의 아이는 단지, 선하다든가 악하다든가 미리 무엇이라고 규정할 수 없는 과도기적 생명체에 불과하기 때문입니다. 인간은 처음에는 '생물학적 조산(生物學的 早産)'이라는 말이 잘 어울리게 다른 동물들에 비하여 거의 갖춘 것 없이 아주 불완전한 상태로 태어납니다. 그럼에도 불구하고 어린이는 '숙명적으로' 어른의 도움을 포함한 교육을 받음으로써, 모든 면에서 다른 동물들에게서는 도저히 기대할 수 없는 무제한의 엄청난 성장을 이룰 수 있게 됩니다. 랑에펠트(1961)의 표현으로, 어린이는 본질적으로 '교육되지 않으면 안 되는 동물(*animal educandum*)'입니다. 물론, 어린이의 성장을 보장해 주는 원천은, 어린이에게 이미 주어져 있는 것으로서 교육을 통해서 비로소 실현되는 아동의 잠재 가능성임을 간과해서도 안 되겠지요.

현재 우리는 어린이와 어른이라는 용어를 별다른 생각 없이 일상적으로 사용하고 있습니다. 잘 아시다시피 어원상 어린이는 '어리다', 어른은 '어르다'의 명사형입니다. 어린이와 어른은 어원상의 유사성 그 이상으로 서로 긴밀하게 연결된 짝을 이루는 개념입니다. 다시 말하여, 어린이는 어른 없이 성립할 수 없는 개념이며, 그 역도 마찬가지입니다. 어린이와 어른은 교육과 관련하여 비로소 성립될 수 있는 짝 개념입니다. 위에서 이미 말씀드린 바와 같이 어린이와 어른을 구분할 수 있는 거의 유일한 기준은 교육을 제대로 받았는지 여부입니다.

누구라고 할지라도 교육이라는 인생의 핵심 과제를 해결하지 않는 한 결코 어른이 될 수 없습니다. 제아무리 나이를 많이 먹더라도, 한편 어린이가 조숙하게 키가 크고 덩치가 우람하더라도, 또 부분적으로 어떤 역량이 어른보다 뛰어나다고 하더라도, 비단 학교 교육과 같은 제도권 교육만이 아니라 자기교육과 가정교육을 포함하여 보편적인 교육을 제대로 받지 않은 사람—속칭 '배우지 못한 놈'—은 결코 어른이 될 수 없다는 이치입니다. 영화 '어바웃 어 보이(About A Boy)'에 잘 대비되어 있듯이, 교육적 성장을 기준으로 '아이 같은 어른'(휴 그란트: 윌 역) 또는 '어른 같은 아이'(니콜라스 홀트: 마커스 역)도 우리 주변에 얼마든지 있을 수 있습니다.

사실, 어린이와 어른은 단순한 인간의 연령별 존재 양상을 가리키기 전에 교육의 핵심 개념이라고 볼 수 있습니다. 어린이는 앞으로 교육을 받아서 어른이 될 무한한 가능성을 지닌 잠재적 인간상이라면, 어른은 교육을 받아서 도달하게 될 이상적 인간상을 의미합니다. 랑에펠트에 의하면, 교육받은 어른의 속성으로서, 달리 말하면 어른이 되기 위한 인간의 과제인 동시에 어린이 교육의 최종 목표로서, '책임감', '유능함', '신뢰성'을 꼽을 수 있겠지만, 무엇보다도 핵심적인 '어른스러움'의 특징은 현실적 난관 속에서 합리적 이성으로는 도저히 수용하기 어려운 아동의 양육과 교육을 기꺼이 담당하겠다고 결단하고 자임(自任)하는 '헌신'입니다.

결국 이러한 비합리적인 헌신 덕분에 어린이는 미래에 어른이 될 수 있음을 보장받을 수 있고, 세대와 세대가 간단없이 이어질 수 있으며, 인류 공동의 문화유산이 계승되고 발전해 나갈 수 있겠죠. 어린이에게 대비되는 어른이란 다름 아닌 그러한 인생의 근본 법칙을 직관하고 있을 뿐만 아니라, 어린이를 교육해 어른으로 이끌어 줄 책임이 그에게 항상 뒤따른다는 것을 알고 있는 사람입니다. 이상의 논의는 급격한 출산율의 저하와 어린이에 대한 일부 사람들의 동물적인 학대로 신음하고 있는 우리의 현 상황에 시사하는 바가 매우 큽니다.

합리적 이성에만 비추어보면, 어쩌면 요즘 같은 험난한 세상에 결혼해서 가족을 이루고 위험 부담이 큰 출산도 하며 오랜 기간에 걸쳐서 어린이를 보호하고 교육하는 과제를 흔쾌히 떠맡고자 하는 사람이 점차 줄어들고 있는 것은 당연한 일인지 모릅니다. 그러나 본인의 육체적 욕망, 정신적 여유, 경제적 이익을 거슬러서, 아이들의 출산과 보호, 그리고 교육을 위해서 평생 어른으로서 모범을 보이며 살겠다고 하는 결단을 내리고, 그것을 지속해서 뒷받침할 희생을 하나의 과제로 떠안고 감수해 나갈 때 비로소, 우리는 어른의 길에 들어설 수 있으며, 동시에 자신도 성숙한 한 인간으로 완성되어 갈 수 있는 것입니다.

제5강

교육과정의 재개념화

1.

'교육과정(教育課程, curriculum)'은 사람들이 일상에서도 별다른 고민 없이 많이 사용하면서도, 정확하게 정의를 내려고 하면 의외로 난관에 부딪히게 되는 용어입니다. '교육과정'이라는 용어가 들어간 책자나 문서는 수없이 많지만, 정작 교육과정 개념을 정확하게 이해하고 있는 사람은 의외로 매우 드물어 보입니다. 평생 교육과정을 전공으로 삼고 공부하는 저조차도 '도대체 내가 무엇을 연구하며 사는 사람인가'라는 의문이 자주 들기도 합니다. 대학원에서 교육과정을 전공하고 교육과정이 관련된 강좌들을 수십 년간 가르친 저도 학기마다 교육과정 강좌 실러버스에 어떤 내용이 포함되어야 하는지를 항상 고민할 정도로 아직도 교육과정 개념은 모호한 형편에 있습니다. 한편, 혹자는 교육과정을 '교육의 과정(教育의 過程)'으로, 심지어는 '교육과정(教育過程)'으로 바꾸어 쓰는 경우도 있습니다. 그러나 그것은 옳지 않다고 생각합니다. 일반적인 의미를 지닌 교육의 과정(教育의 過程)과 달리, 교육과정(教育課程)은 비교적 오랜 학술적 전통이 있는 교육학의 전문용어임을 명심할 필요가 있습니다(이홍우, 1998: 531). 이하에서 쓰이는 교육과정은 별다른 설명이 없더라도 '教育課程'의 의미로 받아들였으면 합니다.

이 시간에서는 일단 '교육과정'의 어원에서 교육과정의 개념을 모색해 보고자 합니다. 오늘날 우리나라에서 '교육과정(教育課程)'으로 번역되는 '커리큘럼(curriculum)'이라는 용어는 라틴어 '쿠레레(*currere*)'에서 그 어원을 찾을 수 있습니다. 명사(名詞)로서의 '쿠레레'는 원래 경마장에서 '말이 뛰는 길(course of race)'을 의미하였습니다. 이것은 '말이 달려 나가야 하는 정해진 길'이라는 뜻을 가집니다. 경마장에서 경주할 때 말이 뛰는 길은 각각 정해져 있으며 말이 그 노선을 일탈하게 되면 당연히 실격됩니다. 이것을 학교교육에 적용해 보면, 학교에서 학생들이 배워야 할 내용 또한 따로 정해져 있으며, 그 밖에 다른 내용을 배우는 것은 허용될 수 없다는 의미로 받아들여질 수 있습니다. 〈국어〉, 〈수학〉, 〈과학〉, 〈음악〉 등과 같이 서로 다른 교과목들이 각각 나뉘어 있어야 하고, 초등학교, 중등학교 등에서 배워야 할 교육내용이 따로 정해져 있어야 하며, 1학년, 2학년, 3학년 등에서 공부해야 할 교육내용도 구분되어 있어야 합니다. 이러한 의미에서 교육과정은 '학생이 공부해 나가야 할 일련의 내용항목들' 또는 '교수요목(course of study)' 또는 '교과목(教科目)'과 동의어가 됩니다.

이와 같이 교육과정을 교수요목과 동일시하는 견해는 지금까지도 널리 통용되는 것일 뿐만 아니라, 1920년대 이후 이제까지 일선 학교의 교사들을 포함하여 일반교육자들이 당연하게 받아들이고 있습니다. 또한 명사(名詞)로서의 '쿠레레'는 교육과정과 관련하여 우리에게 너무나 익숙한 타일러(R. W. Tyler), 전기(前期) 브루너(J. S. Bruner) 등의 이론에도 암암리에 전제되어 있는 견해이기도 합니다. 그러한 영향 아래, 타일러와 브루너 역시 교육과정은 명사적 의미에서 '무엇인가 정해진 것이 있거나 정해야 하는 것'으로 인식한 바 있습니다. 그러나 파이너(W. F. Pinar)는 교육과정의 어원으로서의 쿠레레를 위와는 다르게 새롭게 해석하여 교육과정을 재개념화합니다. 교육과정을 의미하는 쿠레레는 '말이 뛰는 길'이라는 명사적 의미뿐만 아니라 실제로 'run('달린다'에 비유될 수 있는 경험이라는 행위)'이라는, '경주로를 달리는 행위나 과정'을 뜻하는 동사적 의미를 포함한다는 것입니다(Pinar, 2004: xiii). 이것은 교육과정을, '교수요목' 또는 '교과목', '학습목표' 또는 '학습결과'를 기술하거나 규정한 것으로서가 아니라, '교육의 과정에서 개별 학생이 달리면서 겪게 되는 교육적 경험'으로 재해석한 것입니다.

동사(動詞)로서의 쿠레레에 의하면, 교육의 과정에서 학생 개개인이 갖게 되는 경험이 핵심이기 때문에, 교육과정은 외부에서 제공된 교육내용을 단순히 수용하는 것이 아닌, 학생 자신이 살아온 경험 속에서 지식을 발견하도록 하는 것으로 재개념화될 필요가 있습니다. 이러한 교육과정의 재개념화는 명사(名詞)로서의 '쿠레레'에서 동사(動詞)로서의 쿠레레로의 패러다임의 전환으로 볼 수 있습니다. 교육과정은 학교 내외에서 주어지는 프로그램이나 교과목이라는 미리 계획되고 의도된 어떤 실체가 아니라, 특수한 사회적 맥락 속에서 학생 개개인이 주관적으로 경험이라는 행위를 해 나가는 역동적인 과정을 의미합니다. 이 사적 경험의 과정에는 계층, 성별, 세대, 인종 간의 불평등이나 차별, 이데올로기나 헤게모니로부터의 해방, 포스트-모더니즘, 예술에 의한 탈기술화 등등의 전형적인 문제들이 포함되어 있습니다.

파이너에 의하면 교육과정의 재개념화는 기존의 교육과정을 근본적으로 새롭게 인식하고자 하는 패러다임의 근본 변화입니다(Pinar, 1995: 234). 전통적인 기술공학적 교육과정 모형은 타일러와 그의 계승자들이 잘 보여주었던 것처럼 교육과정을 기계적으로, 절차적으로, 도식적으로 개발하거나 처방하는 일에만 집중하는 가운데, 교육과정이 개인별로 실존적으로 구현되는 실제에 대해서는 망각해 왔습니다. 기존의 교육과정 연구는 연구 범위를 학교 안으로 제한을 두었기 때문에, 교육과정이 학교 밖 전체 사회와 관련하여 어떤 모습을 띠고 기능을 하고 있는지와 같은 거시적인 안목을 가질 수 없었습니다. 그러나 이제 오늘날과 같이 다원화된 현대 사회 속에서는, 비단 학생뿐만 아니라 일반 개개인들이 교육받으면서 무엇을 생각하고, 고민하고, 느끼고, 상상하고, 탐구하고, 반성하는지, 그리고 더 나아가서 자신의 삶을 스스로 어떻게 이야기하고 재구성하며 또 개선해 나가는지에, 곧 일련의 개인의 점진적인 성장 여정 또는 여행에 교육과정 논의의 초점을 둘 필요가 있습니다.

저는 이제까지 교육과정에 관한 여러 이론, 특히 위에서 언급된 타일러 모형, 브루너 모형, 파이너 모형을 공부하고 가르치면서 한 가지 이상한 점을 느꼈습니다. 명사(名詞)로서의 '쿠레레'에 따라 교육과정을 정의하면, 비록 한계도 보이고 비판도 많이 받을지 몰라도 그런대로 '교수요목' 또는 '교과목' 등과 같은 분명한 개념이 머릿속에 잡힙니다. 우리에게 너무 익숙하기도 하고, 재개념주의자들에 의하여 많은 비판을 받는 타일러 모형에는 교육목표의 도출, 학습경험의 선정과 조직, 그리고 평가와 같은 교육과정 운영의 절차와 방법에 대한 설명만 있을 뿐, 제가 기대하는 교육과정에 대해 이렇다 할 정의는 의외로 찾아볼 수 없습니다. 이러한 형편은 브루너도 크게 다르지 않습니다. 브루너의 학문 중심 교육과정이 시사하는 바에 따르면, 학교에서 진정으로 가르쳐야 할 내용은 '중간언어(middle language)'가 아니라 각 학문을 대표하는 핵심 아이디어로서의 '지식의 구조(structure of knowledge)'라고 할 수 있습니다. 브루너는 이러한 지식의 구조를 뒷받침하는 아이디어로, 초보지식과 고등지식 사이에 간극이 없음을 보여주는 '나선형 교육과정(spiral curriculum)'과, 지식의 구조를 가르치는 방법으로서 '탐구학습(discovery learning)'을 제시하고 있습니다. 그러나 아직도, 각 교과나 단원에서 중간언어가 아닌 지식의 구조는 무엇인가, 어떻게 중간언어를 거치지 않고 직접 탐구학습을 통하여 지식의 구조를 가르칠 수 있는가, 초보지식과 고등지식의 간극은 단순한 표현 방식이나 번역의 문제인가 등등의 문제들을 떠나서도, 브루너에 있어서도 교육과정은 무엇인지에 관한 명확한 규정을 찾아볼 수 없습니다.

그렇다면 파이너야말로 교육과정의 개념 문제를 진정으로 해결한 것으로 볼 수 있을까요? 앞서 살펴본 바와 같이 파이너는 교육과정의 계획과 처방, 그리고 행동적 교육목표에 집중했던 과거의 교육과정 연구에서 탈피하여, 동사(動詞)로서의 쿠레레에 착안하여 특수한 사회적 맥락 속에서 개개인이 주관적으로 경험이라는 행위를 해 나가는 역동적인 과정으로 교육과정을 이해한 바 있습니다. 그러나 교육과정을 이와 같이 인식하게 되면, 교육과정의 개념은 거의 무한대로 확장하게 되어 있습니다. 교육과정의 외연은, 종적으로는 비단 학생만이 아닌 한 개인의 일생일대로 길어질 것이며, 횡적으로는 개개인이 속한 특수한 사회 구조 속에서 겪는 주관적인 경험 모두를 총괄해야 할 것입니다. 이러한 관점에서 보면, 시기적으로 파이너 이후에 이루어진 모든 교육과정 연구 및 접근 방식은 교육과정의 재개념화에 속한다고 말해도 무방할 것입니다. 요컨대, 파이너는 교육과정 개념의 논쟁에 관한 한, 해결을 본 것이 아니라 오히려 논의의 초점을 흩뜨려 놓았다고 생각합니다. '개개인의 사적 경험 행위 자체가 교육과정의 의미라고 한다면, 경험 행위에 앞서 제공되어야 할 교육내용 또는 교육활동은 무엇이며, 또 누가 어떻게 정하는 것인가'라고 파이너에게 되묻고 싶습니다. 이 점에서 파이너의 교육과정 논의에서 무엇인가 선·후가 뒤바뀐 것 같다는 강한 느낌을 지울 수 없습니다.

2.

그렇다면 이와 관련하여 교육과정 개념의 문제에 대한 다른 대안은 없는 것입니까? 교육과정 개념의 문제에 대한 이제까지의 접근 방식에 문제점은 없었습니까? 저는 20년 전쯤에 미국 캘리포니아 대학(UCR)에 연구교수로 갔다가 우연한 기회에 '디닥틱'

—독일어 Didaktik, 영어 didactics—을 접하게 되었습니다. 디닥틱은 사전적 의미로 '교수법' 또는 '수업이론' 또는 '교육내용에 관한 이론' 등으로 번역될 수 있지만, 오늘날로 말하면 '교육과정학' 또는 '교육과정이론' 정도로 이해될 수 있을 것입니다. 그 역사를 살펴보면, 디닥틱은 희랍어 '*didáskein*'을 활용하여 인위적으로 만들어낸 조어(造語)이며, 코메니우스(Comenius)의 『대교수학(*Didactica Magna*)』에 의하여 교수학으로 정립된 바 있습니다. 이후 코메니우스의 디닥틱은 루소(J. J. Rousseau)와 페스탈로치(J. H. Pestalozzi)의 교수법에도 지대한 영향을 주었으며, 이와 같이 계속하여 변천을 거듭해 오던 디닥틱은 헤르바르트(J. F. Herbart)에 의하여 교육 논의의 중심에 서게 됩니다. 그 후에도 디닥틱은 다양한 양상으로 발전해 오다가 20세기 전반부터 현대적 학문의 모습을 갖춘 디닥틱 이론들이 분파를 형성하면서 지금까지도 교수와 교육과정 분야에 많은 영향을 미치고 있습니다. 오늘날 디닥틱은 단지 독일에 국한하여 사용되는 용어가 아니며, 현재 이 용어는 독일과 문화적 영향을 주고받는 관계에 있는 중유럽과 스칸디나비아 지역 국가(스웨덴, 노르웨이, 핀란드 등)의 교육 분야에서 두루 널리 사용되고 있습니다. 반면에 유감스럽게도 영어권과 불어권 국가의 교육 분야에서는 아직도 실질적으로 알려지지 않고 있습니다.

이상에서 살펴본 바와 같이 디닥틱은 역사적으로 수많은 변용을 겪었을 뿐만 아니라 지금까지 여러 학문적 분파를 형성하고 있지만, 변하지 않은 한 가지 공통적 노선은 교육 또는 교육과정 연구의 중심을 늘 '교육내용(contents)'에 두었다는 점일 것입니다.

코메니우스는 『대교수학』을 통하여 그 당시에 지배적이었던, 지나치게 형식적이고 논리적인 교육내용 분석 방법에 반대하면서, 교육내용을 인간 삶의 목적과 관련하여 발굴하고, 또 그 연장선상에서 교육방법을 구안할 것을 제안하였습니다. 코메니우스에 의하면, 디닥틱은, 단순히 가르치고 배우는 기술에만 국한되는 것이 아니라, 인간이 삶의 목적을 달성하기 위하여 배워야 할 교육내용은 무엇이며, 또 교사는 학생들에게 그것을 어떻게 가르쳐야 하는가에 대하여 설명할 수 있는 포괄적인 학문이 되어야 합니다. 이러한 관점은 헤르바르트의 디닥틱에서도 확인됩니다. 그에 의하면 디닥틱은 단순히 가르치고 배우는 구체적인 활동에 관한 이론이기 이전에, 인간을 보는 관점과 훌륭한 인간을 길러내는 '도야(陶冶)' 이론을 포함하는 학문입니다. 결국 디닥틱의 핵심은 '도야', 다시 말하면 '훌륭한 인간을 길러내는 내용과 과정'에 관한 것입니다. 어떤 교육활동이든지 그것이 맹목적인 것이 되지 않기 위해서는 반드시 먼저, 훌륭한 인간은 무엇인지와 관련된 교육목적과, 그것을 달성하기 위한 교육내용이 따로 정해져야 할 것이며, 교수법은 단지 그것을 실현하기 위한 도구일 뿐입니다. 교수법의 이러한 측면을 간파한 헤르바르트는 그의 저서 『일반교육학』에서 디닥틱은 단순히 '수업에 관한 이론'이 아니라 '교육적 수업(Erziehender Unterricht)'에 관한 이론이라고 주장한 바 있습니다.

이와 같이 디닥틱은 영어권 교육과정 전통에서는 분명하게 취급되지 않았던 '교육내용'의 중요성을 우리에게 부각해 주었습니다. 특히 미국 교육과정 연구에서 근본적으로 결여되어 있는 것이 있는데, 그것은 다름 아닌 '교육내용'에 대한 응당 있어야 할 배려와 설명입니다. 저는 하늘이 두 쪽이 나도 교육과정 개념은 교육내용에 대한 성찰과 분석에서 시작되어야 한다고 생각합니다. 연구의 초점이 번번이 보편적인 교육내용에서 벗어나 개인의 자의적인 경험 쪽으로 흘러갈수록 교육과정의 개념도 함께 정체성을 잃고 표류하게 되어 있습니다. 우리나라의 교육과정 연구가 최근 미국의 조류와 마찬가지로 정체성 위기를 맞이하게 된 것은 결국 모두, 우리의 교육과정 연구가 이때까지 거의 반세기 이상 동안 '교육내용'에 관한 논의가 생략된, 출발에서부터 근본적으로 장애가 있는 이론적 틀에 의존하여 지속되어 왔기 때문입니다. 이러한 왜곡된 교육과정 논의를 바로잡기 위해서는 무엇보다도, '도대체 수업 또는 교육과정 연구에서 '교육내용'은 무엇을 의미하는가?'라는 근본 질문에서부터 시작하여 교육과정의 개념을 새롭게 정립할 필요가 있습니다.

디닥틱에 의하면 교육과정학은 인간을 보는 관점과 훌륭한 인간을 길러내는 내용과 과정을 포함하는 도야 이론이어야 합니다. 저는 바로 이 점에서 이하에서 살펴볼 '중용(中庸)'은 디닥틱의 문제의식을 가장 잘 구현시켜 줄 수 있는 이론이라고 생각합니다. 이에 여기서 저는 '교육내용은 무엇인가'라는 질문에 대한 하나의 접근 방법으로서 동양의 중용 이론을 도입해 보고자 합니다. 저는 '중용'을 전문적으로 연구하는 학자는 아닙니다만, 위와 같은 교육적 관심을 가지고 중용을 해석해 보고자 합니다. 이러한 취지에서 우선, 『중용』 제1장 전문(全文)을 다음과 같이 제시합니다.

> 天命之 謂性 率性之 謂道 修道之 謂敎 道也者 不可須臾離也 可離 非道也 是故君子 戒愼乎其所不睹 恐懼乎其所不聞 莫見乎隱 莫顯所微 故君子愼其獨也 喜怒哀樂之未發 謂之中 發而皆中節 謂之和 中也者 天下之大本也 和也者 天下之達道也 致中和 天地位焉 萬物育焉(하늘이 명령하는 것, 그것이 性이며, 性이 자국을 남긴 것, 그것이 道이며, 道를 닦는 것, 그것이 敎이다. 道는 잠시도 떠날 수 있는 것이 아니다. 만약 인간이 벗어날 수 있는 것이라면 그것은 道가 아니다. 군자가 남에게 보이지 않는 곳을 삼가고 남에게 들리지 않는 곳을 두려워하는 것은 이 때문이다. 가장 은밀한 것만큼 잘 보이는 것은 없으며 가장 미미한 것만큼 잘 드러나는 것은 없다. 군자는 홀로 아는 그곳을 삼간다. 희로애락으로 표현되기 이전을 가리켜 中이라고 하며, 희로애락이 中에 맞게 표현된 상태를 가리켜 和라고 한다. 中은 천하가 따라야 할 궁극적 표준이며, 和는 道가 천하에 두루 퍼져 있는 상태이다. 中和의 원리가 완전히 실현될 때 천지는 제자리에 서며 만물은 성장한다(이홍우, 1996: 12-13).

맨 처음 문장에 주목해 보면 각각 두 번씩 반복되는 性과 道의 연쇄를 통하여, 교육을 하늘의 명령에 맞닿아 있는 것으로 기술하고 있음을 알 수 있습니다. 여기서 하늘의 명령과 교육을 연결해 주고 있는 性과 道의 개념에 주목할 필요가 있습니다. 『중용』의 이 부분에 관한 주희(朱熹)의 주(註)에 의하면, '性이 자국을 남긴', 다시 말하여 性의 가시화된 형태인 道는 敎의 내용, 곧 '교육내용(contents)'이 되는 것으로서 '우리가 하는 모든 일상적인 행위에 반드시 들어 있는, 마땅히 걸어가야 할 길(日用事物之間 莫不各有當行之路 是則所謂道也)'을 의미하며, 보다 구체적으로 말하면 '禮樂刑政(예악형정)' 등의 모든 제도와 문물을 가리킵니다. 오늘날로 말하면, 초중등학교 교과서에 분과별로 실려 있는 교육내용 전체가 반영하고 있는 것을 의미합니다. 또한, 性은 그 자체로서는 실체를 가질 수도 파악될 수도 없고 오직 '그것이 자국을 남긴(즉, 그것의 가시화된 형태인)' 道를 통하여 추론될 수 있을 뿐입니다(이홍우, 1996: 13).

한편, 주희에 의하면 논리적으로 추론될 수 있을 뿐 보이지 않는 性은 情과 함께 마음의 두 측면을 이루고 있습니다(心統性情). 단지 구분하여 말하자면 '희로애락은 情이며, 희로애락으로 표현되기 이전은 性입니다(喜怒哀樂 情也 其未發則性, 朱熹 註)'. 다시 말하여 희로애락 등의 情은 안쪽의 핵심부인 性이 외부로 표현된 것입니다. 그러나 다시 이 경우에도 단순히 '未發(미발)'이라는 표현에만 주목하여 性이 시간상 먼저 있어서 그것이 情으로 표현되는 것으로 생각해서는 안 됩니다. '희로애락으로 표현되기 이전은 性이다'라고 말하는 것은 희로애락으로 표현되기 이전에, 그것과 별도로 모종의 심리적 상태가 있다는 뜻이 아니라, 희로애락으로부터 논리적으로 추론되는 형이상학적 개념이 있고 그것을 性이라고 부른다는 뜻입니다(이홍우, 1996: 13-14).

마음의 두 측면을 머릿속에 그려보면, 性은 그것의 표현인 情을 남김없이 갖추고 있으면서도 아직 情으로서 뚜렷한 형태를 갖추고 있지 않습니다. 말하자면, 性은 情을 무형태로 압축하고 있으며 모든 情은 이 무형태로 압축된 것의 외부적 표현이라고 할 수 있습니다. 한편, 이 점을 앞서 논의한 道와의 관련에서 고려해 보면, 性에 압축되어 들어간 내용은 일상의 삶에서 '마땅히 걸어가야 할 길'로서의 道, 예악형정 등으로 대표되는 교육내용으로서의 道입니다. 만약 '예악형정'이라는 용어로 대표되는 교육내용 전체를 '총체로서의 세계'라고 부른다면, 性은 바로 이 세계를 무형태로 압축하고 있다고 말할 수 있습니다. 결국, 우리 각자가 가지고 있다고 생각하는 마음(心)은 그 한 측면인 性 속에 총체로서의 세계를 담고 있는 셈입니다(이홍우, 1996: 15). 이것을 반대로 상상해 보면, 하늘의 명령인 性에서 총체로서의 세계가 좍 펼쳐진 것이 바로 현재 우리가 살고 있는 삶일 것입니다. 성리학을 연구한 일군의 서양학자들은 성의 이러한 측면을 한 그루의 나무에 비유해 '경험적으로' 설명하기도 합니다. 근본적으로 동일한 한 마음(心)에 뿌리를 둔 情과 性이라고 불리는 가지가 각각 존재하는데, 情이 욕망을 달성하며 점점 자라난다면, 性은 세계를 이해하면서 성장합니다. 성장하는 과정 중에도 양자는 서로 영향을 주고받으며 성장하게 되는데, 情의 욕망을 달성하고자 하는 의지가 끝이 없듯이 性이 도달하는 궁극적인 지점 또한 총체로서의 세계 그 자체, 곧 '우주(宇宙)'입니다.

한편, 앞에서 인용한 『중용』 제1장을 보면 中의 개념은 性과 마찬가지로 '희로애락으로 표현되기 이전(喜怒哀樂之未發 謂之中)'이라고 규정되어 있습니다. 그렇다면 무엇 때문에 『중용』에서는 동일한 '희로애락 이전의 마음'을 가리키기 위하여 번거롭고 혼란스럽게 두 가지 개념을 함께 사용한 것인가라는 의문이 충분히 생길 수 있습니다. 中은 性과 동일한 것을 지칭하면서 동시에 性을 좀 더 자세히 설명한 것으로 볼 수도 있습니다. 그러나 한편, 중에 대한 또 다른 단서가 되는 설명들, '부족하거나 넘치지 않고 꽉 찼다(無過不及)'라든지, '중에서 벗어나지 말라(允執厥中, 『書經』 大禹謨篇)'라든지 하는 표현을 보면 中은 완벽하면서도 한순간도 방심해서는 안 될 정도로 역동적인 그 무엇으로 인식되며, 또한 바로 이 점에서 性과는 달리 해석되어야 합니다.

中이 性과 구분되는 핵심 포인트는 中은 '사람'과 관련되어 있다는 점일 것입니다. 『중용』에서 性과는 별도로 그것과 거의 다를 바 없는 개념인 中을 따로 취급하고 있는 것은 바로 이 점 때문일 것입니다(유한구·김승호, 1998). 中은 性이 사람에게서 실현된 이상태, 즉 성인(聖人) 수준에서의 이상적인 마음, 곧 전인(全人)을 가리킵니다. 저는 이상에서 설명한 의미에서 中은 서양의 전인 개념, '우주를 마음속에 담을 만한 용량을 지닌 인간'이라는 뜻을 가진 '호모 카팍스 우니베르시(*Homo-capax universi*)'의 동양적 버전이라고 생각합니다. 앞서 지적한 바와 같이 『중용』에서는 性과 道의 연쇄를 통하여 하늘의 뜻과 교육을 연결하는 순서로 세계의 모습을 논리적으로 기술하고 있지만, 사람이 사는 현실 속에서는 오히려, 이홍우 교수(1996)가 지적한 것처럼 道를 닦음으로써, 곧 교육을 통하여 사람의 마음이 性, 더 나아가서는 하늘의 뜻에 부합하는 것, 결국 中에 도달하는 것이 마땅한 순서일 것입니다. 요컨대, 中은 사람을 훌륭한 마음을 가지도록 길러내는 전인교육적 차원에서 性과는 별도로 반드시 요청되는 개념이며, 교육을 통하여 총체로서의 세계를 내면화하게 된 가장 이상적인 마음, 곧 전인(*Homo-capax universi*)을 의미합니다.

中은 위에서도 잠깐 시사한 바와 같이, 아무런 역동성도 활력도 없는 것이 아니라, 경험적 마음으로 표현되기 이전의 무한한 가능성인 동시에, 性과 情이 모두 최고도로 발현되어 제 기능을 다하고 있는 역동적이고 활력이 넘치는 마음의 경지입니다. 中 또한 그 자체를 원동력으로 하는, 우리가 흔히 생각할 수 있는 사욕(私慾)이나 수단과 목적의 연쇄와는 전혀 다른 차원에서의 추진력, 곧 '실재의 힘'을 가집니다. 그리하여 中이 그 자체를 원동력으로 하는 추진력을 가지고 말이나 행동 등의 외부적 형태로 표현되는 것이 바로 庸(용)입니다. 이와 같이 庸을 中의 행동적 측면으로 해석하면, 우리가 흔히 사용하는 '自然(nature)' 개념은 中과 庸 사이의 관계로 규정될 수 있을 것입니다. 물론 中과 庸 사이에 사실적 거리나 간극이 존재하는 것은 아니지만, 공간의 비유로 설명하자면 中에서 庸으로 '자연스럽게' 이어지는 과정, 즉 가장 은밀하고 미미한 마음의 핵심부가 생각과 말과 행동 등으로 자연스럽게 드러나는 것이야말로 우리가 추구하는 가장 이상적인 자연의 의미로 손색이 없을 것입니다. 요컨대, 中은 자체 추진력 때문에 그렇게 하지 않으려고 해도 그렇게 하지 않을 수 없게, 또는 '자연스럽게' 庸으로 드러나기 마련입니다.

또 한편, 庸은 총체로서의 세계를 모두 통합하고 있는 가장 이상적인 마음인 中에서 비롯되어 초점적으로 수렴된 행동이기 때문에 어떤 상황에서나 항상 시의적절(時宜適切)할 수밖에 없습니다. 정약용(丁若鏞)은 성리학자들이 제시한 '시중(君子時中, 『中庸』 2장)'을 庸의 이러한 '상황(situation)'에 부합하는 측면을 강조하는 개념으로 해석한 바도 있습니다. 지금까지 책 이름으로도 전수되고 있는 '中庸'의 경지에서는 '애쓰지 않고도 올바른 행동을 하며 머리를 짜내지 않고도 알게 됩니다(不勉而中 不思而得, 『中庸』 20장)'. 이상에서 고찰한 바와 같이 '中庸'은 총체로서의 마음에서 자연스럽게 비롯되는, 어떤 상황에서도 항상 시의적절한 행동을 의미합니다. 그렇다면 이러한 '중용'은 전인에게만 해당되는 것이고 평범한 사람들에게는 적용될 수 없는 것일까요? 우리 중의 누구도 스스로가 전인이라고 말할 수는 없겠지만, 우리는 누구나 다 이미, 부지불식간에 하는 행동 중에 나름대로 마음의 핵심부를 드러내고 있다고 보아야 할 것입니다. 비록, 교육을 어느 정도 받은 보통 사람의 경우에 완전한 의미의 중용은 기대할 수 없을지 몰라도, 그가 이때까지 형성한 마음은 의식하든 않든 간에 자연스럽게 나름의 시의적절한 행동으로 표현될 수밖에 없을 것입니다.

3.

이상에서 좀 장황하게 '중용'을 교육학적으로 해석해 보았습니다. 이를 토대로 하여 저는 이제부터 '교육내용은 무엇인가'라는 질문에 대한 답을 모색해 보고자 합니다. 저는 이 질문과 관련하여 먼저 '道'의 개념에 주목해 보고자 합니다. 왜냐하면, 道는 『中庸』 제1장의 맨 앞 문장(天命之 謂性 率性之 謂道 修道之 謂教)의 맥락에서 교육내용에 해당하기 때문입니다. 일단, **첫째로 道는 '性과 道와 教의 연쇄적 관련'으로 미루어 볼 때 궁극적으로 '하늘의 명령'에 닿아있습니다.** 道에 담겨 있는 性은 곧 하늘의 명령이기 때문입니다. 물론 여기서 '하늘의 명령'이라는 것은 굳이 문자 뜻 그대로 받아들일 필요는 없습니다. 그것은 다만 교육내용으로서의 道가 지닌 절대적인 지위를 상징적으로 표현한 것일 뿐입니다(이홍우, 1996: 15). 교육내용으로서의 道에는 일개 인간이 감히 부정하거나 폄하할 수 없는, 신까지는 아니라고 하더라도 그동안 생존했던 인류의 선현들의 깊고 숭고한 뜻이 담겨 있다고 보아야 할 것입니다.

둘째로, 道는 인간이 잠시라도 떠날 수 있는 것이 아닙니다. 만약 인간이 벗어날 수 있는 것이라면 그것은 이미 道가 아닙니다(不可須臾離也 可離 非道). 性와 敎 사이에 道의 매개가 없는 사태는 정말로 상상하기조차 어렵습니다. 교육내용으로서의 道는 현재 우리의 삶을 떠받쳐주고 있는 궁극적 기반이라고 할 수 있습니다. 이스라엘에 '물의 소중함을 가장 모르는 존재는 바로 물고기이다.'라는 속담이 있다고 합니다. 교육내용으로서의 道는 지금 여기의 우리 삶에 너무나 밀접하게 관계되어 있기 때문에 오히려 평상시에는 그 기반이 기반으로서 의식되지 않습니다. 그러나 우리의 일상이나 생활이 균열이 생기는 유사시에는 그것들이 우리의 삶을 우리도 모르게 얼마나 많이 지탱해 주었는가를 절박하게 깨닫게 됩니다. 그럼에도 불구하고 교육내용으로서의 道를 부정하거나 폄하하는 사람들이 더러 있습니다. 그것은 어항 속의 물고기가 바깥 세계를 동경한 나머지 어항 속의 물을 부정하거나 그 고마움을 모르는 것에 비유될 수 있을 것입니다. 바깥 세계를 동경할 수 있는 것조차도 어항의 덕임을 모르는 것입니다.

셋째로, 道는, 道에서 추론될 수 있는 性의 의미에 비추어 볼 때 교육내용 전체, 달리 말하면 '총체로서의 세계'를 함의(含意)합니다. 앞서 다룬 바 있는 性에 대한 해석에 따르면, 마음(心)은 그 한 측면인 性 속에 총체로서의 세계를 무형태로 압축하고 있으며, 性에 압축되어 들어간 내용은 일상의 삶에서 '마땅히 걸어가야 할 길'로서의 道, 예악형정 등으로 대표되는 교육내용으로서의 道입니다. 이와 같은 性과 道의 관련에 비추어 볼 때, 교육내용으로서 道는 여러 가지 제도와 문물이 그 안에 포함되어 있는 단순한 교육내용이기만 한 것이 아니라, 성이 천명에 이를 수 있게 매개해 주는 '총체로서의 세계'를 직접적으로 반영한다고 보아야 할 것입니다. 性의 가시화된 형태인 교육내용으로서의 道는 오늘날로 말하면 초·중등학교 교과서에 분과별로 실려 있는 교육내용 전체를 가리킵니다. 거기에도 역시, 지금 여기서 인간이 수행하는 모든 일상적인 행위에 반드시 들어 있는, 마땅히 배워나가야 할 전통적인 내용과 방법, 그리고 절차 등이 존재하며, 그것들은 보다 구체적으로 말하면 예절과 도덕, 문학과 예술, 법과 제도, 정치와 행정 등의 모든 제도와 문물을 가리킵니다.

이제 이상에서 모색된 교육내용에 대한 이해를 바탕으로 하여 교육과정의 개념에 대하여 알아보겠습니다. 저는 결국 교육내용의 성격에 따라서 교육과정의 위치와 역할이 정해진다고 생각합니다. 왜냐하면, 『中庸』 제1장의 맨 앞 문장(天命之 謂性 率性之 謂道 修道之 謂敎)의 맥락으로 미루어 볼 때 道가 교육내용을 가리킨다면, 그 당연한 결과로서 교육과정은 '修道', 곧 '도를 닦는 것'일 것이기 때문입니다. 다시 말하면, 위에서 살펴본 교육내용의 성격에 따라서 '도를 닦는 것'으로서 교육과정이 무엇인지가 좀 더 구체적으로 드러날 것입니다. 이러한 취지에서 이하에서는 앞서 다룬

'교육내용으로서 도'를 기초로 하여 '도를 닦는 것'으로서 교육과정이 무엇을 의미하는지를 알아보겠습니다.

오늘날 일부 교육학자들은 '이 세상에 존재하는 모든 것이 교육내용이 될 수 있다.'라고 주장하면서 전통적으로 전수되어 오는 교과들이나 교과 구분을 부정하기도 합니다. 이 주장은 한편으로 맞기도 하고 다른 한편으로 틀리기도 합니다. 그것은 교육내용으로서 道에 비추어 볼 때 교육내용은 총체로서의 세계 전체를 그 대상으로 한다는 점에서 의심할 여지 없는 옳은 주장입니다. 그러나 그 주장이 '세상에 존재하는 것이라면 무엇이든지 교육내용이 될 수 있다.'라는 것이라면 분명 그것은 틀린 주장입니다. 이것의 의미에는, 비단 전통적인 교과만이 교육내용이 될 수 있는 것이 아니라 그것 이외에도 가르치고 배울 만한 소재(素材)가 얼마든지 있다는 교육내용의 자의성(恣意性)이 포함되어 있기 때문입니다. 물론 저는 여기서 전통적인 교과는 무조건 다 좋은 것이라는 견해를 고수하려는 것이 아닙니다. 전통적인 교육내용들은 그냥 전통이기만 한 것이 아니라, 거기에는 유사 이래로 총체로서의 세계를 대상으로 하여 인류의 선현이나 각 분야의 천재들이 품었던 생각이나 지혜, 더 나아가서 '하늘의 명령'이 들어있기 때문입니다. 또한 바로 이 점에서 교육과정의 개념에는 반드시 '총체로서의 세계' 또는 '총체로서의 세계를 대상으로 한다.'라는 의미가 포함되어야 할 것입니다.

교육과정의 역사는 물론이고 현대 교육과정 논의에서 언어 위주의 설명이 대부분인 교과의 매개 없이 '실물(實物)' 그대로를 교육내용으로 삼자는 주장이 심심치 않게 제기되고 있습니다. 학습자가 실물에 직접적으로 부딪치며 경험하는 것이 더 효과적이고 의미도 있다는 것입니다. 그러나 아무리 道가 性의 의미를 지니고 있고(率性之 謂道), 인간이 잠시라도 떠날 수 있는 것이 아니라고 하더라도, 앞서 설명드린 바와 같이 道는 우리와 '물과 물고기의 관계'처럼 너무 밀착되어 있어서 사람들은 대부분 道가 道인 줄 모릅니다. 이러한 의미에서 지금 여기 우리에게 주어진 道는 소중한 것임이 틀림없지만 아직은 다만 원석일 뿐입니다. '修道'의 의미에 잘 드러난 것처럼 道는 닦아야 비로소 보석이 됩니다. 물론 여기서 '道를 닦는다는 것'은 학생이 도야(陶冶)를 해서 道에 내재해 있는 性의 의미를 깨닫게 된다는 뜻입니다. 달리 말하면, 그것은 학생이 내면화한 道가 단순한 道에 머물지 않고 그의 마음속에서 보석으로 변화하게 되는 신비를 가리킵니다. 그러나 한편, 결코 그것은 저절로 이루어지는 것이 아니라, 교육이라는 각고의 여러 가지 노력이 필요한데, 그러한 노력이 바로 교육과정(curriculum)의 핵심 의미로서의 '修道'일 것입니다. 이때 修道는 동사적 의미의 쿠레레, 곧 'run'처럼 '修'의 의미에 따라 동사적 의미를 가집니다.

오늘날 만사가 일 중심으로 바쁘게 움직이고 수단과 목적의 관계가 인간의 사고를 전체적으로 지배하는 세상에서, 교육은 그러한 세상이 돌아가는 데 있어서 변두리 영역이거나 군더더기나 장식품 정도로 평가 절하되는 경우가 많습니다. 그러나 이상에서 살펴본 바와 같이, 이 세상이 존재하고 돌아가는 원리를 드러내 보여주는 '중용'의 의미에 비추어 보면, 여기서 다시 性과 道와 敎의 연쇄를 들먹거리지 않더라도, 교육은 '전인'이라는 절대절명(絕代絕命)의 목적을 추구해야 하며, 또한 그러한 전인교육을 떠받치고 구현시켜 주는 '修道'로서의 교육과정은 인간이 살아가는 데 있어서 결단코 선택이 아닌 필수임을 알 수 있습니다. 앞서 설명한 디닥틱이 시사한 바와 같이, 교육과정은 오늘날처럼 단순히 평가할 목적으로 교육내용을 정하고 가르칠 방법을 모색하는 것으로 정의되어서는 안 됩니다. '중용'에서 살펴본 바와 같이 이 세상이 어떻게 존재하고 운용되며 또 그와 관련하여 인간의 마음과 행동은 어떻게 결정되고 변화하는지에 대한 식견을 바탕으로 하여 거시적으로 정의되어야 합니다.

교육과정을 수십 년간 가르쳐 온 저 또한 미국 교육학의 영향으로 교육과정을 지나치게 미시적으로 규정해 온 것을 반성하지 않을 수 없습니다. 미국 교육학에서 교육과정의 지평을 넓혔다는 것이 고작해야 일차원적으로 학생뿐만이 아닌 성인(成人)이나 시민(市民)을 대상으로 한다는 것, 또 교육과정의 경험이 학교 안에서만 아니라 사회 속에서도 이루어진다는 주장일 뿐입니다. 여기서 다시 시도하고자 하는 교육과정의 재개념화에는 이상에서 설명드린 바와 같이 반드시, 사회에 대한 대안으로서 총체로서의 세계와, 성인(成人)이 아닌 성인(聖人)을 길러내고자 하는 '修道'라는 도야적 의미가 의미상 들어가야 합니다. 그리하여 이러한 점들을 모두 고려해 볼 때, 교육과정은 '총체로서의 마음(性)을 지닌 전인(中)을 형성하기 위하여 여러 가지 제도와 문물(道), 곧 교육내용에 내재해 있는 '의미(率性)'를 학생들에게 밝혀주고 깨닫게 만들고자 하는 인간의 필수 과업(修道)이다.'라고 재개념화할 수 있을 것입니다. 요컨대, 교육과정은 전인 형성을 위한 교육내용을 탐색하는 필수 활동(修道)입니다. 『중용』 제1장이 시사하는 세상이 돌아가는 이치로 미루어 볼 때 인간의 삶에서 '修道'로서의 교육과정보다 중요한 것은 또 없을 것입니다.

4.

이와 같이 교육과정이 우리 삶에 없어서는 안 될 필수적인 것이고 교육과정의 핵심 의미가 버젓이 존재하는데도 불구하고, 안타깝게 오늘날까지도 교육과정의 외연(外延)에 대한 논란은 끊이지 않고 있으며, 이에 덩달아서 '교육과정학(the study of curriculum)' 또는 '교육과정 이론(curriculum theory)'은 지금까지 정체성 혼란을 겪고 있습니다. 오늘날 학문의 분과 현상에 따라, 교육과정, 교수·학습 이론, 교육방법, 교육평가 및 측정, 교육공학, 과목별 교과교육학 등등으로 교육과정 논의도 전문적으로 세분되었지만, 현재 우리는 정작 가르치고 배우는 과정을 세계의 이치(理致)와 인간 삶의 원리와 관련하여 거시적으로 볼 수 있는 교육과정의 본질적인 관점을 놓치고 있습니다. '교육과정 전공자는 교육평가는 몰라도 된다.'라든지, '교육과정 분야에서 수업 연구 영역을 떼어내어 교육공학에 넘겨주어야 한다.'라든지, '교육과정학은 오로지 국가고시 교육과정을 만들고 해설하며 분석하는 일에만 집중해야 한다.'라든지 하는 주장이 있습니다. 그러나 이것들은 앞서 재개념화한 교육과정에 비추어 볼 때, 또 그 이전에 다룬 디닥틱의 개념에 비추어 볼 때, 얼마나 편협되고 그릇된 의견인지를 어렵지 않게 알 수 있습니다. 제가 이 글에서 제시한 교육과정의 개념에 따르면, 교육과정 전공자가 평생 공부할 영역은 엄청나게 넓을 뿐만 아니라, 고민할 학문적 깊이 또한 상상을 초월합니다. 미국과 영국의 교육과정학 초기에 피터즈(R. S. Peters), 듀이(J. Dewey)를 비롯한 대단한 철학자들이 포진해 있었다는 것이 이 점을 잘 반증해 주고 있습니다. 그러나 그렇다고 하여 그것이 지금과 같이 교육과정학의 외연을 제한하고 협소하게 규정할 이유가 되지 못할 것입니다.

만약 지금과 같이 교육과정학의 영역을 축소해 나가다 보면, 결국 교육과정학은 지금처럼 역사가 일천한 각 교과의 교과교육학의 심각한 도전에 직면하게 될 것입니다. 교육과정 연구 영역이 오늘날처럼 편협해지게 되면 될수록, 오늘날의 교육과정학이 겪는 정체성 위기처럼, 결국 교육과정학은 국어교육론, 사회교육론, 수학교육론, 과학교육론, 음악교육론 등으로 분할되어 각과 교육과정 연구의 산술적 합에 의하여 대체될 운명을 맞이하게 될 것입니다. 요즘 때때로 저는 각과 교육학을 전공하는 교수들로부터 '각과 교육과정 논의만으로 충분한데 왜 일반 교육과정학이 필요한지 모르겠다.'라는 푸념을 많이 듣곤 합니다. 이것에 대하여 일반 교육과정학을 전공하는 교수라면 어떻게 대답할 수 있을까요? 예를 들어, 우선 '국어교육을 하는 근본적인 이유는 무엇인가'라는 질문에서부터 논의를 시작해 보겠습니다. 물론 국어교육에도 여러 영역이 있겠지만, 대체로 국어를 가르치는 이유는, 개정 때마다 다름에도 불구하고 골격만 얘기하자면 의사소통 능력을 포함한 국어사용 능력을 신장시키는 데에 있다고 할 것입니다. 수학교육의 목적도 간략하게 추려서 요약하자면, 논리적으로 추론하는 정신적인 능력을 배양하는 것일 것입니다. 그렇다면 이상에서 예를 든 바와 같이, 교과별 교육목표들만 달성하면, 교육은 다 잘될 것이고, 더 이상의 심각한 논의는 필요하지 않은 것입니까? 다른 것들은 다 차치하고서 국어사용 능력 또는 논리적으로 사고하는 능력만 가지게 되면, 한 인간이 교육적으로 완성된 것으로 볼 수 있습니까?

아무리 교과별로 다른 교과에서 무엇을 가르치는지에 대한 관심과 고려 없이 해당 교과만의 목표를 지향하면서 교육하더라도, 결국 그것들을 모두 배우게 되는 학생의 입장을 고려해 보면, 궁극적으로 학생이 총체적으로 형성하게 되는 인간성, 곧 '전인'의 문제는 필연적으로 불거지기 마련입니다. 현재 교과교육에서 생길 수밖에 없는 이러한 교육의 핵심 문제를 다루는 강좌가 있는데, 사범대학에서는 〈교과교육론〉이고, 교육대학에서는 〈통합교과〉입니다. 저는 두 강좌 모두 가르친 소중한 경험이 있는데, 가르칠 때마다 항상 빠짐없이 인용하는 철학자는 헤르바르트(J. F. Herbart)입니다.

헤르바르트는 서로 분리되어 있는 개별 교과들 낱낱에 가치를 두지 않고 그들 간의 '상관관계(correlation)'를 더 중시했습니다. 왜냐하면, 그는 학교에서 다양한 개별 교과들을 일정한 시기를 두고 동시다발적으로 가르치는 목적을 궁극적으로 도덕적 인간의 형성에서 찾았기 때문입니다. 다시 말하면, '어떻게 하면 학교에서 거의 동시다발적으로 가르치는 개별 교과들의 다양한 내용들이 학생의 마음속에서 단순히 낱낱의 지식 덩어리에 머물지 않고, 한 학생의 인격 전체에 통합적으로 녹아 들어가게 만들 수 있는가?'가 그의 가장 큰 교육적 관심사였기 때문입니다. 헤르바르트의 이러한 혜안은 오늘날 사람들이 교육의 전문성과 세분화의 추세에 따라 칸칸이 분리된 교과나 역량들에 몰입하는 가운데 정작 중요한 교육의 전체적인 취지를 망각하는 세태에 좋은 교훈이 될 수 있습니다. 개별 교과들을 가르치는 이유는 결코 그 각각의 자체 목적에 의하여 정당화될 수 없습니다. 그것은 오로지 개별 교과들을 모두 가르쳤을 때 비로소 달성할 수 있는 '전인'에 의해서만 정당화될 수 있습니다. 주기적으로 바뀌는 '국가 교육과정 총론'에서는 항상 선언적으로만 전인교육을 부르짖으면서도 '어떻게 교과교육을 통해서 거기에 도달할 수 있는지'에 대해서는 일언반구의 설명조차 없습니다. 사실 개별 교과들을 가르쳐서 전인에 도달시키는 메커니즘에 관한 문제, 앞서 강조한 바 있는 '修道'의 문제는 일반 교육과정에서 반드시 연구하여야 할 핵심 문제입니다.

교육과정학은 각 교과들이 반영하고 있는 학문적 내용과 각 교과별 교과교육학에 대하여 결코 배타적인 위치에 있지 않습니다. 교육과정학은 그 자체를 구심점으로 하여 마치 흐르는 물처럼 그것들을 허용하고 포섭하는 학문적 위치에 놓여 있습니다. 비유컨대, 교육과정학은 각 교과의 내용과 학문적 성과들을 수용하여 녹이는 용광로와 같은 것입니다. 바로 이 점에서 헤르바르트가 시사한 바와 같이, 또 파이너(2004)가 『교육과정 이론이란 무엇인가』에서 간파했듯이 교육과정학은 성격상 '간학문적(interdisciplinary)' 성격을 가질 수밖에 없습니다(Pinar, 2004: 2). 따라서 교육과정학은 항상 각 교과교육학의 연구 활동의 기준 또는 구심점이 되어야 할 뿐만 아니라, 여타 학문이나 교과교육학들의 탐구 내용이나 결과들을 '修道'에 결부하여서 교육이론으로 해석하거나 전환시켜주고, 더 나아가서는 통합시켜 주는 역할을 다해야 할 것입니다.

제6강

수업은 왜 하는가

1.

지금 수업을 보장하기 위하여 수많은 종류와 수준의 학교들이 존재하고 있고, 오로지 수업을 받기 위하여 비가 오나 눈이 오나 매일 하루도 빠짐없이 의무적으로 학교에 가고 있는 학생들도 있으며, 과외나 학원과 같은 비정규 수업을 위하여 어려운 살림에도 불구하고 비싼 학원비를 지급하는 학부모도 있습니다. 도대체 수업이 무엇이기에 사람들은 그렇게도 목숨을 거는 것일까요? 이와 같이 수업이 일상의 삶과 밀착되어 있을 뿐만 아니라 우리 삶의 아주 중요한 부분을 차지하고 있음에도 불구하고, 아직 그 누구도 수업에 대하여 명확하게 정의 내린 적이 없다는 것이 오히려 신기할 뿐입니다. "물고기는 물과 너무 밀착되어 있어서 오히려 물의 존재와 가치를 잘 모른다."라는 이스라엘 속담이 있다고 합니다. 저는 수업도 우리에게 그런 경우라고 생각합니다. 우리는 우리의 삶과 분리 불가능한 수업을 그동안 너무나 당연시해 왔습니다. 그러나 '수업'이라는 현상 또는 영위를 조금만 거리를 두고 떨어뜨려

놓고 보면 의외로 우리가 수업에 대해서 아는 것이 별로 없다는 것을 금방 깨닫게 됩니다.

'수업은 왜 하는가?'라는 질문은 '당연한 것을 왜 묻는 것인지?'라는 의아함을 일반인들에게 던져줍니다. 그러나 조금만 더 깊이 생각해 보면, 그것은 비단 수업을 연구하는 학자들뿐만 아니라 오랫동안 수업을 해 온 경륜이 많은 교사들조차도 금방 쉽게 대답하기 어려운 근본적인 질문입니다. 요즘 학교나 학원에서 쓰이는 교재가 얼마나 잘 만들어져 있습니까? 거기다가 참고서들이나 학습 보조 웹사이트들도 너무 많고 다양해서 선택하기조차 어려울 정도입니다. 이러한 좋은 여건 속에서 과연 우리의 자녀들이 굳이 학교에 가서 교사로부터 수업을 받을 필요가 있을까요? 최근 들어 외국에는 교수 없이 학생들끼리 서로 모르는 것을 가르쳐 주는 대학이 주목받고 있다고 합니다. 이러한 사례는 수업에는 교사 요소가 필수적으로 있어야 한다는 기존의 수업에 대한 통념을 깨고 있습니다. 이러한 극단적인 예가 아니더라도, 최근 들어 우리나라의 학교에서는 교사의 활약과 간섭이 적은 수업일수록 좋은 수업이라는 생각이 지배적입니다. 어쩌면 앞으로도 A·I와 같은 첨단 기술이 그러한 생각을 더욱 공고하게 해 줄지도 모릅니다. 만약 이러한 추세로 간다면 앞으로 머지않아, 컴퓨터에 미리 프로그램된 전자책들을 보거나 인터넷을 통하여 정보의 바다를 탐험하고 있는 학생들을 단지 '모니터링'하는 수업 관리자로서 자기 소임을 다했다고 생각하는 교사들이 점점 많이 등장하게 될 것입니다.

그렇지만 과연 이러한 추세는 정말로 바람직할까요? 이에 대한 정확한 판단을 하기 위해서는 무엇보다도 근본으로 돌아가서 수업의 개념부터 면밀하게 따져볼 필요가 있습니다. 수업이란 무엇입니까? 인간의 특정한 행위 양식으로서 수업은 어떻게 이해해야 합니까? 수업이라고 불리는 사태 또는 활동을 이루고 있는 기본 요소는 무엇입니까? 수업 시간에는 대체 어떤 활동이나 이벤트가 벌어지고 있는 것일까요? 이 질문들에 관련하여 본격적인 설명하기에 앞서, 이즈음에서 수업에 관한 몇 가지 전제를 말씀드리고자 합니다. 우선, 여기서 말하는 '수업'은 단순히 서구에서 말하는 'Instruction'이 아닌, 'Teaching'의 의미로 이해해 주시길 바랍니다. 잠깐 양자를 구분하자면, Instruction은 학생들이 주어진 수업계획이나 학습프로그램을 차질 없이 잘 따라가도록 교사가 안내나 관리를 하는 것을 가리킨다면, Teaching은 그 이상으로 교사가 교육내용이나 교과를 단순한 정보로서가 아니라 자신의 인격과 결부하여 전달하는 사태를 일컫습니다.

2.

다음으로, 수업에는 개념상 교사, 교과, 학생이라는 3가지 기본 요소가 필수적으로 포함되어 있습니다. 수업은 결국, 이 3가지 기본 요소가 삼위일체가 되어 역동적으로 빚어내는 사태 또는 현상이라고 할 수 있습니다. 예를 들어, 학생이 교사 없이 하늘에 떠가는 뜬구름을 보고 인생의 덧없음을 배우고 있다는 것은 다른 것은 몰라도 적어도 수업사태는 아닙니다. 또, 조금 이따가 설명하게 될 것입니다만, 수업에서 교육내용이나 교과의 비중을 가볍게 여기고 오로지 교사와 학생 간의 상호작용에만 초점을 맞추는 것 또한 수업의 개념에서 한참 빗나간 것입니다. 마지막으로, 요즘 수업을 바라보는 현대적 추세를 보면, 수업에서 이루어지는 과정이나 결과들 모두를 오직 학생의 입장에서만 해석하고 판단하려는 경향이 있습니다. 단순하게 말하면, 학생이 잘 이해하지 못하고 좋은 점수를 받지 못한 수업은 모두 실패라고 단정 짓습니다. 이것 또한 수업에서 교과의 위상과 교사의 역량을 폄하하는 매우 잘못된 사례에 해당합니다.

이제 저는 이상에서 안내한 전제하에 '도대체 수업에서 무슨 일이 일어나는가?'라는 질문에 대한 해답을 본격적으로 모색해 보고자 합니다. 아마도 우리에게 가장 널리 알려진 수업에 관한 정의는 '수업은 교사와 학생 간에 이루어지는 상호작용이다.'일 것입니다. 이 정의는 아직도 시중에 나와 있는 대부분의 교육공학 또는 교육행정 교재에 기본 전제로서 받아들여지고 있습니다. 그러나 조금만 꼼꼼하게 검토해 보면, 이 정의는 허점이 많다는 것을 금방 어렵지 않게 알 수 있습니다. 이것은 복잡하고 총체적인 수업 현상 또는 장면을 그 외현만 보고 지나치게 단순화시킨 설명에 불과합니다. 수업은 단지 교사와 학생 간의 상호작용을 유발하기 위하여 필요하다는 정도의 시사점을 던져줄 뿐입니다.

그 정의의 근원을 파헤쳐 보면, 그것은 수업을 특정한 한 관점, 곧 '행동주의적(behavioral)' 심리학의 시각에서 파악한 것입니다. 주지하다시피 교육학에서 미국의 행동주의 심리학은 그 공헌 못지않게 오랜 기간 우리의 교육학 연구에 어두운 그림자를 드리워 왔습니다. 거기에서는 수업사태 또한 문제의 가시적 해결을 위한 하나의 행동적 '처치(處置)'로 파악됩니다. 그러나 수업을 단순한 행동적 처치로 보는 한, 그 밖에 다른 수업의 중요한 측면이나 요소들은 배제될 것이며, 따라서 수업의 본질적 의미는 크게 훼손될 수밖에 없습니다. 특히, 교사와 학생 간의 상호작용에 있을 수 있는 문제들을 행동적으로 처치하는 데에만 집중하는 가운데, 수업의 3요소 중에 교과, 곧 전달할 교육내용을 망각하거나 소홀히 하는 경우가 많습니다. 수업을 행동주의적 관점에서 설명하는 사람들은 의도적이든 아니든 교과 또는 교육내용에 대한 언급을 삼가는 경향이 있습니다. 그들은 수업에서 교과 또는 교육내용이 차지하는 비중을 지나치게 폄하하고 있습니다. 또 다른 시각, 곧 수업의 삼위일체에서 '교과'의 시각에서 보면 수업에서 교과 또는 교육내용의 위치와 역할은 그야말로 절대적인 것입니다.

오늘날 교과 또는 교육내용은 얼마든지 개인의 필요에 따라 선택할 수 있고 바꾸거나 재구성할 수 있는 것으로 인식되고 있습니다. 이를 뒷받침하는 듯이 우리나라 교육계의 일각에서도 교과 또는 교육내용과 같은 고정된 한정적 용어보다는 더 융통성 있고 유연한 '교육소재(教育素材)'를 사용하자는 주장도 있습니다. 물론, 늘 변화하는 시대적 관점에서 보면 교과 또는 교육내용은 얼마든지 융통성 있게 현재의 조류를 반영할 수도 있고 또 학습자의 성향과 필요에 따라 제시 방법과 매체가 바뀔 수도 있습니다. 그러나 교과 또는 교육내용의 그러한 잔잔한 변화의 파도 밑 심연에 존재하는 본질에 있어서는 달라질 것이 별로 없으며, 달라져서도 안 될 것입니다. 유사 이래로 계속하여 교과 또는 교육내용을 통하여 한 세대에서 다음 세대로 전달하고 싶은 인류의 마음, 곧 바람직한 인성은 결코 바꾸거나 변조될 수 없기 때문입니다.

교육과정사에 한때 '필수교육과정(compulsory curriculum)'이라는 전문용어가 있었습니다. 이 말은 결국 위에서 언급한 인성을 담보해 줄 수 있는 교과 또는 교육내용은 반드시 확보하여 후세대에 가르쳐야 한다는 의미로 해석될 수 있습니다. 필수교육과정이 시사하는 것처럼, 인류의 마음을 보장해 줄 교과 또는 교육내용이 이미 전통적으로 정해져 있다는 것 자체가 수업을 성립시키는 아주 중요한 계기입니다. 이황(李滉)의 시조『도산십이곡』중에 "(비록 고인을 직접 뵙지는 못하지만) 고인이 가시던 길이 내 앞에 있거늘, 어찌 따라가지 않을 수 있겠는가?"라는 구절이 있습니다. 요컨대, 인류의 문화유산을 반영하는 훌륭한 교과 또는 교육내용이 '먼저' 주어져 있기 때문에, 교사는 그것을 학생에게 전달하기 위해 수업을 하는 것이고, 학생은 그것을 자기 것으로 만들기 위하여 교사로부터 수업을 받는 것일 뿐입니다.

이와 같이 수업에서 교과의 중요성을 우선순위에 두고 보면, 수업에서 일어나는 일을 오로지 교사와 학생 간 상호작용의 외현적 측면에서만 파악하려는 모든 시도는 결국 한계에 부딪힐 수밖에 없습니다. 오히려 위에서 강조한 바와 같이 관심의 초점을 교과 또는 교육내용에 정조준 할 때 수업의 의미가 더 잘 부각될 수 있습니다. 보다 구체적으로 말하면, 교과 또는 교육내용은 무엇이며, 또 어떻게 교사로부터 학생에게 전달되는지를 파악하는 것이 수업을 제대로 이해하는 데 큰 도움을 줄 수 있습니다. 이 질문을 해명하기 위해서 수업에서 일어나는 일을 그 겉모습만이 아닌, 보이지 않는 교사와 학생의 내면에까지 확장할 필요가 있습니다. 이를 위해서 저는 철학에서 말하는 '인식론(epistemology)'을 수업의 맥락에 도입하여 적용해 보고자 하는데, 이 시도를 이하에서 '수업의 인식론'이라고 부르겠습니다.

오우크쇼트(M. Oakeshott)는 그의 글 '학습과 수업(Learning and Teaching)'에서, 교육은 학생들로 하여금 인류 공동의 업적인 문화유산에 입문시키는 일이라고 보았으며, 그 문화유산의 내용, 곧 지식을 크게 '정보 (information)'와 '판단(judgement)' 두 가지로 구분한 바 있습니다. 정보는 사실 또는 지적 활동의 가시적 결과를 가리키며, 바깥으로 드러내어 말할 수도 있고, 또 항목으로 나열될 수도 있는 것입니다. 이러한 명시적 측면 때문에 정보는 학교 교재 또는 교과서, 백과사전, 신문, 방송, 인터넷, A·I 등의 매체들을 통해서 얼마든지 구할 수 있습니다. 반면에 판단은 쉽게 획득할 수 있는 것이 아닙니다. 왜냐하면 판단은 '사람의 몸'을 숙주(宿住)로 하여 존재하는 것으로서 명시적으로 드러나지 않기 때문입니다. 판단은 정보와는 달리 항목으로 나열하여 제시할 수도 없으며, 따라서 쉽사리 암기하거나 베낄 수도 없는 것입니다.

판단은 정보로 환원될 수 없기 때문에, 우리 입장에서 어떤 판단이라는 것이 있음을 알게 되는 것은 오직 판단을 가진 사람에 의하여 그것이 활용되는 순간, 또는 그 활용 결과를 통해서만 가능합니다. 판단은 그것과 관련된 세세한 정보들을 모두 잊어버린 뒤에도 남는 지식의 잔영이며, 이미 그것을 몸에 익힌 사람의 입장에서는 더 이상 말로 설명하지 못할 수도 있고 또 너무나 자명(自明)하여 말로 표현할 필요도 없는 능력입니다. 판단은 그것을 소유하고 있는 당사자를 떠나 외부로 표현되고 나면 결국 변질되어 한낱 정보에 지나지 않게 됩니다. 우리가 흔히 지식이라고 말할 때에는 지식의 명시적(明示的) 측면으로서의 정보와 지식의 묵시적(黙示的) 측면으로서의 판단 이 두 가지 모두를 포괄하는 것으로 보아야 합니다. 그러나 이 둘 중 어느 것이 보다 더 중요한 것인가를 결정해야 한다면 그것은 당연히 판단입니다. 정보는 오로지 판단을 위해서 존재하는 것이며, 판단이 존재하기 때문에 비로소 정보가 그 가치를 갖게 되는 것입니다.

예를 들어, 문학 분야에서 자세하게 명시적으로 제시할 수 있는 지식의 내용들, 즉 정보가 아무리 많이 있다고 하더라도, 그것들은 실지로, 문학적 감수성, 상상력, 표현력 등을 포함한 문학적 판단과 모종의 관련을 떠나서는 아무 소용이 없습니다. 이 점은 비단 문학 한 분야뿐만 아니라, 우리가 후손에게 반드시 전수해 주고 싶을 만큼의 근사한 모든 분야에 적용될 수 있습니다. 인류의 여러 분야의 탁월한 활동들, 그리고 그것들이 구성하고 있는 인류의 문화유산 전체는 세부적 내용으로서의 정보라기보다는 여러 정보가 결부되어 통합된 능력으로서의 판단에 속한다고 보아야 합니다. 또 한편, 인류가 교육이라는 영위를 통해서 세대 간에 간단없이 전수해 주고 하는 것 역시 문화유산의 세부 내용으로서의 정보가 아니라 통합적 능력으로서의 판단이어야 합니다.

3.

그렇다면 수업에서 판단은 어떻게 하면 가르칠 수 있을까요? 이 질문에 대답하기 위해서는 오우크쇼트가 말하는 정보와 판단의 관계를 보다 면밀하게 고찰할 필요가 있습니다. 오우크쇼트에 의하면, 정보와 판단은 사실상 각각 별도로 존재하는 서로 다른 두 종류의 지식을 가리키는 것이 아닙니다. 오우크쇼트가 정보와 판단의 구분을 통하여 드러내려고 한 것은 오히려 동일한 지식의 두 가지 상이한 전달 양상입니다. 동일한 지식이라고 하더라도 학생에게 정보의 형태로서 전달될 수도 있고 판단의 형태로도 전달될 수 있습니다. 물론 판단은 교육내용을 말로 설명해 주기, 칠판에 판서해 주기, ppt 자료 띄워주기, 인터넷 검색 도움 주기 등과 같은 정보가 전달되는 방식으로는 도저히 전달될 수 없는 것입니다. 그러나 또 한편, 아이러니컬하게도 판단은 정보가 전달되는 방식으로는 도저히 전달될 수 없는 것이면서 동시에 정보를 전달하는 일을 하는 가운데 전수되어야 합니다. 왜냐하면 앞서 설명한 바와 같이 판단은 지식의 묵시적 측면에 속해서 교육의 직접적인 대상이 될 수 없기 때문입니다. 판단을 전수하기 위해서는 개념상 정면으로 대비되는 정보를 위에서 예시한 방식으로 전달하는 일은 불가피할 수밖에 없습니다. 이 점에서 '수업은 정보의 전달과 판단의 전수라는 이중의 활동으로 구성되어 있다.'라고 규정될 수 있습니다.

도대체 판단과 대비되는 정보를 학생들에게 전달하면서도 동시에 판단을 넣어주려면 어떻게 해야 합니까? 정보가 학생 마음 바깥 또는 언저리에서 겉돌지 않고 학생 마음 안 핵심부의 판단이 되게 만들려면 어떻게 가르쳐야 합니까? 위에서도 확인한 바와 같이 정보와 판단은 종류가 다른 두 가지 지식이 아니라 전달 양상에 따라 구분되는 두 가지 지식입니다. 그렇기 때문에 정보와 판단 사이에 도저히 메워질 수 없는 사실적 간극이 존재하는 것이 결코 아닙니다. 정보와 판단 사이에 '사람'이라는 지식의 요소, 곧 교사를 개입시켜 놓고 보면 그 간극이 좁혀질 가능성이 전혀 없는 것도 아닙니다. 요컨대, 교사라는 사람에 의하여 비로소, 얼마든지 정보와 판단 사이의 사실적 간극이 메워지고 정보에서 판단으로 이어질 수 있습니다. 교사의 매개 능력 여부나 정도에 따라서, 극단적인 예로 처음에 보잘것없어 보이던 정보가 판단으로 승화될 가능성도 있고, 그 반대로 표면적으로는 판단을 시사하는 것으로 귀하게 여겨지던 지식도 한낱 하찮은 정보에 머물 수도 있습니다.

이상에서 살펴본 바와 같이 교사의 매개에 의하여 정보와 판단 사이에 놓인 숙명적인 간극이 극복됩니다. 여기서 '교사에 의한 매개'는 구체적으로 어떤 활동을 의미합니까? 이 질문에 대한 해명이 수업의 핵심적 의미를 이해하는 데 관건이 될 것이라는 예상을 해 볼 수 있습니다. 이 문제에 접근하는 데 있어서 키에르케고르(S. Kierkegaard)가 주장한 '간접전달(*indirekte meddelelse*, indirect communication)' 개념이 많은 도움을 줄 수 있습니다. 왜냐하면, 간접전달은 하나의 교육방법으로서, 이하에서 좀 더 구체적으로 살펴볼 바와 같이 교사의 실존과 교육내용의 전달 관계에 대한 예리한 통찰을 보여주기 때문입니다.

키에르케고르는 그의 저서 여기저기에서 간접전달을 소위 '이중반사(double reflection)'라는 개념을 가지고 설명하기도 하는데,

그에 의하면 이중반사 중 처음 '일차반사(first reflection)'는 전달자가 자신이 전달하고자 하는 내용에 대하여 사고하고 그것을 적절한 언어로 표현하는 것이며, 이어서 '이차반사(second reflection)'는 일차반사를 통하여 얻은 사고의 결과 또는 관념—키에르케고르의 용어로, '의관념(義觀念)'—이 전달자 자신의 실존(행위, 생활, 삶)에 다시 한번 반사되어 인식주체를 새롭게 규정하는 것을 의미합니다. 키에르케고르 사상을 교육이론으로 집대성한 임병덕(1998)에 의하면, 일차반사는 전달 내용이 인식주체의 머릿속에 반영되어 그 결과로서 사고 또는 관념이 남게 되는 것이라면, 이차반사는 인식주체의 실존을 그 사고 또는 관념에 비추어 일치시킴으로써 그의 전신체적인 변화를 초래하게 되는 것이라고 말할 수 있습니다. 물론 일차반사와 이차반사는 시간상 따로 이루어지는 것이라기보다는 동시에 성립하는 과정입니다. 그럼에도 불구하고 여기서 굳이 이중반사라고 부른 이유는, 세계와 자아가 마치 서로 마주 보고 있는 거울처럼 서로를 번갈아 가며 비추기 때문입니다.

교사가 수업에서 보여주는 여러 가지 활동에는 일차반사와 이차반사가 모두 포함되어 있습니다. 그러나 역시, 교사가 수업에서 해야 할 가장 핵심적인 역할은 이차반사입니다. 교사는 한편으로 교육내용을 말로 설명할 수 있을 정도로 머릿속에 넣고 있어야 하며, 다른 한편으로 머릿속에 파악하고 있는 교육내용을 자신의 실존을 통하여 구현할 수 있어야 합니다. 주어진 교육내용을, 단순히 언어의 형태로 암기했다가 필요할 때마다 반복하여 사용하는 정도가 아니라, 자신의 실존과 일체를 이루게 될 정도로 자기 것으로 완전하게 내면화하는 것, 곧 키에르케고르의 용어로, 교육내용을 '복제(reduplication)'하는 것을 뜻합니다. 요컨대, 교사는 화석화된 교육내용의 실존적 구현체, 곧 지식의 화신(化身)이 되어야 합니다. 조금 전문적인 용어로는, 교사는 'personal knowledge(自得知)'의 위치에 있다고 표현할 수 있습니다.

물론 이쯤 되면 당연히, '교사가 교육내용의 실존적 구현체가 되는 것, 곧 이차반사가 전달의 효과나 의의까지 가질 수 있을까?'라는 의문이 충분히 제기될 수 있습니다. 동양의 성리학(性理學)에 '자득(自得)'이라는 개념이 있습니다. 맹자에 의하면, 자득은 정신적 긴장에서 벗어나 도를 깊은 수준에서 자유자재로 활용할 수 있을 정도로 실재에 도달한 경지(自得之 則居之安 則資之深 資之心 則取之左右逢其原, 『孟子』 離婁 下14)를 뜻합니다. 또한 자득은 중용에서 성인(聖人)의 경지를 표현한 '애쓰지 않고도 사리에 들어맞으며 머리를 짜내지 않고도 이해한다(不勉而中 不思而得, 『中庸』 20章)'와 동일한 의미를 가집니다. 이 점을 교육의 맥락에 적용하면, 자득은 교사가 교육내용을 완전히 자기 것으로 내면화함으로써 그것과 관련된 생각과 말과 행동이 스스로 노력하지 않아도 자연스럽게 시의적절하게 밖으로 드러나게 되는 것을 의미합니다.

자득 개념이 위에서 제기한 질문에 던져 주는 시사점은 다음과 같습니다. 교사가 교육내용의 실존적 구현체, 곧 지식의 화신(化身)이 되기만 하면, 별도의 의도적 노력이나 조치 없이도 교사의 몸과 하나가 된 교육내용이 저절로 외부로 흘러나오게 된다는 것입니다. 로쉬타인(A. M. Rothstein)에 의하면, '강의(lecture)'는 중세에서는 원래, 여러 교육방법 중의 하나이기 이전에, 교사가 되려는 사람이 여러 사람 앞에서 자신의 배움을 연시(演示)하는 것이었다고 합니다. 제가 보기에 강의와 수업은 그 대상에 있어서 조금 차이가 날 뿐이지 거의 동일한 것입니다. 그러므로 이 정의에서 시사받을 수 있는 수업의 중요한 측면은, 수업은 가르친다는 행위보다도 교사의 교육내용에 대한 자득이 핵심적 과제이며, 연시라는 것도 인위적인 노력이 아닌 자득의 자연스러운 결과라는 점입니다. 수업은 실재를 내면화한 사람, 곧 교사의 입장에서는 가르치지 않으려고 해도 그렇게 할 수 없는 그야말로 '부득이(不得已)'한 활동입니다. 이렇게 보면, 수업은 '교사가 자신의 배움을 통하여 자득하게 된 교육내용을 자신의 몸을 매개로 하여 밖으로 자연스럽게 드러내는 것'이라고 재규정될 수 있습니다.

교육내용을 자신의 몸을 매개로 하여 밖으로 자연스럽게 드러내는 것은 앞서 다룬 바 있는 이차반사에 대한 설명, '교육내용을 자신의 실존을 통하여 구현하는 것'과 일맥상통합니다. 교사가 교육내용을 내면화 또는 자득했다는 것은, 단순히 이전과는 다른 사고나 관념만을 소유하는 것에 머물지 않고, 머리에서 발끝의 신경세포 하나하나에 이르기까지 실존적 또는 전신체적인 변화를 겪게 되는 것을 의미합니다. 또한 그와 같이 교육내용과 교사의 몸이 혼연일체가 되었음을 보여주는 증표로서, 교사는 자기 나름의 신체적 조건이나 성격적 특질과 결부되어 따라오는 '스타일(style)'—표정, 몸짓, 어조, 태도, 정서 등—을 가지게 됩니다. 교사는 수업시간을 통해서 교육내용이 한 사람의 몸에 들어와서 실존하는 양상을 자신의 스타일에 실어 학생들에게 연시합니다. 학생 입장에서는 교사가 정보로서 전달한 수업의 세부적 내용 자체보다는, 그

내용을 전달하면서 교사가 보여주는 표정, 몸짓, 어조, 태도, 정서 등과 결부된 그의 스타일이 오래도록 기억에 남습니다. 오우크쇼트에 의하면, 학생 입장에서 교사의 스타일을 간파하지 못하면 사실상 그는 교사가 가진 판단의 조야한 것밖에는 배우지 못하게 됩니다.

4.

이상의 논의에서 키에르케고르가 말한 이차반사, 곧 간접전달의 의미와 그 의의에 대하여 알아보았습니다. 교사가 교육내용을 실존적으로 구현한다는 것은 결국 스스로가 자득지(自得知)에 도달해야 한다는 것을 의미하며, 수업은 억지로 인위적으로 하는 것이 아니라, 하지 않으려고 해도 하지 않을 수 없는 부득이한 활동입니다. 이 점에서 간접전달은 그 명칭에도 내포되어 있듯이 전달의 의의까지도 가집니다. 교육내용이 추상적인 수준에 머물지 않고 학생들의 실존에까지 연결되게 만들기 위해서, 교사는 추상적인 교육내용을 자신의 실존을 통하여 구체적으로 드러내 보여줄 수 있어야 합니다. 위에서는 이 예로서 교사의 스타일을 거론한 바 있지만, 교육내용의 실존적 구현의 예에는 비단 그것만 있는 것은 아닙니다. 교사가 자득한 교육내용은 교사의 표정, 몸짓, 어조, 태도, 정서 등만이 아니라, 교사 자신의 구체적인 삶 전체, 또는 일상적인 학교생활이나 수업 속에서 이루어지는 구체적인 사고, 언행, 반응, 행동거지 하나하나에 자연스럽게 드러나지 않을 수 없습니다. 아마도 이것을 가리키는 전형적인 용어가 바로 '모범(模範)', 또는 '사범(師範)'일 것입니다. 교사는 교육내용이 실존적 인간의 마음에 내면화되어 어떤 모습을 띠고 변화를 거치게 되는지를 몸소 시범 보이는 것입니다.

수업에서 교사의 이러한 이차반사가 이루어질 때 비로소, 학생 또한 거기에 비추어 교육내용을 자신의 실존과 결부하여 이해할 수 있게 됩니다. 학생은 교사가 전달하고자 하는 일차반사의 내용을 받아들이면서 동시에, 교사가 지금 여기서 구현하고 있는 실존적 모습들, 예를 들어 그의 스타일, 일거수일투족, 모범 등을 흠모하고 추종해 가는 중에 자기도 모르게 실존적 변화를 겪게 됩니다. 학생들은 정보나 의관념 정도는 교사의 이차반사가 없는 가운데서도 얼마든지 획득할 수 있습니다. 그러나 교사의 이차반사 없이 교육내용을 실존적으로 자신의 것으로 만드는 일은 원칙상 불가능하다고 보아야 합니다. 바로 이 점을 간파한 사람이 키에르케고르입니다. 임병덕에 의하면, 결국 간접전달은 교사의 실존 그 자체를 전달하는 방법입니다. 간접전달은 전달하는 사람(교사)의 실존과 분리될 수 없는 지식을, 전달받는 사람(학생)의 실존과 분리되지 않게 전달하는 방법입니다.

이상에서 어떻게 판단이 전수될 수 있는지를 키에르케고르의 간접전달을 통하여 알아보았습니다. 교사의 매개에 의하여 정보와 판단 사이에 놓인 간극이 극복된다고 할 때, '교사에 의한 매개'는 결국 이상에서 살펴본 교사의 간접전달입니다. 앞서 고찰한 바와 같이, 판단은 그것을 소유하고 있는 당사자와 분리될 수 없는 지식, 달리 말하면 전달하는 사람의 실존과 분리될 수 없는 지식을 의미하며, 바로 이러한 의미에서 판단은 간접전달 외에 달리 전수할 도리가 없습니다. 판단은 직접적으로 전해 줄 수 있는 것이 아니라, 교사 스스로가 그 지식 자체가 되어서 모범을 보임으로써 간접적으로 전달해야 하며, 다른 한편으로 학생의 입장에서는 판단은 정보처럼 직접 얻을 수 있는 것이 아니라, 교사의 실존을 통하여 간접적으로 획득할 수밖에 없습니다.

저는 한마디로 '수업은 간접전달이다.'라고 정의합니다. 또한 이 정의가 이 글의 제목, '수업은 왜 하는가'에 대한 분명한 해답이라고 생각합니다. 다시 말해서, 수업을 하는 근본적인 이유는 수업을 통해서 교사의 간접전달이 이루어지기 때문입니다. 수업은 교사에 의한 간접전달의 무대이며, 학생에게 수업은 교사의 간접전달을 직접 대면할 수 있는 거의 유일한 기회입니다. 수업은 교사가 교육내용을 자기의 것으로 내면화하여 사고하고 공감하고 실천하고 있는 한 인간의 모습을 '지금 여기서' 드러내 보여주는 일이며, 학생에게 수업은 추상적인 개념이나 보편적인 원리가 아닌 육화된 구체적인 교육내용을 직접 보고 느끼며 따라 해 볼 수 있는 아주 소중한 기회입니다. 아무리 오늘날과 같이 A.I를 포함한 첨단 교구 및 교육미디어 등이 잘 갖춰지고, 또 미래에 지금보다 더 새로운 교육 도구들이 개발된다고 하더라도, 그것들이 단지 정보의 전달에 그쳐서 판단을 넣어주는 일, 곧 간접전달을 보장해 주지 못한다면, 미래교육이 지금보다 더 나아질 것이라는 막연한 희망은 품지 않는 편이 나을 것입니다. 저는 대학교수로서 코로나 기간 중 몇 년에 걸쳐 줄곧 온라인 수업을 하면서 얻은 큰 교훈이 하나 있습니다. 아무리 원격강의 또는 비대면 수업과 관련된 기자재와 기술,

그리고 방법이 발달한다고 하더라도, 그것이, 비록 좀 어눌하고 비체계적이라고 할지라도, 교사와 학생이 얼굴을 맞대고 만나는 대면 수업을 결단코 대체하거나 능가할 수 없다는 사실입니다.

이러한 근본적인 이유에서 인류는 이제까지 간접전달로서의 수업을 '학교(schooling)'라는 전통적인 제도로 후세대에 애써 보장해 왔습니다. 이 점을 의식하든 안 하든 간에 학부모의 입장에서 자신의 자녀를 학교에 보내는 근본 이유 또한, 자신의 자녀가 교사의 간접전달을 직접 피부로 접할 수 있도록 만드는 데 있을 것입니다. 그러나 한편, 안타깝게도 본 강의의 서두에서도 제기한 바 있듯이 현대 수업의 조류는 오히려 이상에서 살펴본 수업의 근본 이유에 역행하고 있습니다. 최근 들어 A·I를 포함한 첨단 교육 매체의 발달과 더불어 하나같이 미래교육을 운운하면서, 우리의 일선 학교에서는 교사의 활약과 관여, 곧 간접전달이 적은 수업일수록 좋은 수업이라는 잘못된 생각이 교육 관계자들을 지배하고 있습니다. 전통적으로 교화, 설득, 모범 등에 의존하는 간접전달로서의 수업을 하는 교사들은 이미 설 자리를 잃게 되면서, 그 자리는 점차, 어쭙잖은 학생의 자기주도적 학습을 단순히 안내하거나 모니터링하는 관리자로서의 교사들로 채워져 가고 있습니다.

제7강

좋은 수업은 어떤 수업인가

1.

지금 당장 일선 학교에 가서 교사들에게 '좋은 수업은 어떤 수업인가?'라는 질문을 던진다면, 어떤 대답이 주류를 이룰까요? 아마도 전형적인 대답은 '수업 전에 미리 제시되어 있는 수업목표를 충실하게 달성한 수업입니다.'일 것입니다. 아마도 이것이 현재 일선 학교에서 통용되는 지배적인 수업관일 것입니다. 그러나 과연 미리 주어진 수업목표만 달성하면 무조건 좋은 수업이라고 단정할 수 있을까요? 거꾸로 말하면 수업계획에 미리 제시된 수업목표에 도달하지 못한 수업은 무조건 실패한 수업이라고 쉽사리 낙인찍을 수 있을까요?

저는 그렇게 생각하지 않습니다. 비록 미리 주어진 수업목표는 달성하지 못했지만 수업 중에 예상 밖의 소득이 있는 수업도 있을 수 있고, 비록 의도하지는 않았지만 원래 계획한 것보다 더 많은, 또는 투입한 내용보다 더 의미 있고 풍부한 결과들을 얻게 되는 수업도 얼마든지 있을 수 있기 때문입니다. 그러나 좋은 수업은 수업 전에 미리 제시되어 있는 수업목표를 충실하게 달성한 수업이라고 보는 견지에서 보면, 수업 전에 투입된 내용은 반드시 결과로서 산출되어야 하며, 투입에 따른 산출이 없는 수업은 나쁜 수업이거나 실패한 수업입니다. 그렇기 때문에 수업은 원래 계획한 것 그대로 충실하게 이루어져야 하며, 따라서 수업 중에 일어나는 모든 것은 계획한 대로 관리되고 통제될 필요가 있습니다. 다시 말하여, 만약 이러한 논리에 따르면, 위에서 언급한 '수업 중에 얻은 예상 밖의 소득', '원래 계획한 것보다 더 많은, 또는 투입한 내용보다 더 의미 있고 풍부한 결과들'은 사실상 권장할 것이 아닌 관리나 통제의 대상일 뿐입니다.

여기서 저는 '좋은 수업은 수업 전에 미리 제시되어 있는 수업목표를 충실하게 달성한 수업이라고 보는 관점'을 '기술적(技術的) 수업모형'이라고 부르겠습니다. 기술적 수업모형은 이제까지 우리나라 일선 학교교육에 종사하는 사람들의 사고방식을 줄곧 지배해 왔습니다. 구체적으로 교육과정 개발과 수업 및 평가 계획에 이르기까지 모든 것들을 설명하고 처방하는 데 거의 관습적으로 활용되어 왔습니다. 우리나라 교사들은 기술적 수업모형에 너무나 익숙한 나머지 이것 이외의 수업모형이 얼마든지 존재할 수 있다는 생각마저 할 수 없는 형편에 놓여 있습니다. 아마도 기술적 수업모형의 가장 대표적이고 친숙한 사례는 '타일러(R. W. Tyler) 모형' 일 것입니다. 우리나라에서 '후행 교육과정(backward curriculum)'으로 주목받는 위긴스와 맥타이(Wiggins & McTighe)를 비롯하여 최신의 수업모형들도 대부분 약간의 변이가 있을지 몰라도 근본적으로는 타일러 모형에 근거하고 있다고 해도 과언이 아닐 것입니다.

타일러는 수업의 운영을 '교육목표의 설정', '학습경험의 선정', '학습경험의 조직', '학습결과의 평가'라는 4개의 요소로 구분하여 체계화합니다. 이것은 결국, 일정한 시간의 흐름을 타고 연속적으로 진행되는 일련의 수업을, 마치 밧줄에 매듭을 지어 놓듯이, 몇 개의 절차로 나누고 또 그렇게 하여 나누어진 각 마디에서 해야 할 일의 성격을 분명히 한 것입니다. 타일러는 수업의 운영을 이와 같이 4요소로 명시적으로 드러내어 '절차화'하였을 뿐만 아니라, 각 요소들 간의 긴밀한 '관련성'을 강조하였습니다. 또한 타일러의 모형에서는 특히 학습결과의 평가와 교육목표의 설정 간의 유기적 관련, 곧 '순환성'이 무엇보다도 중요합니다. 말하자면, 수업을 하기 위해서는, 먼저 목표를 설정하고 난 후에 그 목표를 달성하기 위하여 적절한 수단을 강구하고, 조건을 통제하고, 최종적으로 목표의 달성 정도를 평가하고, 그 평가의 결과를 다시 새로운 목표를 설정하는 데 피드백시키는 일련의 순환적 절차가 필요하다는 것입니다. 타일러 모형은 사고에 있어서 기본적으로 과학적이고, 절차에 있어서 조직적이며, 교육적 계획에 있어서 '수단과 목적'이라는 경향을 띠고 있다는 특징을 갖고 있습니다(Eisner, 번역본: 17).

이상에서 살펴본 바와 같이 타일러 모형은 이제까지 사람들이 암묵적이라고 여기고 주먹구구식으로 수행해 왔던 수업에 일종의 투명성과 체계성을 부여해 주었습니다. 이것은 일련의 수업 과정을, 비유하자면 마치 공장에서 투입된 원자재가 일정한 체계적인 공정을 거쳐서 완제품으로 산출되어 나오는 모습처럼 선명하게 드러내 보여준 것입니다. 특히 평가할 수 있는 항목들만을 처음부터 수업목표로 삼아 수업목표와 평가결과 사이의 간극을 좁힘으로써 수업의 결과와 관련된 불필요한 논쟁을 불식시킬 수 있었습니다. 그렇게 함으로써 타일러의 모형은 수업은 반드시 어떤 가시적인 결과를 낳아야 하며, 또 그 결과는 인간의 힘으로 얼마든지 통제 가능하고 조정 가능한 것이라는 인상을 사람들에게 심어주었습니다. 다시 말하여, 타일러의 모형은 수업을 '수단의 강구와 목적의 달성의 관계'라는 측면에서 분명하게 제시해 줌으로써 그 일에 관여하고 있는 사람들로 하여금 그 일에 대한 의욕을 불태울 수 있게끔 해 준 것입니다. 아마도 바로 이 점이 타일러 모형이 가진 이론적 매력일 뿐만 아니라, 사람들에게 강한 호소력을 가지는 이유일 것입니다(김승호, 1998: 143-144).

그러나 한편, 타일러 모형은 오히려 이상에서 고찰한 그 특징들 때문에 많은 비판에 직면합니다. 타일러 모형은 '수업에서 정작 중요한 무엇을 가르쳐야 하는가?'라는 교육내용의 가치를 밝혀주는 가치 지향적 모형이기보다는, 어떤 내용을 가르치는가와 상관없이 어떤 절차와 기술을 가지고 교육과정이나 수업을 개발하고 운영할 것인가에 대하여 설명하고 있는 가치중립적 모형에 불과합니다(이홍우, 1977). 이 모형에 의하면 수업은 수업목표를 달성하기 위한 수단이며, 수업에서 구체적으로 무엇을 해야 하는지는 그것이 달성하고자 하는 목표(즉, 평가의 내용)를 구체화함으로써 상세히 파악될 수 있습니다. 그러나 사실, 타일러의 모형에서는 수업목표가 두드러지게 강조된 것이라기보다는 실질적으로 평가의 논리가 수업 전체를 지배하고 있다고 보아야 합니다. 타일러 모형은 결국 수업목표의 설정에서부터 학습경험의 조직에 이르기까지 모든 수업의 구성요소를 평가에 적합하도록 조정하는 일에 초점이 맞추어져 있습니다. 요컨대, 타일러 모형은, 타일러가 교육평가 전문가의 입장에서 오로지 수업의 최종지점에서 이루어져야 할 '평가'를 염두에 두고 만들어낸 수업모형임을 알 수 있습니다(김승호, 1998: 143-144). 그러나 평가 중심의 수업모형은 처음부터 평가할 것에 초점을 맞추어 수업의 질을 재단하는 우를 범할 뿐만 아니라, 풍부하고 다양한 수업활동의 내용이나 과정을 평가의 체에 걸러지는 결과만으로 지나치게 축소시키는 폐단을 보일 수밖에 없습니다.

기술적 수업모형은 기본적으로, 수업목표의 달성을 목적에 두고 그 나머지 수업활동의 내용이나 과정을 수단으로 삼는 '수단과 목적의 관계'라는 패러다임에 근거하고 있습니다. 여기서 말하는 수단과 목적의 관계는 수업활동의 가치를, 그 자체에 붙박여 있는 가치를 드러냄으로 정당화하는 것이 아니라, 그 활동과 무관하게 미리 정해진 목적을 달성하는 데 얼마나 효과적인 수단이 될 수 있는가에 비추어 판단하려는 사고방식을 의미합니다. 기술적 모형의 주된 관심은 수업활동의 내용이나 과정보다는, 수업활동이 수업목표, 곧 예상되는 활동의 결과들을 계획한 대로 산출해 냈는지 여부에 있습니다. 목적을 달성하기 위한 수단으로서의 수업활동의 내용이나 과정은 오직 산출된 결과에 비추어서만 의미를 가질 뿐입니다. 따라서 구체적인 수업활동의 내용이나 과정은 주어진 목적을 달성하기 위한 수단으로서의 가치만 지닐 뿐이며, 그 질적 특성이나 창의성은 별다른 의미가 없습니다. 기술적 수업모형에서 수업활동의 내용이나 과정의 질적 특성이나 창의성은 가능하면 수업 사태에서 부각되지 않아야 할 일종의 '말썽'이며, 오히려 통제되고 조정되어야 할 변수에 해당합니다. 그러나 수업 중에 생길 수 있는 예상치 못한 질문이나 사건은 수업활동을 방해하는 요인이 아니라 오히려 수업을 흥미진진하게 전개할 수 있는 더할 나위 없는 좋은 기회나 계기가 될 수도 있습니다.

기술적 수업모형에 따르면, 수업에서 다루게 될 지식은 마치 변화가 없는 고정적인 것처럼 이해됩니다. 기술적 수업모형에는 '이러이러한 지식을 가르치면 반드시 이러이러한 결과가 나와야 한다.'라는 '인과적(因果的)' 사고방식이 깔려있기 때문입니다. 여기서는 수업활동의 과정 중에 일어나는 지식 내용의 변화는 절대 용납되지 않습니다. '투입과 산출'의 비유에서처럼, 예견된 수업목표를 달성하는 데 적합한 학습경험이나 교육내용을 선정하여 수업활동의 과정에 투입하기만 하면, 예상되는 수업목표가 별다른 변형 없이 그대로 학습자의 행동과 태도에 드러나게 되는 것을 기대합니다. 이때, 지식을 다루는 수업활동의 과정 자체는 단지 거쳐 가는 일종의 기계적인 통로로서 별다른 역할을 하지 않아야 하며, 그 결과로서 지식 내용 또한 재구성되거나 변질되어서는 안 됩니다.

한편, 기술적 모형에서 교사의 위치와 역할은 무엇일까요? 기술적 모형에는 이미 전형적인 수업의 절차와 방법, 곧 수업을 진행하는 기계적인 '기본 틀'이나 '태블릿(tablet)'이 전제되어 있습니다. 그 틀에 어떤 교육 내용이나 활동을 넣더라도 수단과 목적의 관계나 인과론적으로 기대되는 행동이나 태도는 도출되도록 설계되어 있습니다. 이러한 맥락에서 교사는 단지 관리자로서의 역할을 잘 수행해야만 합니다. 교육내용의 가치와 구체적인 수업의 과정에 대한 교사 스스로의 심도 있는 해석이나 연구는 필요 없습니다.

표준화된 수업의 절차와 방법에 따라, 학생들을 잘 안내하고 예기치 못한 변수들을 매뉴얼에 맞게 통제하기만 하면 얼마든지 좋은 수업을 할 수 있습니다. 이때, 학생은, 마치 백지 도화지나 흡수력 좋은 스펀지와 같이 지식 내용을 오로지 받아들이기만 하는 수동적인 존재로 여겨집니다. 교사의 설명이나 안내에 대하여 의문을 제기하는 것이나, 수업 중에 전형적으로 기대되는 행동 이외의 것은 가급적 삼가야 합니다. 평가 또한 다른 변인은 배제하고 오로지, 투입된 학습경험이 얼마나 있는 그대로, 또 효율적으로 예상된 학생의 외현적 행동으로 나타나는지에 초점이 맞춰져 있습니다. 오늘날 학생들에게 동영상이나 학습프로그램을 보여주면서 손가락으로 커서만 움직이면서 하는 수업 또한 기술적 수업모형의 연장선상에서 파악될 수 있을 것입니다.

이제까지 우리가 기술적 수업모형에 너무나 익숙해져 있을 뿐, 기술적 수업모형은 수업에 대한 일반적인 논의에서 크게 벗어난 아주 특이한 설명입니다. 타일러는 수업을, 수업의 말미에 기대되는 학생의 세부적 행동들을 목표로 미리 제시해 놓고, 가능한 한 그러한 행동들을 유발할 소지가 다분한 경험들을 선정, 조직하는 것으로 설명하고 있지만, 그것은 수업의 실제와는 상당한 거리가 있습니다. 수업활동의 성격을 구체화하는 방법이 과연 '목표'를 상세화하는 방법뿐인가 하는 의문이 들지 않을 수 없습니다. 수업목표가 어떻게든지 구체화되어야 한다는 그 이유 하나 때문에, 그 목표를 기술적으로 평가할 수 있는 것만으로 수업활동의 범위를 제한시켜 버리게 됩니다. 그러한 평가 기술이 개발되지 못하면, 평가하기 어려운 일반적 가치를 지닌 수업목표는 수업 자체에서 아예 제외시킬 가능성이 많습니다. 결국 평가 능력치가 교사가 생각하는 자유롭고 광대한 수업활동의 가능성을 한정하게 됩니다.

2.

그렇다면 기술적 수업모형에 대한 대안은 없는 것인가요? 또 있다면 그것은 무엇일까요? 그것은 수업의 말미에 기대되는 학생의 세부적 행동들을 상세화하는 것이 아닌, '수업활동 그 자체'를 구체화하는 방안입니다. 말하자면, 진정한 수업의 의미는 무엇이고, 수업활동에서 실지로 어떤 일이 벌어지고 있으며, 수업활동에서 교사와 학생은 어떤 경험을 하게 되는가를 구체적으로 설명하는 것입니다. 한편, 실제 수업에서 기술적 수업모형에서처럼 목표를 사전에 제시하는 것이 가능한 것입니까? 수업의 실제에서 교사가 구체적으로 하는 일을 미리 명확하게 규정하는 것이 가능한 것인가요? 수업 중에 교실에서 벌어질 일들을 사전에 예측할 수 있습니까? 수업을 잘 하기 위해서는 반드시 예측이 가능한 것만 목표로 삼아야 합니까? 이와 같은 질문들에 접근하는 데에 있어서 콜링우드(G. Collingwood)의 예술이론을 수업에 접목하는 것이 크게 도움이 됩니다.

먼저, 콜링우드는 기술과 예술을 개념적으로 날카롭게 구분함으로써 예술의 가치를 부각시킵니다. 콜링우드에 의하면, '수단과 목적 간의 구분'의 존재 여부에 따라서 기술과 예술은 구분될 수 있습니다. 기술의 가장 큰 특징은 수단과 목적의 분명한 구별입니다(Collingwood, 번역본: 27). 예를 들어, 목수는 탁자를 만든다는 목적을 달성하기 위한 수단으로서, 사전에 거기에 어떤 재료와 연장이 필요한지를 정확하게 알고, 탁자의 넓이와 높이에 대한 치수를 분명하게 확보하고 있으며, 탁자를 만들어 낼 수 있는 기술을 확실하게 지니고 있어야 합니다. 탁자를 만들려고 하는 데 이와 같은 수단들을 모호하게 구상하고 있는 사람은 전혀 기술자라고 볼 수 없습니다. 이에 반하여, 콜링우드에 의하면, 예술은 수단과 목적 간의 구별이 존재하지 않습니다. 예를 들어, 시인이 시를 짓는 경우에는 위에서 탁자를 만들 때와 같이 수단과 목적 간의 구별이 존재하지 않습니다. 시인이 시를 구성하는 데 사용한 수단은 무엇인가요? '손으로 필기도구를 든다.', '적당한 시어를 찾을 사전을 사용한다.', '시상을 떠올릴 수 있는 좋은 장소를 확보한다.' 등등. 그러나 이런 것들은 시를 짓는 일과는 직접적 상관이 없는, 앞에서 탁자를 만들 때 사전에 확보한 수단들과는 전혀 결이 다른 것들입니다. 예술에서의 목적은 기술에서의 목적과 같이 고정적이고 일반화될 수 있는 것이 아닙니다. 예술의 목적은 표현되기 이전에는 예술가 자신조차도 알 수 없으며, 예술가가 작품을 구성하는 데 발휘되는 능력은 원칙상 언어화하기 불가능한 세부 사항을 포함합니다. 이것은 예술가 존재 자체로부터 예술의 목적과 예술의 수단(방법)을 별도로 추상해 내는 것이 사실상 불가능하다는 것을 의미합니다(김영미, 2000: 27).

또한, 콜링우드에 의하면, 예술가의 목적은 활동 이전에 확정되어 있지 않습니다. 예술가의 목적은 기술자의 목적과 달리, 그가 예술 활동을 하기 전에 상세하고 고정된 형태로 주어질 수 없습니다. 예술에서 목적은 예술가의 활동을 통해 부단히 표현하고자 하지만 아직 드러나지 않은 그 무엇, 그리고 그가 마침내 표현 활동을 통해 비로소 성취하는 것이라고 볼 수 있습니다. 물론, 예술의 경우에도 기술적인 측면이 전혀 없는 것은 아닙니다. 위에서 예로 든 시작(詩作)의 경우에도 시인은 표현을 요청하는 어떤 경험을 가지고 있고, 이 시의 실현(목적)을 위해 기술을 사용합니다. 그러나 시인은 시를 쓰기 전에 미리, 목수가 자신이 만들고자 하는 탁자의 상세한 측면을 아는 것과 같이, 시의 상세한 측면을 알고 있고, 말할 수 있는 것이 아닙니다. 오히려 어느 편인가 하면, 시인은 시를 실제로 써보기 전에는 자신의 느낌을 알지 못합니다. 시가 완성되었을 때 시를 구성하고 있는 시어들은 그가 시를 쓰기 전에는 단 한 번도 그와 같은 배열로 구성된 적이 없는 것입니다. 그것은 결코, 말발굽을 만들기 위해 일정한 크기의 쇳조각과 모루와 망치가 준비되어 있듯이 시를 쓰기 전에 미리 준비된 것이 아닙니다. 결국 최종적으로 시에 표현된 시인의 정서는 시인이 시를 쓰기 전에 가졌던 모종의 감정이나 경험 등과 정확하게 일치하지 않습니다. 그것은 분명히 기술에서의 계획이나 설계도와는 다릅니다. 시인은 확정된 정서를 전문적인 기술로 재현해 내는 것이 아니라, 시를 써 내려가면서 자신의 정서를 탐험한다고 하는 편이 보다 더 정확할 것입니다(김영미, 2000: 26-27).

이상에서 고찰한 바와 같이, 예술은 목적이 미리 정해지는 것이 아니라 과정에서 도출된다는 점에서 기술과 분명하게 구분됩니다. 예술가는 미리 정해지거나 주어진 목적을 전문적인 기술로 곧이곧대로 달성해 내는 사람이 아니라, 예술이라는 행위를 오로지 그

정의에 맞게 실천해 나가는 과정에서 목적을 조금씩 찾아가는 사람을 의미합니다. 수업 또한, 성취하고자 하는 목표가 수업의 과정에서 이루어진다는 의미에서 예술입니다. 수업은 그 자체가 하나의 예술적 경험이라는 의미에서, 수업의 질에 대한 조정이 교사의 예술적인 감각에 의존하고 있다는 점에서, 일상적인 행위가 아닌, 창조적인 활동이라는 점에서, 그리고 목표가 그 과정 가운데에서 이루어진다는 점에서 예술입니다(Eisner, 번역본: 217).

이상에서 고찰한 수업의 예술적 측면을 고려한 수업모형을 기술적 수업모형에 대비시켜 '예술적 수업모형'이라고 부를 수 있을 것입니다. 앞서 살펴본 바와 같이, 기술적 수업모형에서는 목표들(평가 내용들)을 수업 활동을 시작 전에 미리 정해 놓기도 하고, 최근에는 그보다 더 철저하게 목표들(성취 기준들)을 미리 구체적으로 제시한 다음, '거꾸로(backward)' 거기에 교육내용이나 수업 활동을 맞추는 방식으로 수업모형을 설계하고 있습니다. 그러나 분명, 수업에서 성취하고자 하는 목표(영속적 이해)는 '성격상' 수업 전에 가시적으로 제시될 수 없습니다. 수업 역시 다른 예술 활동과 마찬가지로 활동을 통해서 목표를 탐구해 나가는 과정이라는 점에서 예술적 수업모형은 정당화될 수 있을 것입니다. 요컨대, 수업은 우리가 미리 정의를 내리거나 예측할 수 없는 목표를 찾아가는 탐구 내지 발견의 과정입니다.

수업은 인간이 하는 수많은 활동 중에 가장 전형적인 '자기 목적적(*autotelic*)' 활동입니다. 여기서 '자기 목적적'이라는 용어는 '자기'를 의미하는 '*auto*'와 '목적'을 의미하는 '*telos*'라는 두 개의 그리스 단어에서 유래합니다. 이 단어는 미래에 생길 이익에 대한 그 어떠한 기대도 없이 단순히 그것을 수행하는 것 자체가 보상이 되는 것을 의미합니다. 자기 목적성을 가진 사람은 원하는 일을 하는 것 자체가 이미 보상이 되기 때문에 물질적 수혜라든가 칭찬, 권력, 명예 등과 같은 별도의 보상이 필요하지 않습니다. 수업은 수업 활동 또는 과정 그 자체가 목적인 인간 영위입니다. 수업은 그 결과나 목표가 중요한 것이 아니라 수업하는 과정 그 자체가 즐겁고 행복하기 때문에 하는 것입니다.

실제 수업사태는 기술적 수업모형이 미리 규정해 놓은 것과는 달리 훨씬 복잡다단하고 변화무쌍한 양상을 보입니다. 그 이유는 수업은 궁극적으로 외현이 아닌 내면의 변화를 추구하기 때문입니다. 물론 여기서 말하는 '내면의 변화'는 기본적으로 학생 마음의 변화를 의미하지만, 수업 중에 생길 수 있는 교사 마음의 변화 또한 가볍게 취급해서는 안 됩니다. 아무튼 수업사태는 교사와 학생의 마음이 서로 소통하며 빚어내는 하나의 예술 활동에 비유될 수 있습니다. 그렇기 때문에, 아무리 수업 전에 목표나 계획을 정교하고 치밀하게 설정한다고 하더라도, 그것은 교사와 학생의 마음을 거치게 되는 순간, 너무나도 다양하고 유동적인 스펙트럼을 보일 수밖에 없습니다. 앞서 고찰한 대로, 기술적 모형에서의 지식관은 소위 '인과(因果)'라는 사고방식이 적용된 것입니다. 수업에서 다루게 될 지식 내용은 변화가 없는 고정적인 것으로서 원인과 결과의 관련에 따라서 학생의 행동이나 태도로 고스란히 나타나야 합니다. 거기에는 수업에서 다루어지는 지식 내용이 교사와 학생의 마음과 양자 간의 상호작용을 거치면서 예상했던 것보다 큰 변화를 겪을 수 있다는 엄연한 사실이 배제되어 있습니다. 어떤 지식 내용이 당사자의 마음을 거치면서 기존의 관념들과 어떻게, 또 얼마나 연결되고 통합될는지는 아무도 예측할 수 없습니다. 그 결합은 인과적으로는 설명을 할 수 없으며, 굳이 이름 붙이자면 '인연(因緣)'에 가까울 것입니다. 심지어 인연은 겪는 당사자조차도 결코 예측하거나 미루어 짐작할 수 없습니다.

어떤 지식 내용이든지 간에 그것이 인간의 마음 전체를 아우르며 거치면서 당사자와 더불어 큰 변모를 거듭하여 외현적인 기술로 발현될 때, 우리는 그것을 '예술'이라고 부르며, 또한 그 과정에서 나온 결과물을 '작품(masterpiece)'이라고 일컫습니다. 반면에 어떤 지식 내용이 전달됨에 있어서 그것이 아예 인간의 마음을 거치지 않거나, 일부 기계적이고 습관적인 마음에만 관련되어 기술 집약적인 형태로 외화될 때, 우리는 그것을 '기술'이라고 부르며, 또한 그러한 과정의 소산물을 '제품(manufacture)'이라고 명명합니다. 이러한 규정에 비추어 볼 때, 예술은 결코 예술가의 전유물이 아닐 뿐만 아니라, 그들의 전문적인 영역에만 국한되지 않습니다. 보통 사람의 경우에도 어떤 지식 내용이 그의 마음을 거치면서 그의 감성과 지성과 잘 융합되어 자연스럽게 밖으로 우러나오는, 세상에 오직 하나, 또 한 번뿐인 고유의 표현, 그것이 곧 예술인 것입니다. 이러한 의미에서 예술은 인간의 삶 곳곳에서 포착될 수 있으며, 그중에서도 특히 수업의 분야에서 더 큰 의의가 있습니다. 요컨대, 수업은 제품이 아니라 작품이어야 합니다. 수업은 하나의 작품이기 때문에, 늘 똑같이 대량 생산될 수 있는 제품과 달리, 세상에 똑같은 수업은 있을 수 없습니다. 엄밀히 말하면, 그 어떤 수업도 기술적 수업모형이 요구하는 대로 재현되거나 반복될 수 없습니다. 아무리 정교하고 치밀하게 설계된 수업이라고 할지라도 기술에 불과한 수업이 있는 반면에, 조금은 어눌하고 소박하더라도 얼마든지 예술적인 수업이 있을 수 있습니다.

예술적 수업모형에서 지식은 고정불변의 것이 아니라 역동적인 것이며, 따라서 표준화될 수 없습니다. 수업 전에 주어진 지식 내용은 단지 수업을 진행하는 데 필요한 자료 또는 소재일 뿐이고, 수업의 과정을 거치면서 점점 지식답게 완성되어 가는 것입니다. 지식은 본질적으로 이미 있는 것을 발견하는 것이 아니라 만들어 가는 것입니다. 그 자료 또는 소재가 수업의 과정을 거치면서 어떻게 변모하고 재구성될는지는 아무도 예측할 수 없습니다. 따라서 그러한 성격의 지식을 다루는 수업의 과정 또한 언제나 불확실성, 애매모호함, 우연성, 시행착오, 오류 가능성 등을 늘 포함할 수밖에 없습니다. 이것들은 기술적 수업모형에서는 수업의 방해 요인으로서 가능한 한 제거되어야 하는 것이지만, 예술적 수업모형에서는 오히려 권장할 만한 것이 됩니다.

예술적 수업모형에서 교사의 비중은 기술적 수업모형에 비하여 매우 클 수밖에 없습니다. 교사는 기술적 수업모형에서처럼 주어진 지식 내용을 있는 그대로 효율적으로 학생들에게 전수하는 역할에 그쳐서는 안 됩니다. 교사는 학생과 함께 지식을 만들어 가는 역할을 수행해야 합니다. 이를 위해서 먼저, 교사는 학생을 포함한 수업 상황을 잘 감지할 수 있는 뛰어난 예술적 감각 또는 감수성을 지니고 있어야 할 뿐만 아니라, 수업 상황의 변화를 예의 주시하고, 그 변화를 순간적으로 포착할 수 있어야 합니다. 이에 이어서 교사는 수업목표 설정의 유연함, 수업목표 변경의 시기를 놓치지 않음, 새로운 수업전략의 채택과 변경 등과 같은 지적 유연성을 시시각각으로 발휘할 수 있어야 합니다. 또한 교사는 현실성 없는 상상, 발전을 위한 어리석음, 실패를 두려워하지 않는 도전 등이 거리낌 없이 발산될 수 있는 자유롭고 허용적인 수업 분위기를 조성해 줄 수 있어야 합니다. 진정으로 좋은 수업은 질서, 조직화, 예측, 통제가 지배하는 기술적인 수업이 아니라, 유연성, 창의력, 상상력이 난무하는 예술적인 수업이기 때문입니다.

예술적 수업모형에서 학생은 주어지는 지식을 거의 그대로 답습하거나 맹목적으로 받아들이는 존재가 아니라, 교사와 함께 지식의 생성과 변용에 참여하는 존재입니다. 학생은 예상하지 못한 질문과 이해, 그리고 주어진 과제에 대한 색다른 시각이나 통찰 등으로 지식의 확산과 수렴, 그리고 통합에 기여할 수 있습니다. 예술적 수업모형에서는 평가 또한 기술적 수업모형과는 크게 차별성을 띱니다. 기술적 수업모형에서처럼 예측이 가능한 것만 평가의 대상으로 삼지 않습니다. 예술적 수업모형에서는 수업의 과정 중에 생긴 지식의 변화, 이전과 달리 새롭게 조명된 아이디어, 예상하지 못했던 질문이나 통찰, 해결되지 않은 새로운 과제의 발굴, 심지어 교사와 정반대되는 견해 등은 평가에서 배제되어야 할 것이 아니라 오히려 긍정적인 평가를 받을 수 있는 것들입니다.

유감스럽게도 우리는 지금까지 항상 기술적 수업모형에 근거하여 좋은 수업을 모색해 왔습니다. 그러나 기술적 수업모형에서는 수업을, 평가가 가능한 학생의 세부적 행동들을 목표로 미리 제시해 놓고, 오로지 그것의 달성에 초점을 맞추어 여러 가지 절차와 방법을 효율적으로 관리하는 것으로 설명하고 있지만, 그것은 예술적 수업모형에서 확인할 수 있었듯이 수업의 실제와는 상당한 거리가 있습니다. 예술적 수업모형에 의하여 수업활동을 구체화한 바에 따르면, 수업은 수업 활동 또는 과정 그 자체가 목적인 인간 영위입니다. 수업은 그 결과나 목표가 중요한 것이 아니라 수업하는 과정 그 자체가 즐겁고 행복하기 때문에 하는 것입니다. 수업은 하나의 예술 활동과 같은 작품을 만드는 과정이기 때문에 기술적 수업모형에서처럼 어떤 기계적인 '기본 틀'이나 '태블릿(tablet)', 또는 A·I가 적용될 수 없습니다. 수업의 과정에서 무엇이 일어나고, 교사와 학생의 마음에 어떤 변화가 생길지를 먼저 예상한다거나 자세하게 묘사한다는 것 자체가 말이 안 되는 이야기입니다.

그럼에도 불구하고 이상에서 저는 수업활동을 예술에 비추어서 여러 가지 특징을 포착해 낸 바 있습니다. 그중에서도 가장 중요한 특징은 교사의 위상과 역할에 관한 것입니다. 비록 기술적 수업모형에서는 교사의 위치와 역할이 지나치게 생략되거나 과소평가되어 있지만, 예술적 수업모형에서 교사의 위치와 역할은 기술적 수업모형에 비하여 형용하기 어려울 만큼 크고 섬세합니다. 교사는 결코 기술적 수업모형에서처럼 단지 수업을 관리하는 위치에서 모니터링하는 역할에 그쳐서는 안 됩니다. 교사는 순간적으로 흘러가는 수업 상황을 예리하게 포착하고 장악해 나가면서 학생의 수준과 즉각적인 반응을 고려하여 그들과 함께 지식을 생성해 나가는 역할을 수행해야 합니다. 주지하다시피, 이미 예술적 수업모형에서 최대한으로 묘사한 바와 같이 수업에서 교사가 실지로 하는 일은 이와 같이 간략히 설명될 수 없을 정도로 어마어마할 뿐만 아니라, 정교함이 요구되는 뇌수술 이상으로 세밀합니다. 비유가

적절한지 모르겠습니다만, 수업에서 교사는 항시 헤라클레스처럼 맹활약해야 하고 때로는 순간적으로 솔로몬처럼 지혜를 발휘해야 합니다.

3.

그러나 한편, 예술적 수업모형에서처럼 '교사가 마치 예술의 거장(巨匠)처럼 수업 상황을 예리하게 잘 파악하고 학생들의 반응을 잘 감지하면서 지식 내용을 정교하고 세밀하게 다루기만 하면, 수업은 크게 성공할 수 있는가?'라는 질문을 제기해 볼 수 있습니다. 교사가 아무리 예술적인 수업을 한다고 하더라도, 교사의 수업과 학생의 학습 사이에는 여전히 간극이 있을 수 있기 때문입니다. 과연 예술적 수업모형은 그 자체로 완벽한 것입니까? 수업은 헤라클레스나 솔로몬과도 같은, 엄청난 교사의 힘과 노력만으로는 완성될 수 없는 것입니까? 이러한 의문들을 해결하기 위하여, 먼저 예술적 수업모형이 간과하고 있는 지식의 중요한 측면은 무엇인가 하는 문제부터 시작해 보고자 합니다.

현대로 오면서 지식을 노동의 결과로만 간주하는 경향이 보편화되었습니다. 학교에서 주로 다루어지는 지식은 대부분, 서로 비교하고 구분하고 분석하고 검사하고 관련짓고 증명하고 유추하고 구조화하고 귀납하고 연역하고 종합하는 행위 등과 관련이 깊습니다. 이러한 지적 행위들은 인간의 능동적이고 적극적인 지적 노력을 나타냅니다. 오늘날에는 비단 학교 수업에서뿐만 아니라 지식이 논란이 되는 일반적인 국면에서도 지식은 오로지 인간의 능동적인 노력만의 산물이며, 거기에 그 밖에 다른 요소가 개입할 여지는 전혀 없다는 것이 하나의 중론이 되어 버렸습니다.

인간의 정신적 사변적 지식은 '활동(activity)'이라는 것, 그리고 다른 것이 섞이지 않는 '오직 활동'이라는 것입니다(Pieper, 1952: 25). 이러한 지식관에 따르면, 도서관에서 혼자서 공부하거나 연구하는 것, 수업에서 지식을 가르치고 배우는 행위, 연구실에서 실험하는 행위 등은 그러한 의미의 '활동' 이외에 다른 그 어떤 것으로도 설명될 수 없습니다. 오늘날 지식은 노동에 해당하는 활동 그 이상도, 또 그 이하도 아니며, 그렇기 때문에 오직 인간의 독자적인 노력과 활동의 소산이라는 견해가 너무 당연시되고 있습니다. 현대인들은 '내 힘만으로 안 되는 지식이 존재한다.'라든가 '인간의 힘과 노력과 땀만으로 안 되는 지식의 영역이 있다.'라는 생각을 머릿속에서 아예 지워버렸으며, 거꾸로 힘과 노력과 땀이 많이 들어가는 지식일수록 더 가치 있다고 생각합니다.

피이퍼(1952)에 의하면, 현대인들이 지식에 대하여 그러한 일변도의 생각을 가지게 된 데에는 칸트(I. Kant)의 영향이 절대적이라고 합니다. 칸트는 지식을 추구하는 행위와 철학하는 행위는 오로지 '노동(work)'으로 간주하여야 한다고 주장합니다. 그러나 옛날의 철학자들은 이 문제에 대하여 칸트와는 다르게 생각하였습니다. 플라톤은 말할 것도 없고 아리스토텔레스를 포함하여 희랍의 철학자들, 그리고 중세의 위대한 사상가들은 자연적이고 감각적인 지각에서뿐만 아니라 정신적이고 사변적인 지식에 있어서도 노동 또는 활동만으로 설명이 안 되는 순수한 '수용적 관조의 요소'가 있다고 생각하였습니다. 여기서는 중세인들의 지식에 대한 두 가지 구분을 그 예시로 들어 봅니다.

중세철학자들은 '라티오(*ratio*)'로서의 이해와 '인텔렉투스(*intellectus*)'로서의 이해를 분명하게 구분한 바 있습니다. 라티오는 추론적, 논리적으로 사고하는 힘, 탐색하고 검사하는 힘, 추상하고 정의하고 결론을 도출하는 힘을 말합니다. 이에 비하여, 그 짝인 인텔렉투스는 '단순 직관(simple intuition)'의 능력이라는 의미에서의 특별한 이해를 가리켜서 부르는 이름입니다. 그것은 풍경이 눈에 들어오듯이 진리가 저절로 단순하고 순수한 시각에 들어오는 상태를 가리킵니다. 희랍과 중세의 사고방식에 의하면, 인간의 지식은 이 두 요소가 하나로 결합된 것, 라티오이면서 동시에 인텔렉투스이며, 지식 추구의 과정은 그 두 요소가 함께 작용하는 과정입니다. 추론적 사고는, 노력이 전혀 필요 없는 인식, 곧 인텔렉투스라는 관조적 시각의 요소를 수반하고 있으며 그것에 배태되어 있습니다. 이 '관조적 요소'는 지식 추구의 능동적 요소가 아니라 수동적(passive) 요소, 또는 더 정확하게 말하자면 수용적 요소입니다. 만약에 그것이 영혼의 활동이라고 한다면, 영혼이 보는 것이 그대로 생각이 되는 경우를 가리킵니다(Pieper, 1952: 26-27). 토마스 아퀴나스에 의하면, 지식은 인간 영혼의 가장 특징적인 산물로서 라티오의 형태로 추구되는 것이 사실이지만, 그 지식 안에는 인간보다 높은 존재만이 가질 수 있는, '활동이 아닌(non-activity)' 요소, 순전하게 수용적인 시각의 요소가 있습니다. 이것은 곧, 지식에는 인간의 노력과 힘으로는 어떻게 할 수 없는, 인간을 초월하는 종교적인 요소가 들어 있음을 암시합니다.

지식은 라티오와 인텔렉투스의 공동 소산, 다시 말하여 지식에는 추론적 사고와 수용적 관조가 섞여 있습니다. 특히, 철학적 지식이 추론적 사고 없이 획득될 수 없다고 할지라도 그 안에는 노동으로만 설명될 수 없는 본질적인 요소가 들어 있기 마련입니다. 그렇다면 인간이 지식 추구 활동을 하는 데 함께 작용하는 라티오와 인텔렉투스는 서로 어떤 관계에 있을까요? 피이퍼에 의하면, 양자는 '직교적 관계'에 놓여있습니다. 인텔렉투스는 라티오라는 활동의 연장이나 연속이 아니라, 그것과 수직으로 만납니다. 인텔렉투스는 라티오를 하는 가운데 마치 번개가 치는 것과 같이 갑자기 위에서 떨어집니다. 아퀴나스에 의하면, 라티오는 언제나 순차적인 시간에 관계되는 것인 반면에, 인텔렉투스는 영원한 현재에 관계됩니다. 이때 수직으로 내려오는 인텔렉투스는 인간 노동의 산물이 아니라, 신의 '은총'으로 아무런 대가 없이 주어지는 선물에 해당합니다.

그렇다면 지식의 인텔렉투스 요소를 수업모형에 적용하면 어떤 결론이 도출될 수 있을까요? 라티오와 인텔렉투스의 직교적 관계는 수업에 어떤 시사를 던져줄 수 있습니까? 지식이 라티오와 인텔렉투스의 공동 소산이며, 인텔렉투스는 인간 노동의 산물이 아닌 신의 은총이라고 보면, 수업은 교사의 능력과 노력만으로 결코 완성될 수 없다는 결론이 나옵니다. 수업에서 교사가 아무리 라티오의 측면에서 마치 예술의 대가처럼 지식을 정교하게 자유자재로 다룰지라도, 그것이 그 수업을 완벽하게 만들 수 없습니다. 왜냐하면 가장 이상적인 수업에서 기대되는 인텔렉투스는 인간의 노력이나 고통의 산물이 아니라, 오히려 신으로부터 무상으로 주어지는 은총에 해당하기 때문입니다. 수업 속에 인간의 것이 아닌, 인간을 초월하는 존재의 것이 보이지 않게 들어있고, 또 그것이 수업의 성패를 결정짓게 됩니다.

그러나 오늘날 수업은 오로지 노동의 문제라는 의식이 팽배해 있습니다. 이제 지식의 수용적 관조적 측면이 강조되는 모습은 찾아보기 어렵게 되었습니다. 말하자면 수업에서, 라티오와 인텔렉투스의 직교적 관계에서 수직하여 내려오는 인텔렉투스의 선(線)이 제대로 존중받지 못하고 있습니다. 그러나 수업 중 대부분의 시간에서 인간적 활동과 노력으로서 라티오가 눈에 띄겠지만, 그것은 수업의 자극이나 계기, 그리고 추진력은 될 수 있을지언정 수업을 전적으로 결정짓거나 완성시키지는 못합니다. 수업을 궁극적으로 규정할 수 있는 것은 교사나 학생의 활동과 노력을 초월하는 인텔렉투스라는 신비 또는 성현(聖顯)일 것입니다. 수업 중에 인텔렉투스가 떨어지는 찰나, 달리 표현하면 발견의 기쁨이나 사고의 축제가 일어나는 바로 그 순간이야말로 인간이 누릴 수 있는 '최고의 행복(beatitude)'을 의미합니다. 또한 바로 그 순간, 논리적으로는 연결할 수 없어 보이던, 교사의 가르침과 학생의 이해 사이의 간극이 신비스럽게 메워집니다. 이상에서 살펴본 바와 같이, 수업에는 인간의 활동과 노력으로는 어떻게 할 수 없는 초월적 영역이 존재하며, 또한 교사나 학생의 입장에서는 그것이 수업에 강림(降臨)하길 기원하는 것 이외에 달리 어떤 방도가 없습니다. 요컨대, 수업에는 이와 같은 종교적 측면이 들어있습니다. 또한 수업에서 이러한 종교적 측면을 십분 고려하는 사고방식은 결국 '종교적 수업모형'이라고 규정할 수 있을 것입니다.

종교적 수업모형에 비추어 볼 때, 좋은 수업의 결정적인 요인은 인텔렉투스가 강림하는 수업일 것입니다. 수업이 궁극적으로 완성되기 위해서는 무엇보다도 수업의 과정 중에 교사와 학생에게 인텔렉투스가 생겨야 합니다. 다시 말하면, 수업 중에 수업을 시작하기 전에는 누구도 감히 예상하지 못했던 직관 또는 통찰이 일어나야 합니다. 그러나 수업에서 인텔렉투스가 생기게 하는 일은 인간의 활동과 노력 밖의 초월적 영역에 존재합니다. 그렇다면, 수업에서 인텔렉투스를 간절하게 기원하는 것 이외에 인간 편에서 최대로 할 수 있는 것은 무엇입니까? 그것은 바로 '내맡김(let it be)'의 지혜입니다. 인텔렉투스의 강림을 위하여 인간 편에서 할 수 있는 수업에 대한 태도는 내맡김입니다. 라티오와 대비되는 인텔렉투스는 실재의 '짝'으로서 실재가 주어지는 그대로 받아들이는 관조에 해당하기 때문입니다. 수업에서 내맡김의 태도는 인간의 의지나 의도를 앞세우지 않고 수업의 자연스러운 흐름이나 변화에 수업의 방향을 맡기는 것을 의미합니다. 수업의 과정에서 항상 수업의 흐름이나 변화를 잘 살피고 파악해서 그것에 역행하거나 방해하지 말고 내맡기는 것입니다. 예술적 수업모형의 경우에는 예술의 거장과 같은 교사의 능력과 힘이 강조되고 교사가 수업을 적극적으로 주도해 나가지만, 종교적 수업모형에서는 교사가 수업을 자신의 의지대로 지휘하겠다는 욕망을 내려놓고, 오히려 수업의 자연스러운 흐름이나 변화에 자신을 위탁해야 합니다.

수업을 하다가 보면 교사의 능력과 노력으로 감당이 안 되는 실재가 늘 존재할 수밖에 없습니다. 종교적 수업모형에서 내맡김은 결국 실재에 따르는 수업, 곧 실재를 거스르지 않고 그것과 일체가 된 수업을 가리킵니다. 이러한 수업에서는 수업 중에 일어나는 돌발적인 변화나 변인을 회피하거나 억제하지 않고 오히려 있는 그대로 자연스럽게 받아들입니다. 또한 항상 교사를 압박하는 소위 '진도 나가기'에서 벗어나 수업의 흐름을 살피고 느끼면서 보다 여유 있고 즐거운 수업을 진행할 수 있습니다. 거기에는 수업의 계획이나 의도에서 오는 긴장이나 걱정, 그리고 고통 따위는 있을 수 없습니다. 교사와 학생은 모두, 시간 가는 줄도 모를 정도로 수업의 과정 그 자체에, 마치 그것과 하나가 된 것처럼 몰입해 있으며, 수업은 점차 인간의 작위(作爲)나 의지와는 거리가 멀어지고 마치 물이 흐르듯이 자연스럽게 진행됩니다.

수업에서 내맡김의 태도를 가질 때 비로소, 수업 중에 인텔렉투스가 생길 수 있습니다. 수업 중에 인텔렉투스가 생기는 것은 '인과(因果)'의 작용이라고 할 수 없으며, 그렇다고 하여 '인연(因緣)'의 결과라고 설명될 수도 없습니다. 그것은 과학적인 사고로 이해될 수 없을 뿐만 아니라, 단순히 뜻밖의 예술적 우연으로 치부될 수도 없습니다. 앞서 살펴본 바와 같이, 인과는 기술적 수업모형의 사고방식이고, 인연은 예술적 수업모형의 패러다임일 뿐입니다. 그것은 인간의 계획, 능력, 노력과는 상관없이 무상으로 주어지는 '은총'입니다. 어쩌면 이러한 은총에 대하여 교사나 학생으로서 할 수 있는 최대한의 자세나 태도는 내맡김 이외에 수업에 대한 '경건'이나 '감사'일지도 모릅니다. 종교적 수업모형에서 교사는 속(俗)과 성(聖)을 매개하는 사제(司祭)나 무당(巫堂)에 비유될 수 있습니다. 교사는 몸소 인간적 요소와 더불어 신적 요소를 동시에 보여주는 이중적인 매개체이기 때문입니다. 교사는 한편으로 학생들에게 추론적 사고를 가르치는 데에 무진 애를 쓰지만, 다른 한편으로는 모든 것을 수업의 흐름에 맡겨놓고, 인텔렉투스가 신의 은총으로 학생에게 강림하기를 기원합니다. 피상적으로는 예술적 수업모형에서보다 교사의 비중과 역할이 적은 듯이 보일지라도, 실지로는 종교적 수업모형에서 교사의 위치와 역할은 세속, 또는 노동의 세계에서 형용할 수 있는 범주를 넘어설 정도로 절대적인 것입니다.

종교적 수업모형에서 학생은 기술적 수업모형에서처럼 수업 시간에 주어지는 지식을 그대로 베끼거나 받아들이기만 하는 수동적인 존재도 아니고, 예술적 수업모형에서처럼 지식을 만드는 데 적극적으로 참여하는 능동적인 존재만도 아닙니다. 학생은 항상 수업의 과정에서 인텔렉투스의 은총을 고대하는 '수용적인(receptive)' 존재입니다. 공부에 매진하고 최선을 다하면서도 자신의 능력이나 힘만을 과신하지 않고, 과연 자신이 인텔렉투스의 은총을 받기에 합당한 그릇인지를 늘 성찰할 수 있는 존재이어야 합니다. 또한, 이상에서 모색된 종교적 수업모형의 특징에 비추어 보면, 종교적 수업모형은 평가와는 상당한 거리가 있어 보일지 모릅니다. 수업의 과정에서 교사나 학생에게 인텔렉투스가 생겼는지 여부는 묵시적 차원(tacit dimension)에 속하기 때문에 기존의 평가관이나 척도로는 평가하기가 매우 어렵습니다. 그러나, 만약 기술적 수업모형에서처럼 가시적인 것, 손으로 만질 수 있는 것만을, 또 예술적 수업모형에서처럼 교사의 활약이나 학생의 노력 정도만을 평가의 대상으로 삼는다면, 정작 수업에서 핵심적인 것 전부를 놓칠 수 있다는 점 또한 명심해야 할 것입니다. 브루너(J. S. Bruner)는 그의 유명한 저서 『교육의 과정』(1960)에서 '라티오와 인텔렉투스'에 각각 상응하는 '분석적 사고와 직관적 사고'를 교육의 문제로 다루면서 직관적 사고의 중요성을 사람들에게 환기시킨 바 있습니다. 그에 의하면 분석적 사고는 한 때에 한 단계씩 진전되며 그 단계는 설명될 수 있을 정도로 명백한 반면에, 직관적 사고는 계획된 단계를 따라서 진행되지 않을 뿐만 아니라 언어로 정확하게 규정할 수는 없지만, 일순간 전체 사태를 포괄적으로 파악할 수 있게 합니다(Bruner, 1960: 57-60). 단지 양성하고 평가하기 어렵다는 이유 때문에 직관적 사고를 교육 또는 수업의 장면에서 배제하거나 소홀히 해서는 안 될 것입니다(Bruner, 1960: 66-68).

4.

이제 지금까지 논의된 내용들과 관련지어 좋은 수업에 대한 결론을 내어야 할 시점입니다. 정말로 리얼한 구체적인 수업에는 이상에서 구분한 3가지 수업모형이 강조하는 측면, 곧 기술적, 예술적, 종교적 측면이 모두 다 들어있습니다. 그러나 수업에서 다른 측면들은 배제되고 어느 한 측면만 지나치게 강조될 때, 수업은 심하게 왜곡되고 피폐화될 수 있습니다. 서두에서도 제기한 바와 같이, 우리나라는 정도 이상으로 기술적 수업모형으로 경도되어서 기술적 수업모형 이외의 수업모형이 얼마든지 존재할 수 있다는 생각마저 할 수 없는 형편에 놓여 있습니다. 그럼으로써 수업은 매뉴얼과 기술만 있으면 누구나 가르쳐도 무관한 상투적이고 기계적이며 가치중립적인 것이 되었으며, 교사의 위상과 역할 또한 수업의 안내자나 관리자로 전락해 버렸습니다. 앞으로 A·I 교육과 디지털 교과서의 도입으로 이러한 추세는 더욱 기승을 부릴 것으로 보입니다. 아마도 이대로 가다가는 앞으로도 특히 과학 분야에서 노벨상 수상자는 더욱더 기대하기 어려울 것입니다.

그러나 기술적 수업모형은 수업의 실제와는 상당한 거리가 있는 설명을 하고 있습니다. 결정적으로, 수업 전에 미리 제시되어 있는 가시적인 수업 목표 또는 성취기준을 충실하게 달성하기만 한다고 해서 무조건 좋은 수업이라고 볼 수 없습니다. 예술적 수업모형에 의하면 수업목표나 성취기준은 '성격상' 수업 전에 가시적으로 제시될 수 없습니다. 오히려 반대로 수업은 하나의 예술로서 활동을 통해서 예측할 수 없는 목표를 탐구해 나가는 과정입니다. 수업은 수업 활동 또는 과정 그 자체가 목적인 인간 영위입니다. 수업은 그 결과나 목표가 중요한 것이 아니라 수업하는 과정 그 자체가 즐겁고 행복하기 때문에 하는 것입니다. 수업활동을 소기의 목적 달성을 위한 수단으로 여긴다는 점에서 기술적 수업모형은 수업의 개념 자체에 정면으로 배치됩니다.

또한 예술적 수업모형에서 교사는 지식을 단순히 전달하는 역할에 그치지 않고 학생과 함께 형성해 나가는 역할을 수행해야 한다는 점에서, 교사의 위치와 역할에 제한이 있을 수 없습니다. 요즘 우리나라 학교 수업에서 교사의 위치와 역할은 안타깝게도 지나치게 생략되거나 과소 평가되어 가는 추세에 있습니다만, 결코 교사는 수업을 관리하는 차원에서 커서나 옮기고 모니터링하는 역할에 그쳐서는 안 됩니다. 교사는 지금 순간적으로 흘러가는 수업 상황을 예리하게 포착하고 장악해 나가면서 학생의 수준과 즉각적인 반응을 고려하여 그들과 함께 지식을 분석하고 만들어 나가는 역할을 수행해야 합니다. 이 점에서 수업에서 교사가 동시에 실지로 하는 일은 양적으로 엄청나게 많을 뿐만 아니라, 질적으로도 정교함과 세밀함이 요구됩니다. 요컨대, 정말로 좋은 수업에서는 눈에 띄든지 아니든지 간에 교사는 항시 맹활약하고 있으며, 시시때때로 변화하는 수업 장면마다 순간적으로 지혜를 발휘하고 있을 것입니다.

그러나 아무리 교사가 예술적 수업모형이 시사하는 대로 수업에서 맹활약한다고 하더라도 수업하다가 보면 교사의 인간적인 능력과 노력으로 도저히 감당이 안 되는 것들, 곧 실재(수업의 현실)가 늘 존재할 수밖에 없습니다. 그러한 실재 중에 대표적인 하나는 종교적 수업모형에서 살펴보았듯이 '인텔렉투스'입니다. 쉽게 풀이하자면, 좋은 수업은 그 과정 중에 교사와 학생에게 수업의 내용이나 활동과 관련하여 통찰이나 직관, 곧 '깨달음'이 생겨야 합니다. 인텔렉투스는 라티오와는 달리, 인간의 계획, 능력, 노력과는 상관없이 무상으로 주어지는 '은총'이기 때문에 은총에 대하여 교사나 학생으로서 할 수 있는 최대한의 자세나 태도는 '내맡김' 이외에 수업에 대한 '경건'이나 '감사'일 것입니다. 또한 종교적 수업모형에서 교사의 위치와 역할은, 교사 스스로가 인간적 요소와 더불어 신적 요소를 한 몸 안에서 동시에 보여주는 이중적인 매개체라는 점에서, 예술적 수업모형에서 교사의 입지와는 차원을 달리하는 절대적인 것입니다.

요즘 수업은 가르치는 교사의 비중이 점차 줄어들고, 절차와 방법, 그리고 기술적 측면만 더욱 주목받는 경향이 있습니다. 그러한 가운데 학생들은 물론이고 심지어 교사들조차도 수업을 가볍게 생각하고 수업 활동 이외에 수업에 임하는 자세나 태도는 우습게 여기고 간과하는 경우가 많습니다. 그러나 종교적 수업모형에 따르면, 수업 중에 인간의 힘이나 노력을 초월하여 은총으로 주어지는 것에 대하여 인간으로서 할 수 있는 최대한의 자세나 태도는 결국 '경건'이나 '감사'입니다. 여기에 비추어 볼 때, 수업에서는 가르치는 내용이나 활동 못지않게 수업에 임하는 태도나 자세, 그리고 그것을 항시 상기시켜 주는 '의식(儀式)' 또한 매우 중요한 것입니다. 희랍의 '아카데미(academy)'에서나 동양의 서원(書院)에서, 오늘날로 말하면 입학식, 사은회, 제사(祭祀) 등과 같은 의식을 공부하는 일 못지않게 강조한 전통도 바로 이러한 맥락에서 이해될 수 있을 것입니다.

제8강

교사는 어떤 존재인가

1.

최근 들어서 교사들이 학생 지도 문제로 학부형과 마찰 내지는 갈등을 겪은 일 때문에 극단적인 선택을 했다는 사건을, 뉴스를 통해서 종종 접하게 됩니다. 개인적으로 그중에는 저의 제자도 포함된 것 같아서 마음이 더욱 아픕니다. 그런데 그렇게 극단적인 사회적 사건으로 비화한 것들은 곪아 터져서 알려진 것일 뿐이지 현재 일선 학교에서 일반 교사들이 당하고 있는 참담한 처지에 비하면 빙산의 일각에 불과합니다. 아시다시피 교사가 잘못을 지적하거나 야단을 치면 선생한테 버릇없이 마구 대들거나 심지어는 교사를 폭행하는 학생도 있으며, 교사를 서비스 센터 직원 대하듯이 함부로 대하고 툭하면 학교나 교육청에 수시로 악의적인 민원을 내는 학부모, 또 정규수업 시간에 교실에 난입하여 교사를 손찌검하는 학부모도 있습니다. 물론 이러한 사례가 모든 학교에서 일어나는 문제는 아닐지 모릅니다. 그러나 교사의 위상이 점점 낮아지고 교권이 추락하는 추세는 개개 학교나 교사의 문제라기보다는 우리 공교육과 사회 전반의 분위기라는 것은 부정할 수 없을 것입니다.

요즘 이를 바로잡기 위하여 교사들은 거리에 나서 집회나 시위를 하고, 관련 기관들과 교수들은 교권 수호에 관한 세미나를 열기도 합니다. 또한 정부에서는 교권 보장을 위한 법을 만들고 교사가 감당하기 어려운 학교 폭력 업무를 전담할 인원을 별도로 배치한다고 합니다. 그러나 예상컨대 이 모든 노력은 근본적인 한계에 부딪힐 수밖에 없을 것입니다. 교사의 권위는 캠페인이나 시위, 그리고 세미나를 벌인다고 해서 회복될 성격이 아니고, 학교에서 교권을 보장하기 위한 세칙을 아무리 상세하게 만든다고 해도 그와 관련하여 더 복잡하고 다양한 분쟁이나 소송만 많아질 뿐이며, 학교 폭력 전담자 또한 일선 학교에 업무 부담만 더 가중할 우려가 다분합니다.

저는 어쩌다가 교사의 지위와 권한이 이렇게까지 추락했는지 잘 모르겠습니다. 다른 나라 사정은 잘 모르겠지만 적어도 이웃한 일본만 하더라도 교사의 지위도 탄탄하고 아직도 존경을 많이 받는다고 전해 들었습니다. 몇몇 연구 결과에 의하면 교사 또는 교사 집단은 의외로 다른 직업군에 비하여 학생, 학부모, 교장 또는 교감, 동료 교사 등을 포함하여 상대하게 되는 주변 사람으로부터 마음의 상처 내지는 스트레스를 많이 받는다고 합니다. 상대방으로부터 무시, 모욕, 공격, 비난, 소송을 당했을 때 마음의 상처를 받지 않을 사람이 어디 있겠습니까마는, 교사 또는 교사 집단이 유독 더 내상(內傷)을 많이 입는 이유는 무엇일까요? 그것은 교사가 스스로 기대하는 자신의 위상이나 역할과, 상대방이 실지로 교사를 대하는 태도나 행위 사이의 괴리 때문입니다. 다시 말해서 군인, 엔지니어, 의사, 변호사 등 다른 직업군에 비하여 그 괴리가 훨씬 크다는 것입니다.

그렇다면 교사가 막연하게나마 기대했던, 또 그렇게 배웠던 교사의 위상, 그리고 그에 상응하는 대우는 무엇이었을까요? 아마도 그것은 '스승의 그림자도 안 밟는다.'라는 격언이었을지도 모르고, '무조건 교사는 학생을 사랑으로, 학생은 교사를 존경으로 대해야 한다.'라는 낭만적인 당위론일지도 모르며, '비록 아이의 육체는 어버이로부터 물려받았지만, 그 정신은 교사로부터 전수받기 때문에 교사는 하늘과 같은 존재이다.'라는 태곳적 교사론일지도 모릅니다. 동사무소에 가듯이 가벼운 마음으로 학교에 드나드는 요즘 학부모들이 과연 이러한 교사에 대한 진중한 생각들을 알고 있을까요? 설사 그 의미를 대강 알고 있다고 하더라도 수용할 수 있을까요? 유감이지만 저는 이 질문에 긍정적인 답을 줄 수 없을 것 같습니다.

그러나 한편, 이보다 더 큰 문제가 있습니다. 교권이 확립되기를 그렇게도 갈망하는 교사들은 교권이 무엇인지 제대로 알고 있습니까? 과연 교사들 자신이 어떤 존재이고 어떤 역할을 해야 하는지 분명하게 알고 있습니까? 도대체 교사의 어떤 영역과 역할이 침해받고 있는지 정확하게 알고 있습니까? 교직과목 시간에 교사가 누구이고 어떤 일을 하는지 정확하게 배운 적은 있습니까? 몇 년 전부터는 임용시험에서 아예 교육학이 제외되었다고 합니다. 교과별로 가르치는 기술에만 익숙하고 교육적 영혼이 없는 교사들이 매년 양산되고 있습니다. 실례인지는 모르겠지만, 제가 보기에 아마도 위 질문에 제대로 대답할 수 있는 교사들은 그리 많지 않을 것입니다. 그러면 여기서 그 문제와 관련하여 교사에게 더 쉽고 간단한 질문 하나 드리고자 합니다. 교사는 왜 존경받아야 합니까? 교사가 존경받아야 하는 근거는 어디에서 찾을 수 있습니까? 만약에 교사나 교사 집단이 이 짧은 질문에조차 명확한 답을 하지 못한다면, 또 그 이유도 모르면서 학생들을 가르치고 학부모들을 만난다면, 본인 스스로도 본인의 가치와 역할을 제대로 모르고 가르치고 행동하면서, 어떻게 학생을 야단치고 학부모를 설득할 수 있겠습니까? 또 그렇다면, 교사는 자신의 기대치와 현실 사이의 괴리 때문에 마음의 상처를 받을 아무런 이유가 없습니다.

2.

본 강의의 제목으로 삼은 '교사는 어떤 존재인가?'라는 질문은 결코 쉽거나 간단한 화두가 아닐 수도 있습니다. 바로 이러한 맥락에서 이하에서는 교사의 존재 의의에 대하여 살펴보고자 합니다. 물론 유일한 방법은 아니겠지만, 여기서는 교사의 존재 의의를 그들이 매일 하고 있는 일상적인 일, 곧 '수업'에서 찾아보고자 합니다. 수업의 개념은 이미 이 책의 제6장 '수업은 왜 하는가'에서 설명드린 바 있습니다. 이 논의의 진행을 위해서 거기의 내용을 대략 골격만 추려서 요약하면 다음과 같습니다.

오우크쇼트(M. Oakeshott)는 인류의 문화유산으로서의 교육내용을 크게 '정보(information)'와 '판단(judgement)' 두 가지로 구분한 바 있습니다(Oakeshott, 1967). 정보는 사실, 또는 지적 활동의 가시적 결과를 가리키며, 바깥으로 드러내어 말할 수도 있고, 또 항목으로 나열될 수도 있는 것입니다. 이러한 명시적 측면 때문에 정보는 학교 교재 또는 교과서, 백과사전, 신문, 방송, 인터넷, A·I 등의 매체들을 통해서 얼마든지 구할 수 있습니다. 반면에 판단은 쉽게 획득할 수 있는 것이 아닙니다. 왜냐하면 판단은 '사람의 몸'을 숙주(宿住)로 하여 존재하는 것으로서 명시적으로 드러나지 않기 때문입니다. 판단은 정보와는 달리 항목으로 나열하여 제시할 수도 없으며, 따라서 쉽사리 암기하거나 베낄 수도 없는 묵시적인 것입니다.

예를 들어, 문학 분야에서 자세하게 명시적으로 제시할 수 있는 지식의 내용들, 즉 정보가 아무리 많이 있다고 하더라도, 그것들은 실지로 문학적 감수성, 상상력, 표현력 등을 포함한 문학적 판단과 모종의 관련을 떠나서는 아무 소용이 없습니다. 이 점은 비단 문학 한 분야뿐만 아니라, 우리가 후손에게 반드시 전수해 주고 싶을 만큼의 근사한 모든 분야에 적용될 수 있습니다. 인류의 여러 분야의 탁월한 활동들, 그리고 그것들이 구성하고 있는 인류의 문화유산 전체는 세부적 내용으로서의 정보라기보다는 여러 정보가 결부되어 통합된 능력으로서의 판단에 속한다고 보아야 합니다. 또 한편, 인류가 교육이라는 영위를 통해서 세대 간에 간단없이 전수해 주고 하는 것 역시 문화유산의 세부 내용으로서의 정보가 아니라 통합적 능력으로서의 판단이어야 합니다.

그렇다면 수업에서 판단은 어떻게 하면 가르칠 수 있을까요? 오우크쇼트에 의하면, 정보와 판단은 사실상 각각 별도로 존재하는 서로 다른 두 종류의 교육내용을 가리키는 것이 아닙니다. 오우크쇼트가 정보와 판단의 구분을 통하여 드러내려고 한 것은 오히려 동일한 교육내용의 두 가지 상이한 전달 양상입니다. 동일한 교육내용이라고 하더라도 학생에게 정보의 형태로서 전달될 수도 있고 판단의 형태로도 전달될 수 있습니다. 물론 판단은 교육내용을 말로 설명해 주기, 칠판에 판서해 주기, ppt 자료 띄워주기, 인터넷 검색 도움 주기 등과 같은 정보가 전달되는 방식으로는 도저히 전달될 수 없는 것입니다. 그러나 또 한편, 아이러니컬하게도 판단은 정보가 전달되는 방식으로는 도저히 전달될 수 없는 것이면서 동시에 정보를 전달하는 일을 하는 가운데 전수되어야 합니다. 왜냐하면 앞서 설명한 바와 같이 판단은 지식의 묵시적 측면에 속해서 교육의 직접적인 대상이 될 수 없기 때문입니다. 판단을 전수하기 위해서는 개념상 정면으로 대비되는 정보를 전달하는 일은 불가피할 수밖에 없습니다. 이 점에서 '수업은 정보의 전달과 판단의 전수라는 이중의 활동으로 구성되어 있다.'라고 규정될 수 있습니다.

도대체 판단과 대비되는 정보를 학생들에게 전달하면서도 동시에 판단을 넣어주려면 어떻게 해야 합니까? 정보와 판단 사이에 '사람'이라는 지식의 요소, 곧 교사를 개입시켜 놓고 보면 그 간극이 좁혀질 가능성이 전혀 없는 것도 아닙니다. 교사라는 사람에 의하여 비로소, 얼마든지 정보와 판단 사이의 사실적 간극이 메워지고 정보에서 판단으로 이어질 수 있습니다. 그렇다면 '교사에 의한 매개'는 구체적으로 어떤 활동을 의미합니까? 이 질문을 해명하는 데 키에르케고르(S. Kierkegaard)가 주장한 '간접전달(Indirect communication)'이 많은 도움을 줄 수 있습니다. 키에르케고르는 그의 저서 여기저기에서 간접전달을 소위 '이중반사(double reflection)'라는 개념을 가지고 설명하는데, 이중반사 중 처음 '일차반사(first reflection)'는 전달자가 자신이 전달하고자 하는 내용에 대하여 사고하고 그것을 적절한 언어로 표현하는 것이며, 이어서 '이차반사(second reflection)'는 일차반사를 통하여 얻은 사고의 결과 또는 관념—키에르케고르의 용어로, '의관념(義觀念)'—이 전달자 자신의 실존(행위, 생활, 삶)에 다시 한번 반사되어 인식주체를 새롭게 규정하는 것을 의미합니다.

일차반사는 전달 내용이 인식주체의 머릿속에 반영되어 그 결과로서 사고 또는 관념이 남게 되는 것이라면, 이차반사는 인식주체의 실존을 그 사고 또는 관념에 비추어 일치시킴으로써 그의 전신체적인 변화를 초래하게 되는 것이라고 말할 수 있습니다. 교사가 수업에서 보여주는 여러 가지 활동에는 일차반사와 이차반사가 모두 포함되어 있습니다. 그러나 역시, 교사가 수업에서 해야 할 가장 핵심적인 역할은 이차반사입니다. 교사는 한편으로 교육내용을 말로 설명할 수 있을 정도로 머릿속에 넣고 있어야 하며, 다른 한편으로 머릿속에 파악하고 있는 교육내용을 자신의 실존을 통하여 구현할 수 있어야 합니다. 교사는 화석화된 교육내용의 실존적 구현체, 곧 지식의 화신(化身)이 되어야 합니다. 교사는 '자득지(personal knowledge)'의 위치에 있다고 할 수 있습니다. 수업은 실재를 내면화한 사람, 곧 교사의 입장에서는 가르치지 않으려고 해도 그렇게 할 수 없는 그야말로 '부득이(不得已)'한 활동입니다. '수업은 교사가 자신의 배움을 통하여 자득하게 된 교육내용을 자신의 몸을 매개로 하여 밖으로 자연스럽게 드러내는 것이다.'라고 재규정될 수 있습니다. 교사는 스스로가 자득지(自得知)가 됨으로써 정보와 판단 사이의 간극을 이어주는 역동적인 가교(架橋) 역할을 수행합니다. 수업에서 교사는 그의 온몸이 언어가 되며, 그럼으로써 화석화된 정보에 생기를 불어넣어 그것을 살아있는 판단으로 승화시켜 줍니다.

3.

이상에서 고찰한 바와 같이 교사에 의한 정보와 판단 사이의 매개 활동은 결국 키에르케고르가 말한 이차반사, 곧 간접전달을 의미합니다. 교사의 간접전달에 의하여 비로소 수업에서 판단이 전수될 수 있습니다. 간접전달은 교사가 교육내용의 실존적 구현체가 되는 것, 다시 말해서 교사가 추상적인 교육내용을 자신의 실존을 통하여 구체적으로 드러내 보여주는 일을 의미합니다. 교사가 자득한 교육내용은 교사의 표정, 몸짓, 어조, 태도, 정서 등만이 아니라, 교사 자신의 구체적인 삶 전체, 또는 일상적인 학교생활이나 수업 속에서 이루어지는 구체적인 사고, 언행, 행동거지 하나하나에 자연스럽게 드러나지 않을 수 없습니다. 아마도 이것을 가리키는 전형적인 용어가 바로 '모범(模範)', 또는 '사범(師範)'일 것입니다. 교사는 교육내용이 실존적 인간의 마음에 내면화되어 어떤 모습을 띠고 변화를 거치게 되는지를 몸소 시범 보이는 것입니다.

학생은 이러한 교사의 간접전달에 비추어 교육내용을 자신의 실존과 결부하여 이해할 수 있게 됩니다. 학생은 교사가 전달하고자 하는 일차반사의 내용을 받아들이면서 동시에, 교사가 지금 여기서 구현하고 있는 실존적 모습들, 예를 들어 그의 스타일, 일거수일투족, 모범 등을 흠모하고 추종해 가는 중에 자기도 모르게 실존적 변화를 겪게 됩니다. 학생들은 정보나 의관념 정도는 교사의 이차반사가 없는 가운데서도 얼마든지 획득할 수 있습니다. 그러나 교사의 이차반사 없이 교육내용을 실존적으로 자신의 것으로 만드는 일은 원칙상 불가능하다고 보아야 합니다. 바로 이 점을 간파한 사람이 키에르케고르입니다. 결국 간접전달은 교사의 실존 그 자체를 전달하는 방법입니다. 간접전달은 전달하는 교사의 실존과 분리될 수 없는 지식을, 전달받는 학생의 실존과 분리되지 않게 전달하는 방법입니다. 판단은 전달하는 사람의 실존과 분리될 수 없는 지식을 의미하며, 바로 이러한 의미에서 판단은 간접전달 외에 달리 전수할 도리가 없습니다. 판단은 직접적으로 전해줄 수 있는 것이 아니라, 교사 스스로가 그 지식 자체가 되어서 모범을 보임으로써 간접적으로 전달해야 하며, 다른 한편으로 학생의 입장에서는 판단은 정보처럼 직접적으로 얻을 수 있는 것이 아니라, 교사의 실존을 통하여 간접적으로 획득할 수밖에 없습니다.

바로 이러한 의미에서 저는 수십 년 전에 '수업은 간접전달이다.'라고 정의한 바 있습니다. 수업하는 근본적인 이유는 수업을 통해서 교사의 간접전달이 이루어지기 때문입니다. 수업은 교사에 의한 간접전달의 무대이며, 학생에게 수업은 교사의 간접전달을 '지금 여기서' 직접 대면할 수 있는 거의 유일한 기회입니다.

수업은 교사가 교육내용을 자기의 것으로 내면화하여 사고하고 공감하고 실천하고 있는 한 인간의 모습을 지금 여기서 드러내 보여주는 일이며, 학생에게 수업은 추상적인 개념이나 보편적인 원리가 아닌 육화된 구체적인 교육내용을 직접 보고 느끼며 따라 해 볼 수 있는 더없이 소중한 기회입니다. 우리가 우리의 귀한 자녀를 학교에 보내는 근본 이유는 교사의 간접전달에 있습니다. 그러나 한편, 안타깝게도 현대 수업의 조류는 수업의 근본 이유에 역행하고 있습니다. '배움 중심 수업', '자기주도적 수업', '미래교육' 등을 운운하면서 오히려 수업에서 교사의 적극적인 활동, 참여, 시범, 열정 등과 같은 간접전달을 가로막는 방향으로 흘러가고 있습니다. 그러나, 아무리 앞으로 A·I를 포함한 첨단 교육 매체가 개발되고 발달한다고 해도 수업의 근본 원리로서의 간접전달을 대체할 수는 없습니다. 교사에 의한 간접전달의 연장선상에 있지 않은 그러한 첨단 교재나 교구들의 활용은 아무리 그 가치를 쳐 준다고 하더라도 근본적으로 단순히 정보 또는 사실의 전달에 그칠 것이기 때문입니다.

이상의 논의에서 수업에서 교사의 존재가 얼마나 핵심적 위치를 차지하는지 알아보았습니다. 수업은 개념상 교사의 간접전달 없이 성립될 수 없습니다. 소크라테스 대화편 『메논』(Menon, 80d)에 나오는 '메논의 패러독스(Menon's paradox)'에 따르면, '이미 아는 사람에게는 가르쳐 줄 필요가 없고 아직 모르는 사람은 가르쳐 주더라도 그것이 자신이 모르는 것인지 알지 못하기 때문에, 어떤 지식이든지 다른 사람에게 가르쳐 주는 것은 불필요하거나 불가능하다.' 이것은 정말로 동서고금을 막론하고 적용할 수 있는 지당한 명언입니다. 우리 주변에 이미 아는 사람은 차치하고서라도, 자신이 무엇을 모르는지 모르기 때문에 고치거나 배우려고 하지 않는 사람이 너무 많지 않습니까? 물론 이 유서가 깊은 메논의 패러독스는 철학 분야에서 '수업무용론' 내지 '학습불가론'으로 받아들여져 왔습니다. 그러나 이것은 단지 논리적으로만 설득력을 가질 뿐입니다. 적어도 실제 수업에서는 교사라는 살아있는 사람을 통하여 정보와 판단 사이에 간극이 자연스럽게 메워지며, 따라서 서양 인식론의 오랜 난제인 메논의 패러독스는 단박에 극복됩니다. 실제 수업에서는 간접전달로 말미암아 교사의 판단이 학생의 판단으로 전수되는 논리적으로 불가능한 일이 신비스럽게 매일 일어나고 있습니다. 살아있는 교사에 의하여 학생은 어렴풋이 알던 것을 더 확실히 알게 되고, 자신이 모른다는 것을 비로소 분명히 깨우치게 됩니다.

한편, 교사에 의한 간접전달의 의의나 효과는 비단 개별 과목 또는 특정 분야의 지식이나 기술을 잘 가르치는 데에만 그치는 것이 아닙니다. 교사의 간접전달은 개별 과목 또는 특정 분야의 수업에서 해당되는 교육내용을 자기의 것으로 완전히 자득한 인간의 모습을 드러내 보여주는 일을 넘어서서, 한 개인이 여러 과목의 교육내용을 완전히 자기 것으로 통합한 성인(聖人) 수준에서 보여주게 되는 생각과 말과 행동도 포함합니다. 물론 수업에서 교사가 불가피하게 특정 과목 또는 기능을 전문적으로 담당하여 가르친다고 하더라도, 이미 그의 행동거지 일체는, 비록 성인 수준은 아니라고 하더라도, 여러 교과가 한 사람의 몸에 들어와서 마음 전체를 이루게 된 모습을 시범 보이는 것입니다. 바로 이 점에서 교사는 개별 과목이나 특정 분야의 교육내용을 단순히 전달만 하는 기술자나 기능인이라기보다는, 학교 수업에서 가르치는 여러 교과목에 반영되어 있는 인류의 전통적인 문화유산 전체를 대변하는 대리인(代理人)입니다.

4.

때로 오늘날의 학생이나 학부모들은 '교사가 잘 가르치고 존경할 만한 언행을 해야 존경할 수 있지 않은가?'라고 반문하기도 합니다. 물론, 그것은 일종의 조건부 존경에 불과하지만, 어떻게 보면 개인 간의 개별적인 관계에 있어서 당연한지도 모릅니다. 그러나 이상에서 논의해 온 것은 모두 그러한 개인적인 차원이 아니라, 개별적인 교사 한 사람 한 사람의 특별한 성격, 능력, 행위 등을 초월한 제도적 또는 공적 차원에서 교사의 위상과 역할을 가리킵니다. 교사 개인마다 소유하고 있는 지식의 양과 질, 그리고 간접 전달 능력에 있어서 차이가 나겠지만, 그럼에도 불과하고 교사는 개인의 사유물이 아닌 공적 지식을 온몸으로 대변하고 있기 때문에 존경을 받아야 하는 것입니다. 비유컨대, 교사는 아주 오래된 낡은 푸른색 칠판을 배경으로 하면서 학생들 앞에 서 있을 때 제일 멋있고 존경스럽습니다.

사실, 교사가 수업에 들어와서 그저 가만히 서 있기만 해도 그것은 어마어마한 사건입니다. 상상으로만 가능했던 삶의 이상이 학생의 목전에 버젓이 서 있는 것이고, 인류 공동의 문화유산이 한 인간의 몸에 구현되어 나타난 것이며, 교육내용이 실존적 인간의 마음에 내면화되어 어떤 모습을 띠게 되는지를 시범 보이는 것을 의미합니다. 따라서 수업 중에 드러나는 교사의 작은 표정, 정서, 선호, 몸짓, 분위기, 움직임 등 그 하나하나가 결코 가벼이 볼 수 없는 것입니다. 그것에는 교육내용, 더 나아가서 인류 공동의 문화유산, 그리고 이상적인 성인(聖人)의 마음이 실려 있을 수밖에 없기 때문입니다. 한편, 이 점에서 교사의 어깨는 무거울 수밖에 없습니다. 비단 수업에서뿐만 아니라 학교의 일상적인 생활 장면에서도 교사의 일거수일투족이 학생들의 본이 되어야 한다는 결론이 도출됩니다. 저는 항상 '교사를 양성하는 대학에서 학생들을 가르쳐서 얼마나 보람 있겠습니까?'라는 말을 듣습니다. 그러나 그렇게 모범적으로 가르치고 살지 못하는 저로서는 항상 부끄럽고 제 일이 부담스럽습니다. 구체적인 몸가짐, 행동거지 등에서 복장에 이르기까지 선생의 선생 노릇을 한다는 것이 정말로 얼마나 어려운 일이겠습니까?

이제 서두에서 제기한 바 있는 '교사는 어떤 존재인가?'라는 질문에 직접적으로 대답을 해야 할 때입니다. 이상의 논의에서 교사가 수업에서 얼마나 중요한 위치를 차지하는지, 그리고 교사가 존경받아야 하는 근거는 무엇인지에 대하여, 비록 충분하지는 않지만, 어느 정도 설명이 되었다고 믿습니다. 그렇지만 아직 제 설명에는 2% 부족한 면이 있습니다. 교사가 존경받으면 누구에게 그 혜택이 돌아갈까요? 크게 보면, 이 질문도 교사가 존경받아야 하는 이유에 포함되겠지요. 물론 본 강좌에서 설명한 이유에서 교사가 존경받는다면 무엇보다도 먼저 교사가 뿌듯해할 것이고 자신의 직업에 대해서도 보람을 느낄 것입니다. 그러나 이보다 중요한, 교육이나 수업이 제대로 돌아가게 만드는 근본 원리가 있습니다. 교사가 존경받아야 하는 가장 큰 이유는 궁극적으로 학생 때문입니다. 교사의 간접전달을 역지사지(易地思之)해 볼 때, 학생이 교사를 열정적으로 흠모하고 본받고자 부단히 노력하면 할수록 그 누구보다도 잘 배울 수 있습니다. 이 사태야말로 학생이 교사의 실존과 분리될 수 없는 교육내용을, 자신의 실존과 분리되지 않게 배울 수 있는 '학생의 간접전달'을 의미합니다.

어느 음악 방송에서 들었던 이야기입니다. 어떤 대학생이 과외 아르바이트를 시작했는데, 정말로 놀라운 일을 겪었다고 합니다. 학부모가 첫날 수업이 끝난 후에 응접실에 아이와 함께 앉혀놓고는 선생에게 오늘 가르친 내용을 요약해 보라고 지시하며 과외비 봉투를 주더라는 것입니다. 다음에 이어질 스토리에 대한 궁금증에 앞서, 이 정도면 교육적으로 최악이 아닐지 싶습니다. 교육에 대한 그 학부모의 몰상식과는 별도로, 그 슬하의 아이는 앞으로 어떻게 배우고 성장할지 걱정이 앞섭니다. 직접 들은 것이 아니어서 다행이지만, 요즘 가정에서 아이에게 학급 담임교사 흉보고 험담하는 학부모가 적지 않다고 합니다. 과연 자신의 아이가 존경은 커녕 흉과 욕의 대상이 되는 교사로부터 무엇을 배울 수 있겠습니까? 제 아이가 초등학교 다닐 때였습니다. 우연히 아이 담임교사가 제가 가르치고 있는 교대 졸업생임을 알게 되었습니다. 그래서 더욱 어려운 담임 선생님께 존경과 예의를 갖추어 대하고 깍듯하게 인사를 드리며 조심스럽게 상담을 드린 적이 있습니다. 물론 이것은 일반 학부모로서 당연히 해야 하는 태도이겠지만, 거기에는 암암리에 자식이 보다 잘되기를 바라는 마음이 바탕에 깔려있었을 것입니다.

서두에서도 잠깐 언급한 바와 같이, 교사는 그 누구보다도 상처받기 쉬운 직분입니다. 아마도 이상에서 설명한 교사의 위상과 역할을 이론적으로 분명히 알지는 못할지라도, 적어도 진정성을 가지고 학생을 가르치고자 하는 교사라면 누구나 다 본인이 어떤 대접을 받아야 하는 존재라는 것쯤은 암묵적으로 감지하고 있을 것입니다. 그럼에도 불구하고 그러한 점이 주변 사람들에 의하여 무시되었을 때 교사가 느끼는 참담함은 이루 형언할 수 없을 것입니다. 본 강의가 이 시대를 사는 교사들에게 위로나 치유가 되기보다는 오히려 아픈 곳을 더 건드리는 일이 되지는 않을까? 하는 우려도 전혀 없지 않습니다. 저는 교사보다는 학부모들이 본 강의를 할 수 있는 데까지 가능하면 많이 이해했으면 하는 바람입니다. 그렇게만 된다면, 그들의 자녀들이 훌륭한 사람으로 성장할 수 있게 되는 것은 물론이고, 요즘과 같이 어려운 여건 속에서 고생하는 교사들에게도 조금이나마 보탬이 될 수 있을 것이라는 작은 소망도 같이 가져 봅니다.

제 9 강

평가의 한계와 역설

1.

저는 '우리나라는 민주공화국이 아니라 평가공화국이다.'라는 푸념을 많이 듣곤 합니다. 우리나라 사람들은 체질상 매사 평가하기 좋아하기도 하고 학교 다니면서부터 이미 평가에 푹 길들었는지도 모릅니다. 비단 학교 차원에서뿐만 아니라 우리 사회 각 분야에서, 심지어는 예능프로그램에서도 많은 평가들이 이루어지고 있으며, 우리나라 구성원들은 모두가 필요 이상의 '과잉 평가'로 숨이 막힐 지경입니다. 더군다나, 대학입시와 관련된 일련의 평가들과 그로 인해 벌어지는 일들을 생각해 보면, 이 평가 중심의 사회는 이미 정점으로 치닫고 있음을 알 수 있습니다. 비단 중·고등학교뿐만 아니라, 초등학교, 심지어 유치원 교육까지도 하나같이 모두 오로지 대학입시 평가에 초점을 맞추고 '올인'하고 있으며, 그에 따라 어마어마한 사교육 시장이 형성되어 학교 내신이나 대학입시 문항 하나하나에 목숨을 거는 학원 사람들과 온-오프라인 산업이 존재하며, 그 안에서 '원탑'이라고 해서 연봉이 수백억이나 되는 강사들이 기형적으로 양산되고 있습니다.

그러나 오늘날과 같이 평가가 삶의 모든 국면을 지배하는 형국에서는 왜곡된 교육과 비정상적인 사회 현상이 얼마든지 나타날 수 있습니다. 지금까지 평가 위주의 교육은 수업이나 학습의 과정은 생략하고 평가의 결과만을 따지는 풍조를 일선 교사나 학생들에게 조장해 왔습니다. 평가와 관련이 없는 학습은 아예 안 하려는 관성이 이미 우리 교육에 고착되었습니다. 이러한 분위기 속에서 학습의 과정 과정에서 느껴야 하는 내적 행복감이나 만족도는 생략되기 일쑤였습니다. 오죽했으면 우리나라 학생들이 국제 학업성취도 평가 결과에서 거의 최상위권에 들지만, 학습의 과정 과정에서 느껴야 하는 내적 행복감이나 만족도는 거의 최하위권이라는 사실은 이를 잘 반영해 주고 있습니다. 한마디로, 억지로 시험은 잘 보지만 공부하는 재미는 못 느낀다는 것입니다. 이러한 분위기 속에서 평가를 잘 받기 위한 전략으로서 소위 '선행학습'은 너무나 당연한 것이어서 학생들은 더욱더 사교육에 의존할 수밖에 없으며, 장기적이고 원대하며 행복한 배움을 통해서만 함양될 수 있는 인성교육은 아예 처음부터 기대할 수조차 없게 되었습니다.

크게는 평가 위주의 교육은 우리나라 사람들의 가치관까지도 바꿔놓고 있습니다. 말하자면 '평가될 수 있는 것만이 존재하는 것이고 평가되는 것만 가치 있다.'라는 잘못된 생각의 습관을 암암리에 조장해 왔습니다. 요즘 우리 사회 전반에 걸쳐서 인생의 과정 속의 행복이나 보람보다는 외적 결과나 물질적 보상을 훨씬 더 존중하는 그릇된 가치관이 득세하고 있습니다. 인생에 있어서 결과보다는 과정이 중요하다는 옛 선현들의 말씀이 무색해진 지 이미 오래되었습니다.

또 한편, 평가 위주의 교육은 어차피 대상의 질이나 성격을 평가하는 '정성평가'보다는 대상을 양화하여 평가하는 '정량평가'로 기울 수밖에 없기 때문에, 획일적인 잣대를 가지고 모든 학생을 한 줄로 세우고 경쟁을 강요하게 됩니다. 획일적인 척도나 기준에 의한 줄 세우기 교육으로 인하여 학생 개개인의 차이나 취향이나 성향 등은 모두 묻히게 되며, 양적 평가에서의 성적이 곧 그들의 적성 또는 인격이 됩니다. 결국 이러한 획일적인 교육 체제에서 진로 교육은 별다른 의미를 찾기 어렵습니다. 한 작은 예로, 성적이 곧 적성인 학생들은 거의 모두 변호사가 되기 위하여 로스쿨에 가려고 하거나, 아니면 연봉이 높은 의사가 되려고 무한 경쟁도 불사합니다. 유치원 과정에서부터 조기교육이라는 명분으로 의대 준비반이 생기고 있으며, 대학 도서관에는 학문적인 책을 빌려 보는 학생이 아닌 로스쿨 준비생이 넘쳐납니다.

저는 차라리 이 현실 판단이 어디까지나 제 편견이나 기우(杞憂)에 불과했으면 좋겠습니다. 이러한 가치관이 누적되다가 보면 그 파장은 비단 진로 교육의 왜곡에 그치지 않고 결국 심하게 편중된 직업 구조를 낳게 될 것입니다. 이 얼마나 개인적으로 불행한 일이며 또한 국가적으로는 인적 자원의 낭비가 아니겠습니까? 저는 교육학자로서 분명하게 이렇게 말하고 싶습니다. 실례일지도 모르지만, 법조인이나 의사 모두 사회적으로 반드시 필요한 훌륭한 전문직이지만, 천재적인 머리가 요구되는 분야는 결코 아니며, 지금도 그렇지만 미래 사회에서는 더욱더 그 외의 다양한 세분화된 분야들에서 불세출의 천재가 절실하게 요구될 것입니다.

이제까지 우리 사회에서 평가는 무조건 '좋은 것' 또는 '완전한 것'이라는 이미지를 견지해 왔습니다. 말하자면 사람들에게 평가의 장점만 일방적으로 부각된 것입니다. 그러나 평가는 모든 사람이 인정하는 장점 못지않게 단점도 있다는 점 또한 결코 간과해서는 안 됩니다. 미래학자들은 평가가 어떤 활동이나 일에 일방적으로 도움만 줄 수 있다는 평가 지상주의적 사고방식이야말로 3차 산업혁명 시대의 전형적인 낡은 유물이라고 지적하곤 합니다. 이제까지 평가는 어떤 활동이나 일을 잘 되게 하는 데 필수적인 것으로 인식되어 왔지만, 관점에 따라서는 평가는 어떤 활동이나 일과의 관련에 있어서 오히려 부정적인 영향을 미칠 수 있다는 시각도 얼마든지 있을 법합니다.

저는 이 강의에서 바로 그러한 관점에 입각하여 평가의 역기능을 탐색해 보고자 합니다. 일반적으로 평가는 비단 교육 분야뿐만 아니라 인간이 하는 모든 활동 영역에서 이루어지고 있습니다. 평가는 일정 기간 안에 어떤 활동이나 일이 잘 되었는지 또는 그렇지 않은지를 알아보는 도구로서 유용하게 사용되고 있습니다. 이하 여기에서는 논의 전개의 편의상 '활동이나 일'이라는 용어가 사용될 맥락에 더 초점이 분명하다고 보이는 용어인 '일(work)'을 쓰고자 합니다. 평가는 어떤 일을 대상으로 하여 그 성취 여부를 따지는 활동으로 간단하게 조작적으로 정의 내릴 수 있을 것입니다. 사실, 비단 평가 전문가들뿐만 아니라 우리 스스로도 이제까지 이 정의에서 '성취 여부를 따지는 활동과 그 방법'에만 골몰해 왔음을 부인하기 어려울 것입니다.

그러나 역발상을 해 보면, 평가는 개념상 '평가의 대상', 보다 구체적으로 어떤 일, 활동, 현상 등의 성격이나 속성에 의하여 절대적인 영향이나 제약을 받을 수밖에 없을 것입니다. 비록 많은 사람이 자주 망각하는 사실이지만, 평가는 그 대상인 일의 성격이나 속성에 따라 달라져야 하며, 또 그것에 의하여 크게 좌우될 수밖에 없습니다. 이러한 관점은 평가의 편에서 평가 대상을 재어보는 것이 아닌, 평가 대상인 '일'의 편에서 평가를 가늠해 보는 반대 방향의 접근이 될 것입니다. 이제까지 전자를 너무나 당연시해 왔을 뿐만 아니라, 그 방향에서 평가 이론의 정련과 방법의 거듭된 발전에만 신경 써왔습니다. 그럼으로써 결코 무시할 수 없는 짝인 '평가 대상'으로서 일, 활동, 현상의 성격에 대해서는 무관심해 왔음을 부인하기 어려울 것입니다. 사실, 연구의 시각이 '평가'라는 패러다임 안에 갇혀 있을 때는 평가라는 영위의 단점이 잘 보이지 않습니다. 그러나 평가가 절대적 의미에서 귀속될 수밖에 없는 '일'이라는 보다 큰 개념에 비추어 보면, 평가의 위치가 제대로 보일 뿐만 아니라 그 한계 또한 분명하게 드러나게 될 것입니다.

2.

먼저, 이를 위하여 일의 개념을 제대로 정립할 필요가 있습니다. 이 작업에서 일이 어떻게 규정되는가에 따라 평가의 한계 또한 얼마든지 달라질 수 있을 것입니다. 이하에서는 일의 개념을 여러 학자의 의견들을 빌려서 논의에 필요한 만큼 제 나름대로 정립한 후에, 그것들을 바탕으로 하여 어떻게 평가가 일에 구체적으로 관여하고 또 어떤 부정적인 영향을 미칠 수 있는지 알아보고자 합니다. 이 점에서 본 강의는 평가에 관하여 얘기하고 있지만 기존의 평가에 관한 담론들과는 차별성을 가집니다. 거시적으로 인간이 하는 모든 '일'에 비추어 평가가 가지는 제한점을 논하고자 합니다. 우리는 늘 일에 접해 있으며 한시라도 일을 떠나서는 살 수 없습니다. 그럼에도 불구하고 일에 대한 정확한 정의는 쉽게 찾아보기 어렵습니다. 여기서는 일의 핵심적인 성격을 몇 가지 측면으로 나누어 얘기해 보고자 합니다.

첫째, 일은 내재적 측면을 가집니다. 일은 역사적으로, 또 분야마다 다양하게 정의되어 왔습니다. 그럼에도 불구하고 일은 일반적으로 '어떤 목적을 달성하기 위하여 인간이 하는 행위, 또는 활동이다.'라고 규정될 수 있을 것입니다. 동물들의 일이 거의 무의식적이고 본능적으로 이루어지는 데 반하여 인간의 일은 대부분 의식적이고 목적 지향적인 활동에 해당합니다. 이 점에서 일은 우연적인 행동과는 차별화되며, 단순 놀이 활동과도 구분될 수 있습니다. 그러나 위 정의는 '일의 외재적 측면'에 주안점을 두고 있습니다. 여기서 일의 외재적 측면은 일 그 자체, 달리 말하면 일하는 중에 일어나는 과정보다는 일 밖에 있는 것들, 예를 들면, 일의 결과로서 얻게 되는 산물, 일의 파급 효과, 일의 유용성, 일에 대한 보상이나 칭찬 등과 같은 것을 가리킵니다. 일의 외재적 측면에 초점을 둔 일의 개념이 가지는 문제점은 일에 관한 관심이 오로지 일의 '밖'에 있다가 보니 일의 '안'에서 일어나는 것들에 대해서는 무관심하거나 도외시할 수밖에 없게 된다는 것입니다.

반면에 일 그 자체에 집중 또는 몰입되어 있다는 것은 일의 주체가 스스로를 일에 투신하여 일과 하나가 되어 대상으로서의 일과 거리가 없음을 의미합니다. 그 상태는 일의 주체가 일의 '밖'에 머물러 있지 않고 일의 한 부분을 이루어 일의 '안'에 있다고 설명될 수 있을 것입니다. 따라서 일에 집중한다는 것은 일의 결과나 활용이 아니라 일이 그 자체로만 고민되어야 한다는 것을 의미합니다. 다시 말해서, 일에 집중한다는 것은 일의 '안'에서 일어나는 것들에 관해서 관심을 가지는 것입니다. 일을 하다 보면 '나'를 포함한 다양한 실존적 변수들 속에서, 한편으로 앞의 일이 다음 일을 결정하는 방식으로 일이 점차 진척되기도 하며, 다른 한편으로 예견된 미래의 일이 지금 일을 어느 정도 결정짓는 방식으로, 일이 그 안에서 일 자체를 판단하고 평가하게 됩니다. 요컨대, 일은 그 자체에 일을 추진할 수 있는 힘을 가지고 있습니다. 이러한 의미에서 보면 일에 집중한다는 것은, 역동적으로 움직이는 일 안에서 원래 포함되어 있는 자체 추진력을 찾아가는 과정을 의미합니다.

듀이(J. Dewey)가 '일은 유목적적(有目的的)인 활동이다.'라고 했을 때도 유목적적인 활동은 결코 외적 결과를 의미하는 것이 아닐 것입니다. 그것은 일 자체의 추진 논리가 있다는 뜻으로 받아들여야 합니다. 듀이에 의하면, 어떤 일을 순수하게 몰입하여 하다가 보면 예견된 목적이 생기고 그것을 달성하기 위한 수단이 강구되며, 그리하여 예견된 목적이 달성되면 그것이 또 수단이 되어서 또 다른 예견된 목적을 위하여 이바지하게 됩니다. 그리고 이러한 방식으로 일 자체의 힘에 따라서 활동을 계속해 나가다 보면 결국은 행위자의 내면에서 끊임없는 성장이 이루어지게 된다는 것입니다. 반면에 일의 외재적 측면에만 몰두하는 것은 궁극적으로 심성 함양은커녕, 자아를 손상하거나 망치게 됩니다. 마르크스도 지적했듯이, 일이 일하는 사람의 '밖'에 있다는 사실, 다시 말하여 일이 그 고유의 본성에서 벗어나 있다는 것은, 일하는 동안에 일하는 사람은 스스로를 긍정하는 것이 아니라 부정하고, 하는 일에서 만족이 아닌 불행을 느끼며, 자신의 육체적, 정신적 에너지를 자유롭게 발전시키는 것이 아니라, 자기 몸을 망가뜨리고 자신의 정신을 황폐하게 만듭니다. 이 경우에 일하는 사람은 자신의 자아를 오로지 일을 하지 않는 상태, 일의 밖에서만 발견하게 됩니다.

그래서 우리는 일의 외재적 측면에 주안점을 둔 일의 개념에 만족하지 않고 일의 내재적 측면에 주목하지 않을 수 없습니다. 일의 내재적 측면은 일의 외재적 측면의 '이면(裏面)'에 해당합니다. 우리는 일을 할 때 흔히 일의 외재적 측면만 고려하기 십상이지만, 실지로 일의 외재적 측면에 일의 내재적 측면은 반드시 수반될 수밖에 없습니다. 분명, 일은 '외부적으로' 세계를 인간의 필요와 목적에 맞게 변형시키는 것이지만, '그와 동시에' 그 과정에서 '내부적으로' 일하는 당사자, 곧 주체를 형성하거나 변화시킵니다. 인간은 일을 통하여 자신을 만들어 가고, 자신의 성품을 획득하며, 다른 사람을 포함하여 세계와의 관계를 객관적으로 정립해 나갑니다. 그럼으로써 인간은 일을 매개로 하여 주체적으로 세계와 상호작용하면서 자아를 실현하고 궁극적으로 자신의 삶을 완성합니다. 인간은 일생 수많은 일을 하면서, 외적 결과와 상관없이 그 과정에서 희로애락을 겪게 되며, 또 그 가운데서 자신의 존재 자체를 형성하게 됩니다. 요컨대, 일의 내재적 측면에서 보면 일은 곧 인간이 세계와 관계 속에서 자기 스스로를 실현하고 창조해 나가는 과정 그 자체라고 정의해 볼 수 있습니다.

둘째, 일은 묵시적 측면을 가지고 있습니다. 폴라니(M. Polanyi)에 의하면, 우리가 어떤 일을 집중해서 할 때 거기에는 서로 다른 두 가지 과정이 들어있습니다. 그 하나는 '초점식(focal awareness)'이고, 다른 하나는 '보조식(subsidiary awareness)'입니다. 초점식은 어떤 활동을 수행할 때 당사자가 활동에 숙달되거나 몰입하여 활동이나 그 활동의 대상이 되는 것과 혼연일체가 되어 있는 경우를 가리키며, 보조식은 초점식이라는 총체를 구성하는 데 있어서 필수 불가결한 세부 요소들이기는 하지만 초점식이 활용되는 순간에는 좀처럼 의식이 되지 않는 것을 의미합니다(Polanyi, 1958: 55-57).

요리를 예로 들면, 지금 당장 능숙하게 자유자재로 요리할 때 활용되는 능력이 초점식이라면, 그 이전에 이미 몸에 내면화하고 있던, 재료를 고르는 방법에 대한 이해, 재료를 잘 다듬을 줄 아는 기술, 재료를 넣는 순서에 대한 지식 등이 보조식에 해당합니다. 한편, 초점식은 보조식에 속하는 특수한 세부 요소들이 통합되어 의미를 가지게 되거나 발휘된 것이지만, 그 통합된 결과는 세부요소들로서의 보조식에 들어있지 않은 속성을 지닙니다. 초점식은 항상 보조식의 산술적인 합을 초월하여 성립합니다. 따라서 초점식을, 그것을 뒤에서 가능하게 해 준 보조식으로 환원시켜 이해하려고 하는 것은 쓸데없는 일입니다. 설사 세부 요소들로서의 보조식을 총망라한 후에 각각으로 분리하여 열거할 수 있을지라도, 그 일단의 세부적인 내용에 대하여 낱낱으로 주의를 기울이는 순간,

그것들은 통합적인 의미를 상실하고 의미 없는 것이 되어 버립니다. 요리하다가 말고 거기에 기여하는 보조식들에 낱낱으로 주의를 기울이는 순간, 집중을 요하는 요리는 낭패를 보게 됩니다.

그렇다면 세부 요소들로서의 보조식이 구체적으로 어떤 과정을 거쳐 총체적 의미로서의 초점식으로 통합되는 것일까요? 보조식이 모여 초점식으로 되는 데 있어서 우리의 '신체(몸)'가 결정적인 역할을 합니다. 폴라니에 의하면 모든 지식은 신체 내부에 그 뿌리를 두고 있습니다. 기본적으로 보조식은 신체를 숙주(宿住)로 삼아서 존재하며, 이때 신체는 보조식을 통합하여 초점식으로 승화시키는 역할을 합니다. 이와 같이, 이제까지 서로 분리되어 연결되지 않았던 무의미한 보조식이 신체를 기반으로 하여 참신한 초점식이 되고, 또다시 이미 의식화된 초점식이 또 다른 의미의 보조식이 되어 새로운 초점식으로 수렴되는 방식으로 계속하여, 인간은 신체를 확장해 나가면서 외부 세계를 이해하거나 그것과 관계를 맺어 나가게 됩니다. 예를 들어 과학 분야만 하더라도, 우리가 의식할 수 없는 과정에 의해서 보조식이 점차 성숙되고 그것들이 이전보다 더 의미 있는 방식으로 통합될 때 드디어 새로운 과학적 발견에 이를 수 있게 됩니다. 처음에는 초점식이었던 뉴턴의 '만유인력의 법칙'이 보조식이 되어서 또 다른 초점식으로서 '양자역학'을 창출하게 되는 방식으로 물리학 이론은 끊임없이 발전을 거듭해 왔습니다.

이와 같이 인간은 자신의 몸을 중심으로 세계와 교섭하며 자아를 확장해 나갑니다. 인간이 어떤 일을 통하여 세계와 관계를 맺을 때, 위에서 언급한 것처럼 그 중심이 되는 것은 바로 인식주체의

'신체'와, 그 신체와 분리될 수 없는 '자아'입니다. 인간의 '신체'와 '자아'는 보조식의 숙주 역할을 하게 되는데, 스스로도 의식하지 못하는 가운데 여러 보조식들을 연결하고 통합하여 새로운 초점식을 생산해 냅니다. 초점식에 기여한 보조식들의 수효와 그 내용 등은 알 수 없고, 보조식들이 어떻게 구성되었는지 알 도리가 없으며, 보조식들로부터 초점식에 이르기까지 어떤 일이 일어났는지도 베일에 싸여있을 뿐입니다. 그렇기 때문에 우리가 어떤 창의적인 일을 해냈을 때 주위 사람들이 그것을 어떻게 한 것이냐고 물으면 말로 명확하게 설명하기 어려운 경우가 대부분입니다.

한편, 보조식에서부터 초점식으로의 전환에 신체와 자아의 기여도가 매우 지대하기 때문에 신체와 자아가 어떤 상태에 있는지, 신체와 자아가 어떤 능력을 발휘하고 역할을 수행하는지가 중요하지 않을 수 없습니다. 예를 들면, 거기에는 개별적인 인식주체의 신체와 자아의 물리적 조건, 또는 정신적 성향 등을 포함하여 열정, 믿음, 열망, 긍정, 선의, 감상, 태도, 바람, 헌신, 몰입 등과 같은 '인격적인(personal)' 것들도 포함될 수 있습니다. 폴라니는 그의 이러한 인식론적 견해를 담은『인격적 지식(personal knowledge)』이라는 저서를 낸 바도 있습니다. 그에 의하면 인격적 지식 속에는 언제나 명료화할 수 없는 '암묵적 차원(tacit dimension)'이 있으며, 그것은 객관적인 방식으로 실증할 수 있는 것이 결코 아닙니다(장상호, 1994: 29). 어떤 일이 되게 하는 단서들은 신체와 자아 내부에 있다고 할 때, 그 신체와 자아 내부의 것들은 위에서 예를 든 바와 같이 객관성, 명료성, 공공성이 희박하며, 얼른 보기에 지식이라고 말하기 어려운 면이 있습니다. 폴라니는 그것을 '묵지(tacit knowing)'라고 지칭하였습니다. 요컨대, 보조적인 제반 특수사항들로부터 시작하여 마지막으로 하나의 통합된 초점식에 이르는 과정은 우리가 명시적으로 기술(記述)할 수 없는 묵지에 해당합니다.

비단 인간의 창의적인 일뿐만 아니라 상투적인 일조차도, 그 일의 성격이 복잡할수록 그 일을 하는 주체의 입장에서는 암묵적 차원을 포함합니다. 그의 몸과 마음에 이미 가지고 있던 여러 보조식들이 정확하게 무엇이고 또 그것들이 어떤 수렴 과정을 거쳐서 통합적 행위로서의 초점식을 가능하게 하는지는 말로 명시적으로 설명하기 어려운 묵지(默識)를 포함합니다. 결코 과장이 아니라, 어떤 분야를 막론하고 이미 널리 알려지고 말로 설명이 가능한 일의 명시적 측면보다는 오히려, 위에서 예를 든 바 있는 열정, 확신, 긍정적 사고, 공감, 태도, 소명, 헌신, 몰입 등과 같은 일의 암묵적 측면이 일의 창의성, 더 나아가 위대함을 결정짓습니다. 요컨대, 참신한 인식이나 창의적인 일의 성립은 모두 묵지에 기반을 두고 있습니다. 그것은 단순히 인식 또는 행위 주체의 객관적 지식의 누적이 아닌, 끊임없는 묵지의 형성을 통한 인격적 참여의 자연스러운 결과입니다. 보다 일반적으로 말하여 일의 성립 과정에 대하여 말로 설명할 수 있는 것보다 그렇지 못한 영역이 일의 완성에 있어서 보다 중요한 역할과 작용을 합니다. 굳이 비유하자면, 일의 성립에 있어서 말로 설명할 수 있는 것이 수면 위 '빙산의 일각'이라면 그렇지 못한 영역은 수면 아래 보이지 않는 빙산 전체에 해당합니다.

셋째, 일은 여가적 측면을 가집니다. 현대인들은 일과 여가를 대비시키면서 일을 잘 하기 위해서는 여가가 필요하다는 말을 하곤 합니다. 이때 여가(餘暇)는 문자 그대로 '시간적 짬이나 겨를', 또는 '휴식', 또는 '레저 활동'이나 '취미활동'을 의미합니다. 이때 여가와 일은 사실적으로 각각 분리되어 있는 실체에 해당합니다. 그러나 아리스토텔레스가 교육의 목적이자 인간의 궁극적 행복으로 여긴 '여가(*schole*)'는 결코 그러한 것이 아니었습니다. 피이퍼(J. Pieper)에 의하면, 진정한 '여가(*schole*)'는 아퀴나스(T. Aquinas)가 말한 '관조적 삶(*vita contemplativa*)'과 긴밀한 관계가 있는 것으로서, 일과 사실상 따로 분리되어 있지 않습니다. 일에도 여가가, 여가에도 일이 들어있다고 보아야 합니다. '여가(*schole*)'와 '일(work)'의 관계는 동전의 양면에 비유될 수 있으며, 여기서 여가는 일의 이면(裏面), 곧 암묵적 차원에 속합니다. 오늘날 일이 우리의 삶의 모든 부분을 지배하는 비정상적인 형국에서는 여가의 측면이 잘 드러나지 않기 마련이지만, 적어도 현대 이전만 하더라도, 희랍에서부터 시작하여 유구한 세월 동안, 여가는 삶의 주축(主軸)이었으며, 오히려 여가를 위하여 일이 존재한다는 것은 너무도 당연한 명제로 받아들여졌습니다.

이하의 논의에서는, 이제는 일부러 애써 드러내어 설명하지 않으면 현대인들이 도저히 이해하기 어려운 일의 여가적 측면을 피이퍼의 견해를 통하여 보다 구체적으로 알아보고자 합니다. 피이퍼는 '여가(*schole*)'의 개념을 '일(work)'의 개념에 대비시켜 설명한 바 있습니다. 피이퍼에 의하면, 일은 3가지 뚜렷한 특징을 지닙니다. 첫째, 일은 긴장을 하면서 무엇인가를 하는 것, 곧 '활동(activity)'입니다. 둘째, 일은 항상 노력과 고통을 수반합니다. 셋째, 일은 실용적 목적 달성을 위해 결합되어 있는 사회적 유기체

속에서 한 기능을 담당합니다(Pieper, 1952: 38-45).

이러한 일의 3가지 특징에 대비시켜 볼 때, 첫째, 여가는 '일은 활동이다.'라고 했을 때 그러한 의미의 활동이 아닙니다. 일이 활동을 절대적 이상으로 삼는다는 것과 비교해 보면, 여가는 우선, '무활동(non-activity)'의 태도, 내적 평정의 태도, 침묵의 태도를 뜻합니다. 여가는 바쁘게 있는 것이 아니라 일이 저절로 일어나도록 놔두는 것을 의미합니다. 여가는 침묵의 한 형태인데, 입을 다물고 있는 것도 소리를 내지 않는 것도 아닙니다. 그것은 실재에 '응답하는' 영혼의 힘이 산만하게 흐트러지지 않은 상태에 있다는 것을 의미합니다. 여가는 수용적 자세와 관조의 태도이며, 창조된 세계 전체에 몰입하게 하는 계기일 뿐만 아니라 능력입니다(Pieper, 1952: 41). 그러나 여가는 활동과 사실상 분리되어 전혀 무관한 것으로 존재하지 않습니다. 피이퍼에 의하면, 여가는 일과 동일한 평면 위에 있는 것이 아니라 일과 직각을 이루며 교차합니다. 여가는 활동의 연장이나 연속이 아니라 일과 수직으로 만납니다. 일이 언제나 시간에 관계된다면 여가는 영원('영원한 현재')에 관계됩니다(Pieper, 1952: 43).

둘째, 일이 고역(苦役)을 절대적 이상으로 삼는 데 비하여, 여가는 성격상 관조적 '축제의 태도'를 나타냅니다(Pieper, 1952: 42). 이 축제라는 단어는 그 원래의 뜻으로 이해한다면 여가의 핵심적인 의미를 반영합니다. 축제의 의미에 따르면, 여가는 오직 인간이 그 자신의 진정한 본성을 수락하고 우주의 의미에 합치되는 삶을 산다는 전제하에서만 성립합니다. 『성경』(창세기 1장)에 '창조하신 것을 보시니, 보시기에 심히 좋았더라.'라는 구절이 있습니다.

여가 속에서 인간도 바로 그러한 일, 곧 자신이 한 일의 결과를 자축(自祝)합니다. 달리 말하면, 인간은 그것을 그저 바라보고 긍정할 뿐입니다. 긍정의 가장 높은 형식은 축제입니다. 축제는 여가의 기원이요, 여가의 내적, 항상적 의미입니다. 여가는 이와 같이 축제의 태도를 나타내기 때문에 단순히 '무노력'이 아니라, 그 이상으로 노력의 정반대인 것입니다(Pieper, 1952: 42-43).

여가는 일과 같이 고역이나 노력만으로 결코 설명될 수 없습니다. 어떤 일이든지 노력을 더 많이 하거나 수고로울수록 더 가치 있게 된다는 생각은 현대인들의 단견일 뿐입니다. 최고의 일을 완성하는 여가는 노력이나 수고에 수반되는 보상이 아닌, 무상으로 주어지는 것, 곧 은총입니다. 위에서 언급한 직교에 비추어 보면, 여가는 하늘로부터 수직으로 갑자기 떨어지는 관조의 기쁨입니다.

셋째, 여가는 사회적 기능을 초월하여 성립합니다. 여가는 일이 사회적 기능을 절대적 이상으로 삼는 것과는 정반대되는 쪽에 서 있습니다. 일을 하는 동안의 휴식 시간은, 그것이 한 시간이든 하루이든 일주일이든 관계없이, 여전히 일의 일부분입니다. 그것은 일이라는 실용적 기능을 이어주는 연결 고리일 뿐입니다. 잠시 휴식을 취하는 것은 일을 위해서이며 더 일하기 위해서입니다(Pieper, 1952: 43). 그러나 여가는 일과 동일한 평면에 있는 것이 아니라 일과 직각을 이루며 교차합니다. 여가는 본질상 일을 위해 존재하는 것이 아닙니다. 여가는 관조와 마찬가지로 '활동적인 삶(*vita activa*)'보다 한층 높은 수준에 속합니다(Pieper, 1952: 43). 여가의 중요성과 가치는 사회적 직무를 수행하는 기능인이 그의 일을 조금의 착오도 없이 수행하도록 한다는 데 있는 것이 아니라, 그 일을 하는 동안 내내 '인간'으로서 존재하도록 한다는 데 있습니다. 인간은 엄격하게 제한된, 명확하게 구획된 기능의 영역에 완전하게 흡수되지 말아야 합니다. 달리 말하면, 인간은 총체로서의 세계를 파악하는 능력, 총체에 도달할 숙명을 지닌 존재, 곧 '전인(whole man)'으로서 그의 완전한 잠재력을 실현하는 능력을 언제나 간직해야 합니다. 여가는 총체로서의 세계를 관조할 수 있는 충만하고 완전한 인간성의 온상(溫床)입니다. 여가로 말미암아 인간은 오로지 기능인, 전문가, 노동자로 전락하는 것으로부터 구원을 받는 것이 가능해집니다(Pieper, 1952: 46).

이상에서 일의 개념에 대비시켜 여가의 의미를 알아보았습니다. 활동에 대비되는 '무활동의 활동으로서의 관조', '노력이나 수고의 산물이 아닌 무상으로 주어지는 은총', '사회적 기능을 초월하여 성립하는 전인'이라는 여가의 3가지 의미 요소들을 발굴해 보았습니다.

중요한 것은 일과, 이상에서 발굴한 여가의 의미 요소들은 사실적으로 분리되어 있지 않다는 점일 것입니다. 여가가 아닌 일의 방향에서 보더라도, 온전한 일이라면 그것에는 '무활동의 활동으로서의 관조', '노력이나 수고의 산물이 아닌 무상으로 주어지는 은총', '사회적 기능을 초월하여 성립하는 전인'이라는 여가의 3가지 의미 요소가 모두 들어있어야 합니다. 달리 말하면, 일에 여가적 측면이 들어있어야 그 일이 비로소 온전한 일이 될 수 있습니다. 그러나 현대로 오면서 점차 온전한 일에서 일의 외재적인 측면 또는 일로서의 비중만 강조됨으로써 일의 여가적 측면은 지나치게 폄하되거나 훼손되어 왔음을 부인하기 어려울 것입니다. 그러나 분명히 말하지만, 여가의 측면이 결여된 일은 이미 제대로 된 일이 아닙니다.

넷째, 일은 교육적인 측면을 가집니다. 여기서는 이상에서 살펴본, 일의 내재적 측면, 일의 묵시적 측면, 일의 여가적 측면을 종합하여 일의 교육적 측면을 모색해 보고자 합니다. 사람들은 흔히 임금 또는 돈 때문에 일을 한다고 말들 합니다. 그러나 그렇게 말하는 사람들이 간과한 일의 중요한 측면이 있습니다. 그것은 인간은 그 일을 통해서 스스로 자신을 성장시킨다는 점입니다. 일을 정의할 때마다 '외재적으로' 세계를 인간의 필요와 목적에 맞게 변형시키는 것에만 주목한 나머지, 그와 동시에 그 과정에서 '내재적으로' 인간의 인성도 점차 변모하게 된다는 점을 간과하는 경우가 많습니다. 일의 여가적 측면에서 살펴본 바와 같이 인간은 일을 함으로써 세계와 관계를 맺으면서 심성을 함양하고 자신의 존재 의의를 느끼게 됩니다. 아마도 일이 가지는 '수단과 목적의 관계'를 억제하면서 일의 이러한 성격을 가장 극대화시킨 것이 바로 학생의 '공부'일 것입니다. 그러나 일의 묵시적 측면에서 살펴본 바와 같이, 내부적으로 인성이 형성되고 자아가 실현되는 측면은 묵시적 차원에 속하기 때문에 특별히 관심을 두지 않는 한 전면에 부각되는 경우는 극히 드물 것입니다.

프뢰벨(F. Froebel)에 의하면 인간이 일하는 오직 한 가지 이유가 그의 신체를 보존하는 것, 즉 의식주를 확보하기 위한 것이라고 말하는 것은 그야말로 인간의 존엄성을 더럽히는 망상에 불과합니다. 인간은 일을 통하여 외부의 유용성을 추구해야 할 뿐만 아니라, 자기 자신으로 돌아가서 자신 속에서 힘을 얻음으로써 스스로를 발달시키고 양성시키며 드러내야만 합니다(Froebel, 번역본: 35). 마르크스(K. Marx)도 일을 통하여 자신의 모든 능력의 전면적 계발을 성취하는 것이 모든 인간의 사명이자 운명이요, 또한 과업이라고 강조한 바 있습니다. 요컨대 일의 진정한 가치는 단순한 경제적 목적에 있는 것이 아니라 일과 관련하여 자신의 지성과 재능을 계발하는 데 있습니다.

이미 셋째, '일의 여가적 측면'에서 언급한 바 있는 여가의 핵심 의미요소로서 '관조'는 사전적 의미 그대로 '바깥 세계를 그저 바라보는 것'에 그치지 않습니다. 관조는 안으로 자아의 성장을 이룩하는 것을 포함하며, 더 나아가서는 우리는 그 관조 속에서 인간 이상의 영역에 도달할 수 있게 됩니다. 우선, 우리는 관조를 통해 자연적 세계를 지향함으로써 개인적인 영역에서 빠져나와 자아의 경계선을 넘어서 자아가 분출되고 확장되는 것을 경험하게 됩니다. 그것은 단순히 천체나 풍경을 만들어내는 볼거리를 수동적으로 즐기는 것에 그치는 것이 아니라, 자아가 팽창되고 해방되는 것까지를 의미합니다. 그럴 뿐만 아니라, 관조는 영적 의미도 가집니다. 인간은 관조를 통하여 신적 이성과 동등한 영혼만이 도달할 수 있는 최상의 질서와 조화의 세계에 이르게 되기 때문입니다. 관조는 인간이 신성의 일부를 획득하는 것을 의미하며, 관조하는 인간은 인간적이면서 동시에 초인간적인 상태에 있다고 볼 수 있습니다(Cianni, 번역본: 136-137).

앞서 언급한 '전인(whole man)'은 결국 관조를 통하여 자아가 점차 확장되어 완전하게 실현된, 인간적이면서도 초인간적인 상태를 가리킵니다. 다시 말하여 전인은 일, 엄밀하게 말하면 일의 여가적 측면 또는 관조를 통하여 자신의 모든 잠재적 능력을 완전하게 실현한 사람을 의미합니다. 이와 같이 전인의 성취는 인간 본성에 뿌리를 두고 있는 일과 결코 무관하지 않습니다. 전인과 일의 개념은 서로 불가분의 관계에 놓여 있습니다. 이러한 전인의 의미에 비추어 볼 때, 가장 이상적인 일은 전인이 하는 행위일 것이며, 그리하여 전인의 행위는 총체로서의 세계를 내면화한 그의 마음이 지금 그가 하는 행동에 고스란히 반영된 것을 가리킵니다. 물론 그러한 이상에는 못 미치더라도 세속적인 의미에서 적어도 전인의 행위라고 불리려면, 그것은 단순히 일의 외적 결과나 기술적인 측면에만 경도되어서는 안 될 것이며, 행위 주체 또한 그 일을 하는 동안 내내 '전인'으로서 남아 있어야 할 것입니다.

이상에서 살펴본 일의 교육적 측면에 비추어 볼 때, 일을 하는 동안 자아의 성장 또는 확장이 반드시 일어나야 합니다. 일을 하는 당사자에게 학습의 희열, 관조의 기쁨, 자유의 만끽, 통찰의 찰나, 자아의 팽창 등과 같은 것이 일어나야 합니다. 사실, 이러한 측면들이 빠져나간 일은, 제아무리 그 외적 결과가 성대하다고 하더라도, 전인을 길러내는 데에 이바지할 수 없을 것입니다. 반면에 어떤 일이, 비록 그 외적 결과나 파급 효과가 보잘것없다고 하더라도, 혼신의 힘을 다한 전인적 행위에 해당한다면, 그것이 미래에 가지는 교육적 의의는 매우 클 수밖에 없습니다. 요컨대, 전인적 측면이 빠져나간 일은 이미 온전한 일이 아닙니다.

3.

이상에서 '일의 내재적 측면', '일의 묵시적 측면', '일의 여가적 측면', '일의 교육적 측면'을 발굴해 보았습니다. 일의 4가지 측면은 서로 따로 분리될 수 없는 성격의 것이며, 일의 내재적 측면, 일의 묵시적 측면, 일의 여가적 측면은 결국 일의 교육적 측면으로 귀결됩니다. 우리는 매일 일을 하면서도 일의 이러한 측면들을 미처 고려하지 못하는 경우가 허다합니다. 그러나 일의 4가지 측면은 일과 따로 분리될 수 없는 일의 근원적인 성격을 나타낼 뿐만 아니라, 일의 진정한 성취 또한 좌우합니다. 서두에서 이미 설명해 드린 바와 같이, 비록 평가 전문가들을 포함한 많은 사람들이 미처 고려하지 못하고 있는 사실이지만, 평가는 '평가의 대상'으로서의 일이 가지는 그러한 성격에 의하여 절대적으로 영향이나 제약을 받을 수밖에 없습니다. 비록 일의 4가지 측면은 현실 속에서 일이 이루어질 때 잘 부각이 되지 않는 경우가 대부분이지만, 인간이 하는 일이 진정으로 온전한 것이 되기 위해서는 결코 간과되어서는 안 되는 것들입니다. 이러한 맥락에서 이하에서는 일의 4가지 측면에 비추어 평가의 한계를 좀 더 구체적으로 드러내 보고자 합니다.

첫째, 평가가 일의 내재적 측면을 가로막습니다. 사실, 평가는 일의 외재적 측면에 잘 어울리는 영위입니다. 평가는, 한편으로 일을 더 잘 할 수 있도록 자극하는 동기 부여적인 측면이 있기도 하지만, 다른 한편으로 행위 주체로 하여금 일의 외재적 측면에 필요 이상의 과도한 관심을 두게 만듭니다. 일단 평가를 한다고 공언하는 순간부터, 사람들은 누구나 다 일이 되어가는 과정보다는 일의 최종적인 결과, 더 나아가서 일에 대한 외적 보상이나 일의 효용성에 더 신경을 쓰게 되어 있습니다. 이 경우, 평가는 일의 '밖'에 존재하면서 일 그 자체의 논리와 추진력에 따른 일 '안'의 자연스러운 진행을 현저하게 방해할 가능성이 농후합니다. 일에 외적인 동기를 부여하면 오히려 일의 과정은 생략되고 일에 대한 집중이 흐트러지는 경우가 많습니다. 일 안에서 바라볼 때, 일에 대한 집중 또는 몰입 이외에 여타의 동기나 의미 부여는 그야말로 인위적이고 억지스러운 것일 뿐입니다. 앞서 살펴본 듀이의 '수단과 목적의 연결'의 진의(眞意)가 시사하는 바와 같이, 일은 일 자체의 논리에 따라 진행되어야 하며 그 안에는 이미 단계마다 다음의 일을 해야만 하는 동기가 들어있습니다. 일에 집중한다는 것은, 역동적으로 움직이는 일 안에서 원래 포함되어 있는 그러한 자체 추진력을 찾아가는 과정을 의미합니다. 이 과정에서 일과 행위 주체는 일체를 이루게 될 것이며, 일이 일을 평가해야지 일 밖에 있는 사람이 일을 평가해서는 안 됩니다. 일을 내재적 목적에 따라 제대로 해 본 경험이 있는 사람이라면 누구나 다 이 말의 뜻을 알고도 남을 것입니다.

지금까지 총괄평가 또는 결과 지향적 평가의 한계를 보완하기 위하여 여러 가지 새로운 평가 방법이 강구된 바 있습니다. 아마도 그중 대표적인 것이 '수행평가' 또는 '과정중심평가'일 것입니다. 요즘 들어서는 수행평가보다는 '과정중심평가'라는 용어가 더 포괄적으로 많이 쓰이고 있는 바, 과정중심평가는 그 명칭에도 드러난 바와 같이 일의 결과뿐만 아니라 일의 과정을 중시하는 수시

평가이고, 실제 상황에 가깝도록 구성한 참 평가이며, 비단 학습의 결과뿐만 아니라 지·정·의 모든 측면의 발달을 중시하는 전인적 평가라는 것입니다. 특히 비교적 최근에 2015개정 교육과정에서 강조한 바와 같이, 과정중심평가는 평가의 과정이 교수·학습 과정과 분리되지 않고 서로 통합되어 하나의 교육활동으로 이루어지는 데 주안점을 두고 있다고 합니다.

그러나 이상에서 고찰한 일의 내재적 측면에서 바라보면, 과정중심평가는 그 취지와는 달리 오히려 일의 성취를 더 방해할 뿐입니다. 역설적으로, 평가가 일의 과정에 밀착되면 될수록 일 그 자체의 논리나 자연스러운 진행을 매 순간마다 집요하게 방해하게 됩니다. 일은 일 그 자체의 내적 논리와 추진력에 따라 자연스럽게 진행되어야 합니다. 물론 직접 일을 해보기 전에 미리 알 수는 없는 것이지만, 일의 안에는 일의 단계 단계마다 다음의 일을 해야만 하는 동기가, 듀이 용어를 빌리자면, '목적이면서 동시에 수단'이 들어있습니다. 이에 반하여, 과정평가라는 미명(美名) 아래 일단 평가 기준이 '미리' 정해지고 일의 과정에 개입되기 시작하면, 일의 주체에게 의식적 대상이 된 평가는 항상 일의 '밖'에 존재하면서 일 그 자체의 논리에 따른, 일 '안'의 진행을 현저하게 저해하게 됩니다. 평가가 일의 '밖'에 존재할 때 일이 되어 가는 과정의 자연스러움은 깨지기 마련입니다. 바로 이러한 이유에서 과정중심평가는 일반 상식과 다르게 오히려, 일의 과정을 충분히 모두 지켜본 후에 마지막에 판단하는 총괄평가보다도 일에 더 나쁜 영향을 미칠 수 있습니다.

둘째, 평가는 일의 묵시적 측면을 배제합니다. '일의 묵시적 측면'

에서 고찰한 바와 같이, 일은 본질상 통합적인 성격을 띠고 있습니다. 이 점은 우리가 기존의 일을 익힐 때와, 새로운 일을 창출할 때에 모두 적용될 수 있습니다. 어떤 일의 숙달이나 창출은, 이미 행위 주체의 몸에 내면화하고 있는 보조식들이 기초가 되어, 명시적으로 분명하게 설명할 수 없는 어떤 암묵적인 과정을 거쳐 궁극적으로 하나의 통합된 초점식에 도달함으로써 가능해집니다. 이 경우 초점식은 항상 보조식들의 산술적인 합을 초월하여 성립하며, 때로 그것을 가능하게 해 준 보조식들로 환원시키려는 순간 그 통합은 산산조각이 나게 됩니다.

평가는 기본적으로 일의 순위를 매기기, 일 잘하는 사람의 선발, 일에 대한 책무성에 관계되는 것이기 때문에 무엇보다도 객관성이나 타당성에 구애받지 않을 수 없습니다. 그렇기 때문에 평가는 불가피하게 오로지, 이미 행위 주체가 몸에 지니고 있고 객관적인 낱낱의 보조식을 측정하는 데에만 매진하게 됩니다. 그럼으로써 평가는 처음부터 정작 중요한 초점식을 재는 과업에서 멀어질 수밖에 없습니다. 새로운 초점식을 이루어 내는 데 지대한 기여를 하는, 열정, 헌신, 태도, 소명, 몰입 등과 같은 인격적 측면은 묵시적이라는 이유에서 평가에서 당연히 배제됩니다. 예를 들어, 행위 주체의 일에 대한 열정이 창조적인 초점식을 완성하는 데 얼마나 도움을 주는지에 관한 것은 처음부터 평가 목록에 들어있지 않습니다.

근래에 수행평가라는 이름으로 총괄평가 전에 수업의 과정 중에 형성평가를 시행하고 있습니다. 그러나 그러한 수행평가는 참평가의 취지와는 달리 이미 주어져 있는 평가 항목에 따른 평가일 뿐입니다. 또 그 평가 항목에는 이미 알려진 관행적인 보조식과 관련된 것이 대부분입니다. 그러나 한편, 수행평가가 초점식을 고려하지 않고 오로지 보조식에만 관심을 두는 것은 결국 지금 잘 되어가고 있는 초점식을 깰 우려가 있습니다. 요컨대, 평가는 일의 묵시적 차원, 즉 '명시적인 보조식에서부터 초점식으로까지의 암묵적 통합'을 저해하거나 파괴하게 됩니다. 행위 주체가 일을 하는 과정 과정마다 평가의 척도나 기준을 항상 의식하다가 보면 몰입이 안 되고 초점식은 어디론가 사라지고 말 것입니다. 예를 들어, 만약 연극배우가 통합된 연기 그 자체에 몰두하지 않고 자꾸 평가의 대상이 되는, 의상과 분장의 됨됨이나 대사 암기 등의 보조식들에 신경을 쓸 경우, 초점식으로서의 명품 연기는 무대 위에서 구현될 수 없을 것입니다. 또 다른 한편으로, 어떤 분야에서든지 평가가 보조식에만 신경을 쓸 경우, 평가의 척도와 기준을 초월하여 성립하는, 오직 초점식으로만 설명되는 광대무변한 일의 탁월성은 사람들의 의식이나 포부에서 자취를 감출 우려가 있습니다. 평가는 기대와는 달리 초점식의 수준을 높이고 진작시키기보다는 오히려 일의 하향평준화를 부추기는 결과를 낳게 될 것입니다. 사람들은 대부분 평가받을 수 있는 수준과 범위까지만 일을 수행하려는 경향이 있기 때문입니다.

셋째, 평가는 일의 여가적 측면을 배려하지 못합니다. '일의 여가적 측면'에서 고찰한 바와 같이 여가는 일과 동일한 평면에 있는 것이 아니라 일과 직각을 이루며 교차합니다. 여가는 일의 속성인 사회적 기능을 초월하여 성립합니다. 일은 빈틈없이 꽉 짜인 수많은 톱니바퀴처럼 서로 기계적으로 제 기능을 다하도록 요구받습니다. 이러한 상황에서 일은 다른 일과의 관계에 있어서뿐만 아니라 그 일 자체적으로도 '수단과 목적의 관계'라는 사고방식에서 벗어날 수 없습니다. 그러나 여가는 단순한 일의 연장이나 부속물이 아니며, 수단과 목적의 관계에 대하여 직교를 이루는 '관조'에 기초하고 있습니다. 인간은 관조를 통해서 묵묵히 세계를 파악하면서 점차 전인을 향한 자신의 잠재 가능성을 실현해 나갈 수 있습니다. 그렇기 때문에 여가는 일처럼 그것에 들어가는 노력이나 수고로 그 가치가 설명될 수 없으며, 오히려 무상으로 주어지는 기쁨과 같은 은총에 해당합니다.

평가는 성격상 활동적 측면에서 일의 성패를 판단하는 데 적합한 도구입니다. 거기에는 이미 '수단과 목적의 관계'라는 관점이 하나의 기본 전제로서 들어 있습니다. 일반적으로 이제까지 이루어진 대부분의 평가는 '투입과 산출' 모형에 근거하고 있습니다. 그것은 어떤 일에 대하여 소정의 인력, 자본, 에너지, 노력 등을 투입했다면, 그것들에 상응하여 어느 정도의 일의 결과가 산출되는 것을 기대하는 것을 의미합니다. 평가는 이러한 기대를 가지고 일의 산출물에 근거하여 일의 성패 여부를 판단하거나 확인하는 일이 될 것입니다. 또 크게 보면 이러한 사고방식은 원인을 제공했으면 결과가 반드시 있어야 한다는 '인과론적(因果論的)' 사고방식에 닿아있습니다.

그러나 평가의 전제가 되는 이러한 사고방식에 묶이거나 고착되면 그 부작용 또한 적지 않습니다. 그것은, 수단과 목적의 관계에 비추어 일의 결과와 효율성에만 기계적으로 집착한 나머지, 일하는 과정 속에서 얼마든지 일어날 수 있는 일의 여가적 측면을 처음부터 배제하게 된다는 점입니다. 일에는 수단과 목적의 관계로 파악될 수 없는 풍부한 여가적 측면이 엄연히 존재합니다. 일의 결과와 그 산출물만이 강조될 때, 몸소 일하는 가운데 비로소 발견할 수 있는 일 자체의 논리와 추진력, 일의 행위 주체가 느끼는 보람이나 행복, 일하는 가운데 갑자기 생기게 된 깨달음이나 자기 성찰, 일이 행위 주체의 심성 함양이나 자아실현에 기여하는 정도, 일이 행위 주체의 전인적 발달에 주는 의의 등과 같은 일의 과정에 내재해 있는 풍부한 여가적 측면들이 간과되거나 생략되기 마련입니다. 요컨대 평가는 일의 활동적 측면에 대하여 직교적 위치에 있는 여가적 측면을 제대로 측정할 수 없습니다. 일의 여가적 측면을 담아낼 수 없는 평가는 그 쓰임새가 활동적 측면에 국한된 반쪽 도구에 불과합니다.

평가는 평가하는 사람의 철학이나 관점에 따라 평가 요소나 척도가 얼마든지 달라질 수 있습니다. 수단과 목적의 관계에 입각한 평가의 요소나 척도는 한편으로 일의 활동적 측면을 드러내 보여 주는 데 적합하지만, 다른 한편으로는 그러한 평가 요소나 척도에 포함되지 않는 항목이나 영역은 철저하게 배제하는 경향이 있습니다. 더군다나 수단과 목적의 관계에 입각한 평가의 요소나 척도는 당연히, 일의 과정에서 일어나는 예상치 못한 이벤트들보다는 일의 결과물이나 효율성에 초점이 맞추어져 있습니다. 그렇기 때문에 일단 한번 평가 작업이 마무리되고 나면 그것으로 끝일 뿐, 그 이후에 다시 그 일 자체 또는 일의 과정에서 일어난 일들을 다시 곱씹어 보거나 반성해 보는 것은 거의 기대하기 어렵습니다. 그러한 평가의 기준과 잣대에 의하여, 비록 빙산의 수면 위에 나타나 있지 않지만 보다 크고 중요한 일의 여가적 측면들은 영원히 수면 밑으로 점차 사라져 버리게 됩니다.

오로지 수단과 목적의 관계에 입각한 평가의 폐해는 단순히 여기에 그치지 않습니다. 수단과 목적의 관계에 입각한 평가는 그 의도와는 반대로 일의 내용 또는 진행 과정 자체를 왜곡시킬 수 있습니다. 이것은 도구로서의 평가가 거꾸로 일의 본질, 곧 일의 내용과 과정을 지배하는 어처구니없는 사태가 아닐 수 없습니다. 그것이야말로 일의 본질이 오히려 평가의 틀에 맞추어져 재단되는 기이한 현상입니다. 평가가 일에 따르는 것이 아니라 오히려 일의 성격을 변질시키는 격입니다. 비유하자면, 개가 꼬리를 흔드는 것이 아니라, 꼬리가 개를 흔들게 되는 격입니다. 요즘 우리나라 교육계에도 이러한 일이 벌어지고 있습니다. 수단과 목적의 관계에 입각한 평가의 항목이나 척도에 포함되지 않는 것을 배제하는 관행은 전체 교육과정이나 교육내용, 더 나아가서 수업활동 자체까지도 왜곡 내지 축소시키게 됩니다. 이 관행이 도를 넘어 심각해지면, 평가의 그물에 포착되는 것만이 오로지 교육과정이나 교육내용이 될 수 있다는 믿음을 사람들에게 심어 주게 됩니다. 평가가 그 몸통인 교육과정과 수업을 지배하는 심각한 현상을 낳게 됩니다. 이것은 전체 교육과정이나 교육내용, 그리고 수업활동이 거꾸로 평가의 틀과 논리에 맞추어야 하는 일종의 '전도본말(顚倒本末)'에 해당합니다. 평가를 의식하면서 교육활동을 하는 것도 문제가 심각한 것인데, 하물며 처음부터 평가 기준과 척도를 앞세우고 교육활동을 진행한다는 것은 더 이상 말할 나위 없을 것입니다.

최근에 국가수준에서 만들어진 현존 우리나라 교육과정의 바탕에는 위긴스와 맥타이(Wiggins & McTighe)가 주창한 '백워드 교육과정 (backward curriculum)'의 틀과 논리가 들어있습니다. 상세한 내용은 차치하고서라도 백워드 교육과정의 기본적인 틀과 논리는 결국 평가를 조준하고 있습니다. 그것에 따르면, 일반적인 교육과정의 순리에 역행하여 평가되어야 할 것을 복잡하게 선정한 다음, 그것을 교육과정 이행이나 수업활동 이전에 먼저 제시해 놓고 거기에 맞추어서 교육과정이나 교육내용을 선정하고 조직하며 수업을 진행해야 합니다. 2015년, 2022년에 고시된 우리나라 초·중·등 교육과정 내용 구조를 살펴보면, 제일 먼저, 평가되어야 할 '성취기준'이 제시되어 있고, 모든 내용 요소와 교수·학습 방법은 거기에 초점이 맞추어지게 되어 있습니다. 앞으로 계속하여 이러한 평가의 틀과 논리에 의거하여 기계적으로 교육과정이 만들어지고 수업활동이 진행될 때, 일의 여가적 측면, 곧 교육활동의 여가적 측면은 무의식적으로 배제될 것이며, 그러한 왜곡된 교육과정과 수업에 의존하는 우리나라 교육 자체 또한 어쩔 수 없이 심각한 손상을 입을 수밖에 없게 될 것입니다. 그러나 정말로 아쉬운 점은 그 손실을 손실로서 여길 수 없는 부족한 우리의 교육 안목입니다.

넷째, 평가는 일의 교육적 측면을 재는 데 한계가 있습니다. 넷째는 이상에서 이루어진 논의들을 종합하는 이 강의의 결론에 해당합니다. '일의 교육적 측면'에서 살펴본 바와 같이 인간은 일을 수행함으로써 단순히 유용한 목적을 달성하는 데 그치지 않고 자아의 성장 또는 실현을 추구해야 합니다. 그러나 이상에서 논의한 바와 같이 평가는 일의 내재적 측면, 묵시적 측면, 여가적 측면을 방해하거나 배제합니다. 먼저, 평가는 일의 '밖'에 존재하면서 일 그 자체의 논리와 추진력에 따른 일 '안'의 자연스러운 과정을 방해합니다. 다음으로, 평가는 일을 하는 과정에서 생기는, 명시적인 보조식에서부터 초점식에까지 이르는, 예상치 못한 수준의 암묵적 통합을 저해하거나 파괴하게 됩니다. 마지막으로, 평가는 수단과 목적의 관계에 입각하여 일의 결과와 효율성에만 집착한 나머지, 일하는 과정 속에서 생길 수 있는 발견의 희열, 관조의 기쁨, 지적 자유, 전인적 성장 등을 배제하게 됩니다. 그럼으로써 아이러니컬하게도 평가는 일반 사람들의 상식과 달리, 일의 교육적 측면, 즉 자아의 성장이나 실현을 진작시키기보다는 오히려 장애물로 작동하게 됩니다.

사람들은 이러한 평가의 한계점을, 평가를 더 정교하게 다듬음으로써, 예를 들면 평가의 방법이나 도구, 그리고 절차의 획기적인 개선을 통해서 해결할 수 있다고 믿을 수도 있습니다. 이제까지는 위에서 언급한 평가의 한계점이 모두에게 두드러지게 공감될 때마다, 그러한 믿음을 가지고 보다 평가 자체를 정교하게 가다듬는데 더욱 매진해 왔습니다. 그러나 그것은 결코 대안이 될 수 없음을 평가의 역사가 잘 대변해 주고 있습니다. 이미 과정중심평가, 수행평가, 백워드 교육과정의 틀과 논리에서 경험한 바와 같이, 평가의 방법이나 도구, 그리고 절차가 더 정교하게 교수·학습 활동에 더욱 밀착하여 간섭하게 될수록, 역설적으로 수업 중에 일어날 수 있는 무궁무진한 교육적 측면들은 더 억제되거나 무시될 수밖에 없었습니다. 요컨대, 평가가 일의 여러 측면들을 저해하게 되는 것은 평가 방법이나 도구, 그리고 절차상의 문제라기보다는 이상에서 고찰한 평가 자체가 지닌 본질적인 한계 때문입니다. 이것이 바로, 제가 본 강의의 결론으로 내세우고 싶은 명제입니다.

4.

한편, 학생들이 하는 공부, 곧 '학습'은 그 밖에 다른 일들과는 차원이 다른 아주 특별한 위치를 차지합니다. 학습은 일을 대상으로 하여 이루어지지만, 학습 그 자체 또한 분명 하나의 일이요 활동입니다. 학습은 내재적 측면, 묵시적 측면, 여가적 측면, 교육적 측면이 그 어느 일보다도 두드러진 활동입니다. 분명, 일이 가지는 '수단과 목적의 관계'의 측면을 최대한으로 억제하면서 일의 그러한 측면들을 가장 극대화시켜야 할 것이 바로 '학습'일 것입니다. 요컨대 학습은 다른 일에 비하여 '일의 교육적 측면'이 절대적으로 우위에 있는 활동입니다. 학습하는 데 있어서 일의 외적 결과나 유용성은 가능한 한 축소되고 일의 교육적 측면은 가능한 한 확대되어야 합니다. 그렇기 때문에 학습의 경우에는 그 결과의 파급력이나 성대함보다는 학습이 행위 주체의 심성 함양이나 자아실현에 얼마나 긍정적인 영향을 주었는지가 성공의 관건이 됩니다.

그러나 이상에서 살펴본 바와 같이, 수단과 목적의 관계에 입각한 평가에 집착하는 순간, 학습 또한 곧바로 기계적이고 상투적이며 또 직업적인 일에 가깝게 변질되고 맙니다. 우리나라 교육의 경우, 안타깝게도 오랫동안 평가 지상주의적 패러다임에 빠져서, 학습 자체의 과정과 흐름은 무시되고 그 결과와 성적만이 존중받는 풍조가 만연해 있습니다. '오직 평가받기 위해서 공부한다.'라는 가치관을 넘어서서 '시험에 나올 것만 공부한다.'라는 신조가 각 분야에서 자리 잡은 지 이미 오래되었습니다. 이러한 학습관은 학생 스스로가 자기 학습의 한계를 긋는 것입니다. 사실, 학생이 학습 그 자체의 논리와 흐름에 따라 학습을 계속해 나가다가 보면, 그 과정에서 자연스럽게 학습의 내재적, 묵시적, 여가적, 교육적 측면을 느끼고 깨닫게 될 것이며, 학습의 결과가 어느 수준에까지 도달할지는 본인을 포함하여 누구도 예측할 수 없을 것입니다. 달리 말하면, 그것은 학생이 학습의 '밖'에 존재하는 것들로부터 방해받지 않고 순수하게 학습의 과정 과정을 즐길 줄 알게 되는 것을 의미합니다.

최근 통계에 의하면 우리나라의 연간 노동시간은 OECD 국가 중에 거의 최고로 많은 반면에, 직업만족도는 거의 최하위에 포진해 있습니다. 특히 학습 면에서도 우리나라 학생들의 각 과목에서의 학업 성취도는 OECD 국가 중에 최상위권에 속하지만, 그들이 받는 학업 스트레스는 세계 1위라는 보고도 나와 있습니다. 우리나라 학생들은 다른 나라 학생들에 비하여 훨씬 많은 시간을 학습에 투자하고 나름대로 공부를 열심히 하고 있지만, 평가 위주의 학습으로 인하여 항상 조급하고 불안해하며, 학습의 과정 과정에서 내재적 행복이나 만족을 느끼지 못하고 있습니다. 이제 평가 위주의 교육으로 인하여 학습은 '여가(*schole*)'가 아닌, 기계적이고 상투적이며 직업적인 일처럼 늘 긴장과 고통과 경쟁만 있는 것이 되어 버렸습니다. 요즘 학생들은 서로 경쟁하고 다투면서 자신의 실존과는 무관한 '소외된 학습'을 하고 있습니다. 그들은 스스로가 학습과 하나가 되어 학습 '안'의 주인이 되지 못하고, 오로지 평가만을 위해서 공부하는 것처럼 항상 학습 '밖'에서 서성이면서 학습의 과정 내내 여유나 즐거움을 느낄 수 없으며, 발견이나 통찰의 기쁨, 자아의 각성, 전인성의 발현 등은 상상조차 하지 못하고 있습니다. 지금 이대로만 가다가는, 각 분야에서 평가를 초월하는 천재성을 기대하기 어렵게 되는 것은 물론이거니와, 노벨상 수상자는 더욱 요원해 보입니다. 바로 이러한 맥락에서 현재 OECD 국가 중에서 학생들의 학력이 최고 수준인 핀란드가 '학교교육에서 가급적 평가를 하지 말자!'라는 운동을 펴 온 것은 우리에게도 시사하는 바가 매우 큽니다. 예전에는 교육 후진국이었던 핀란드는 'No Test Movement'에서 교육개혁의 극적인 전기를 마련하였다고 합니다.

그렇다면 평가를 전혀 하지 않는 것이 대안이 될 수 있는가? 저는 그렇게 생각하지 않습니다. 저 역시 교사와 교수 직분을 수행하면서 거의 평생 학생들을 평가하는 일에 매진해 온 사람입니다. '교육과정 및 평가' 강좌도 여러 번 맡아 가르치기도 하고, 평가의 순기능도 누구 못지않게 잘 알고 강조해 왔습니다. 인간으로 살아가는 데 학습이 존재하고, 그 학습을 좀 더 잘하고자 하는 바람이 있는 한, 평가는 필수적인 것은 아니라고 하더라도 결코 억지로 하는 것만은 아닐 것입니다. 제 입장은 평가 자체를 완전히 부정하는 것이 아니라, 평가가 학습을 흔들지 말고 제자리를 찾아가야 한다는 것입니다. 다시 말하면, 평가가 학습에서 분리되어 학습 '밖'의 기준을 가지고 학습을 방해하지 말고, 학습의 '안'에서 이루어지는 학습 자체의 추이를 도와야 한다는 것을 의미합니다. 평가가 학습의 '안'에 있다는 것은 평가의 기준이 학습도 시작하기 전에 인위적으로, 또 객관적으로 외부에서 주어지는 것이 아니라, 학습을 열심히 하는 가운데 학습의 내부에서 자연스럽게 생겨나서, 학습의 과정 과정마다 그 잘됨과 못됨을 묵시적으로 판단해 줌으로써 일의 진척을 돕게 되는 것을 의미합니다. 일의 내재적 측면에서 설명드린 바와 같이, 학습은 학습 그 자체로만 고민되어야 합니다. 이때 학습자가 학습 활동 그 자체에 완전히 몰입되어 일체가 됨으로써, 학습 그 자체가 학습을 판단하고 평가하게 됩니다. 이러한 가운데, 학습이 자기 논리와 추진력을 가지고 저절로 앞으로 나아가며, 학습자 스스로도 그 학습이 어느 수준이나 경지에까지 도달할지 미리 가늠하거나 한정지을 수 없게 됩니다.

이렇게 되기 위해서는 사실상 학습 '밖'의 평가는 진정한 학습을 위하여, 다른 말로 학습 '안'의 평가를 위하여 최소한으로 절제되어 시행되어야 마땅합니다. 이홍우 교수의 주장대로, 만약 우리가 현재의 지배적인 교육과정 이론에서와 같이 교육과 평가를 밀착시키는, 이른바 '평가 위주의 교육'에서 벗어나서, 먼저 가르치고 나중에 그 결과를 평가한다는 교육의 정상적인 순서를 받아들인다면, 전인교육은 저절로 이루어지게 될 것입니다(이홍우, 1996: 10). 정상적으로 교육내용을 충실하게 가르치고 나중에 자연스럽게 평가해야 합니다. 이것은 평가가 학습에서 분리되지 않고, 학습의 '밖'이 아닌 그 '안'에 있어야 한다는 것을 함의하기도 합니다. 우리나라에는 '한국교육과정평가원'이라는 정부출연연구기관이 있습니다. 거기서 하는 일을 구체적으로 다는 모르겠지만, 핀란드 교육의 사례처럼 국가 수준에서 평가의 순기능과 함께 역기능을 고려하여 평가를, 학습 '안'의 평가를 방해하지 않는 방향으로 관리해 나가는 일에 중점을 두었으면 하는 바람을 가져봅니다.

제 10 강

통합교과는 왜 가르쳐야 하는가

1.

최근에 초등학교 통합교과가 전국 규모의 뉴스에서 크게 이슈화된 적이 있습니다. 초등학교 교육과정 자체를 모르는 일반 국민들은 좀 의아해하셨을 줄 믿습니다. 국가교육위원회에서 초등학교 〈즐거운 생활〉 교과에서 〈체육〉을 분리하여 따로 가르쳐야 한다고 판결을 내렸습니다. 시·도교육감들은 대체로 교육현장의 목소리를 반영하여 반대 입장을 표명하였습니다. 그럼에도 불구하고, 앞으로 〈즐거운 생활〉 교과는 〈음악〉과 〈미술〉만 남는 것으로 개정될 것으로 보입니다. 그러나 파장은 단순히 여기에 그칠 것으로 보이지 않습니다. 〈즐거운 생활〉은 물론, 다른 나머지 통합교과 〈바른 생활〉, 〈슬기로운 생활〉도 정체성이 심히 흔들릴 것으로 예상됩니다. 이와 관련된 논란이 이어지다가 보면, 누구 또는 어느 편의 잘잘못을 떠나서, '통합교과를 왜 가르쳐야 하는가'와 같은 통합교과 존재의 근본 이유에 대한 문제에 봉착하지 않을 수 없습니다.

저는 교육대학교에서 〈통합교과〉 강좌를 거의 30년 동안 예비 교사들에게 가르친 경력을 가지고 있습니다. 아직도 그에 대한 식견이 많이 부족하지만, 통합교과를 가르쳐야 하는 근본 이유에 대하여 수강생 여러 분들께 짧은 시간을 통해서 간략하게 설명드리고자 합니다. 물론 이것이 위의 논란에 직접적인 도움이 될지는 모르겠지만, 다른 사람은 몰라도 적어도 제 생각을 이 일을 계기로 스스로 조금 정리해 보는 의의가 있다고 사료됩니다. 비단 초·중·고등학교뿐만 아니라 대학에서 학생들에게 통합교과를 가르치는 근본적인 이유는 무엇일까요? '생각의 사이(김광규)'라는 관념시에서 그 이유를 엿볼 수 있습니다.

시인은 오로지 시만을 생각하고
정치가는 오로지 정치만을 생각하고
경제인은 오로지 경제만을 생각하고
근로자는 오로지 노동만을 생각하고
법관은 오로지 법만을 생각하고
군인은 오로지 전쟁만을 생각하고
기사는 오로지 공장만을 생각하고
농민은 오로지 농사만을 생각하고
관리는 오로지 관청만을 생각하고
학자는 오로지 학문만을 생각한다면

이 세상이 낙원이 될 것 같지만 사실은

시와 정치의 사이
정치와 경제의 사이

경제와 노동의 사이
노동과 법의 사이
법과 전쟁의 사이
전쟁과 공장의 사이
공장과 농사의 사이
농사와 관청의 사이
관청과 학문의 사이를
생각하는 사람이 없으면 다만

휴지와
권력과
돈과
착취와
형무소와
폐허와
공해와
농약과
억압과
통계가
남을 뿐이다.

김광규 시인은, 전문성이라는 미명 아래 칸막이 된 전문적 사고만 강조하는 현대 사회가 도덕적으로도 얼마나 위험한 것인가를 예리하게 지적하고 있습니다. 모든 도덕적, 사회적 문제는 결국 한쪽으로 치우친 일면적 관심에서 비롯됩니다. 디지털 정보화 사회가 가속화될수록 오히려 더, '시와 정치의 사이', '정치와 경제의 사이', '공장과 농사의 사이', 더 나아가서 '시와 정치와 경제와 공장과 농사 사이'를 생각할 줄 아는 사람, 곧 어느 한 사고나 영역에 국한되지 않고 여러 분야나 학문들의 사고를 넘나들 수 있는 통합된 마음을 지닌 사람이 절실하게 요청됩니다. 우리나라는 아직도 대학과 대학원에서 여러 학문적 배경을 가진 사람들을 폄하하고 있지만, 사실 역사적으로 소위 천재라는 사람들은 모두 여러 분야나 학문들 사이에서 경계적 사고를 할 수 있거나, 그것들 사이를 넘나들 수 있는 사고를 가진 이른바 '하이브리드(hybrid)' 인간형, 곧 통합교과형 인간이었습니다. 예를 들어, 세종대왕, 정약용, 레오나르도 다빈치(Leonardo de Vinci), 스티브 잡스(Steve Jobs) 모두 여기에 해당합니다. 사실, 창의성이라는 것도 결국 통합성에 기초한다는 것을 아는 사람 또한 그리 많지 않습니다. 비단 생물뿐만 아니라 사고의 진화에 있어서도 잡종이 보다 더 생존력이 강하고 창의성도 있는 법입니다.

인간의 마음은 그 작용의 측면이나 구성의 측면에서 신비 그 자체입니다. 외부 세계에서 모든 사물은 각각 개별적으로 따로따로 존재하는 것처럼 보입니다. 그러나 그것들이 마음 안에 통합되면 여러 개의 사물들이 서로 어떻게 연결되어 있는지를 알게 되고, 더 나아가서 그 여러 개 사이에서 어떤 본질을 깨닫게 됩니다. 이러한 방식으로 연결의 수가 점차 늘어나서 나중에는 수천 개의 사물들을 하나의 본질로 통합시킬 수 있게 됩니다. 이것이 가능한 것은 인간이 원래부터 가지고 있는 통합적인 본능이 있었기 때문이며, 이 통합적 본능에 의하여 인간은 지금 당장 부닥치고 있는 부분적이고 일시적인 급박한 삶에서 벗어날 수 있게 됩니다. 루트-번스타인(R. Root-Bernstein)은 그의 책 『생각의 탄생』에서 통합(unified understanding)을 인간이 할 수 있는 사고의 최종 결정판으로 인정한 바도 있습니다. 또 한편, 통합은 단순히 이성적 사고만이 아니라, 간단히 말해서 도덕적 측면, 정의적 측면과도 서로 영향을 주고받는 전인적 사고이며, 더 구체적으로 말하면, 몸과 마음, 정서, 의지, 신경, 느낌, 감각, 세포 등과 따로 분리될 수 없는 종합적 사고입니다. 바로 이 점에서 요즘 유행하는 A·I 사고와는 비교가 될 수 없을 정도로 그 영역이 광대하면서도 자유롭고 예민하고 섬세한 사고입니다. 요컨대, 통합은 어떤 일이 벌어질지 아무도 예측할 수 없는 인간 영혼 속에 숨겨진 비밀입니다.

2.

교육학에서는 이와 같은 통합된 마음을, 가장 이상적인 수준으로 소유한 사람을 전통적으로 '전인(全人, whole man)'이라고 불러왔습니다. 사람들은 으레 전인이라고 하면 지・덕・체가 조화된 인간 정도로 이해하고 마는 경우가 허다하지만, 피이퍼(J. Pieper)에 의하면, 전인은 개념상 '세계 전체를 내면화할 수 있는 용량을 가진 인간(*Homo-capax universi*)'을 의미합니다. 여기서 모두 다 설명할 수는 없겠지만, 이 정의의 핵심은 인간과 세계는 개념상 서로 무관한 관계가 아니라 포함하는 관계에 있고, 인간은 학습을 통해서 세계를 점차 통합함으로써 인격의 완성을 추구할 수 있게 되며, 그 궁극적인 경지는 바로 인간과 세계가 합일을 이루는 '전인(whole man)'이라는 데에 있습니다.

학습자에 의한 세계의 통합과 인격의 함양은 결코 별개의 문제가 아니며, 전인은 시대를 초월한 인류의 과제입니다. 통합교과는 이상에서 언급한 전인교육의 목적을 교과교육의 맥락에서 구현하기 위한 일련의 교육적 노력으로 보아야 합니다. 또한 이 교육적 노력은 무작정 여러 분야의 지식이나 교과들을 양적으로 많이 가르쳐야 함을 의미하지 않습니다. 이 점을 잘 보여주는 내용이 『論語』에 나옵니다.

> 공자가 말했다. "사야, 너는 내가 여러 가지를 두루 많이 배우고 그것을 암기하는 사람이라고 생각하느냐?" 제자가 대답했다. "네, 그렇지 않습니까?" 공자가 말했다. "아니다, 나는 하나의 이치로 모든 것을 꿰뚫어 이해한다."(子曰 賜也 女以予 爲多學而識之者與 對曰 然 非與 曰非也 予 一以慣之, 「論語」衛靈公)

공자가 말한 '일이관지(一以慣之)'는 통합교과 교육과정에 시사하는 바가 매우 큽니다. 두루두루 많이 배우고 암기만 하는 것이 아니라 꿰뚫어 하나로 통합하는 구심점은 바로 '전인'입니다. 학생의 마음 밖에서 여러 분야의 지식이나 교과내용들을 같이 합치거나 묶어서 가르친다고 해서 학생의 마음 안에서 무조건 그 부분들이 모여서 통합된 전체가 되는 것이 아닙니다. 그렇게 되기 위해서는 먼저 마음 전체가 모종의 특성을 띠고 있어야 하는데 그것이 바로 전인입니다. 그 전인을 기반으로 해서 부분적 지식이나 교과 내용들은 학생의 마음 밖에 있을 때와는 다른 새로운 성격을 띠게 되며, 또한 이 각각의 성격은 오직 전인의 의미 속에서만 의의를 가집니다. 요컨대, 통합이라는 말은 이미 그 의미 속에 부분들로 이루어진 통일체로서 전인이 있음을 함의하고 있으며, 전인 속에서 부분들이 전인의 특성에 따라 변형됩니다. 바로 이 점에서 통합교과와 전인교육은 따로 떼어서 생각할 문제가 결코 아닙니다.

오늘날 세상의 변화와 더불어 더욱 다양해지고 많아진 지식들 모두를 동일한 시기에, 또 한꺼번에 학생들에게 전달하는 것은 사실상 불가능할뿐더러, 설사 그것이 가능하다고 하더라도 별다른 큰 의미가 있다고 생각하지 않습니다. 따라서 먼저, 전인교육에 필수적으로 계속해서 요구되는 일정한 지식 내용이나 교과들을 선정한 다음, 또 그것들을 학생들의 연령과 수준에 따라, 초·중·고등학교와 학년별로 적절하게 조직하고 나눠서 가르치는 작업이 필요한 것입니다.

그러나 전인교육을 위한 교육과정은 여기에 그쳐서는 안 됩니다. 이러한 계획에 따라서, 현실적으로는 불가피하게 서로 다른 다양한 교과목을 통하여 다양한 시기에, 또 다양한 공간에서 또는 다양한 계기로 배우게 된 지식 또는 교과 내용들이 학생의 마음 안에 통합되어 전체적으로는 어떻게 무엇이 되는지에 대한 관심이 반드시 있어야만 합니다. 예를 들어, 〈국어〉 시간에 시를 가르치든지 〈수학〉 시간에 방정식을 가르치든지, 또는 〈음악〉 시간에 리코더 부는 법을 가르치든지 간에 그 내용과 기능이 교과의 칸막이를 넘어서서 한 사람의 전인을 양성하는 데 어떤 기여를 할 수 있는지 반드시 고려해야만 합니다. 또 다른 예로, 만약 전체 교육대학의 교육과정 중에 한 코스(course) 또는 강좌를 담당하는 강사라면 적어도, '지금 내가 가르치고 있는 교육내용이 그 자체에 머물지 않고 그 밖에 다른 강좌의 교육내용과 통합되어 미래에 초등교사가 될 수강생에게 어떤 도움을 줄 수 있는가'를 반드시 따져보아야 할 것입니다.

바로 이와 같이 이러한 관심, 곧 통합교과는 지식이나 교과들을 학생들에게 가르치는 맥락에 필연적으로 수반될 수밖에 없는 근본적인 문제의식입니다. 이 때문에 파이너(W. Pinar)는 통합교과를 교육과정 이론의 핵심으로 꼽은 바도 있습니다(Pinar, 2004: 2). 더 나아가서, 전인교육과의 관련성에 비추어 보면, 통합교과는 비단 교육과정 이론의 핵심적 위치를 차지할 뿐만 아니라, 교육 자체의 근본적인 문제의식일 수밖에 없습니다. 교육의 역사를 살펴보면, 동·서양을 막론하고 전인교육이라는 유일무이한 목적을 달성하기 위하여 수많은 선각자와 천재들이 별의별 통합교과 아이디어를 제시해 왔습니다.

먼저, 플라톤의 『국가론』(531d, 537c)을 살펴보면, 최고의 교과인 〈변증법〉을 배우기 위해서는 그 이전에 여러 교과들을 공부하면서 그것들 간의 관련성을 파악하여야 합니다. 또한 헤르바르트(J. F. Herbart)는 서로 분리되어 있는 교과들 간의 상관관계(correlation)를 중요시했을 뿐만 아니라, 더 나아가서 개별 교과들을 가르치는 궁극적인 목적을 도덕적 인간의 형성에서 찾았습니다. 한편, 미국의 통합교과의 역사에서 듀이(J. Dewey)가 주장한 '경험의 통합'이, '통합교과(curriculum integration)'라는 용어를 탄생시킨 진보주의 교육에 미친 지대한 영향 또한 주목할 필요가 있습니다. 어쩌면 진보주의자들조차도 그들이 창안한 통합교과 아이디어가 얼마나 엄청난 교육의 근본 문제를 건드리고 있는지 미처 몰랐을 가능성이 있습니다. 비록 통합교과라는 용어는 진보주의 교육과 더불어 현대에 생겨났지만, 그 아이디어에 담겨있는 의미는 위에서 조금 살펴본 바와 같이 교육의 역사와 늘 함께했던 핵심적인 문제의식이었을 뿐만 아니라, 앞으로도 교육의 성패를 좌우할 수 있는 아주 중요한 교육의 준거임을 의심치 않습니다.

다만 아쉬운 점은, 진보주의에서 비롯된 통합교과는 그 당시의 시대적 상황을 반영하여 기존의 교과들을 통합하여 가르치는 방법론적 조치 또는 교육과정 운영 방식과 같은 기능적인 차원에 지나치게 초점을 맞추어 이루어졌다는 것입니다. 이렇게 학생의 마음 밖의 문제에 치우친 결과, 보다 중요한 학생의 마음 안에서의 통합, 궁극적으로는 전인교육의 문제를 제대로 다루지 못했습니다. 이 점은 서양의 현대 통합교과 이론에 공통적으로 나타나는 현상이지만, 사실 통합교과 논의에서 전인교육이 빠지게 되면 그것은 속된 말로 '앙꼬 없는 찐빵'에 불과합니다. 진보주의 교육에서 강조한 통합교과는 몇몇 고비와 부침을 거치다가 'STEAM' 교육으로 다시 조명을 받게 됩니다. 물론 진보주의에서의 통합교과와 'STEAM' 교육 간에는 세월의 간극도 있을 뿐만 아니라, 그 영향 관계도 모호하지만, 오늘날 우리나라 교육에서도 대세로 자리를 잡은, 미국의 'STEAM' 교육과 관련된 '융합교육(conversion education)' 또한 진보주의와 마찬가지로 전인교육과는 애당초 거리가 멀어 보입니다. 기계공학을 중심(매개)으로 과학, 기술과 수학, 그리고 최근에는 예술 및 인문학을 접목함으로써 통합의 시너지를 극대화하려고 노력하고 있기는 하지만, 그들의 지식 피라미드에서 전인을 맨 꼭대기에 배치한 것 이외에 그 어떤 전인교육에 대한 언급이 없다는 점이 유감일 따름입니다.

우리나라의 경우 2015년 '창의융합인재' 교육과정이 잘 반영하고 있듯이 융합교육이 대세이기 때문에 오히려 통합교과가 융합교육에서 일부분을 차지하는 것으로 오해하는 사람들이 많습니다. 앞서 설명드린 바와 같이 통합교과는 그 역사가 오래되었을 뿐만 아니라 교육의 근본적인 문제의식입니다. 융합교육은 정말로 역사라고 할 것도 없으며, 그 시작도 미국 버지니아 공과대학원에 다니던 야크만(G. Yakeman)이라는 학생의 석사과정 논문에서 비롯되었으며, 거기에는 지금까지도 어떤 심각한 교육적 논의 자체가 없습니다. 전인교육 측면에서 보면 융합교육은 그 한계가 명확한데도 불구하고, 한때 교육으로 가는 모든 재원이 거의 그쪽으로 쏠린 적이 있었습니다. 우리나라에서 융합교육 개념을 설명하는 사람들은 통합교과를, 융합교육의 한 갈래 정도로 이해하면서 초등학교에만 적용되는 수준이 낮은 융합교육으로 치부하고 있습니다. 그러나 이상에서 설명한 관점에 비추어 보면, 오히려 융합교육이야말로 유구한 전통을 가진 통합교과의 거대한 우산 안에 있어야 하며, 전인교육에서 조금은 엇나간 교육 운동 내지는 이론이 아닌가 하는 걱정이 됩니다.

3.

한편, 그렇다면 과연 초등학교 1, 2학년 교육과정에서 가르치고 있는 〈바른 생활〉, 〈슬기로운 생활〉, 〈즐거운 생활〉은 저급한 융합교육의 한 형태 또는 양상으로 보아야 할까요? 아마도 전문성이나 유용성의 관점에서 보면 위의 3가지 통합교과는 수준이 낮을지 몰라도, 적어도 전인교육의 관점에서 보면 매우 중요한 통합교과임에 틀림이 없습니다. 비록 3가지 통합교과가 크게 보면 해방 후에 미국에서 수입된 진보주의 교육의 영향으로 1981년 제4차 교육과정에서부터 시작되었다고는 하지만, 지금까지 거의 반세기 동안 초등학교 교육과정의 핵심적인 특징으로 탄탄하게 자리매김되어왔습니다. 그 오랫동안 〈바른 생활〉, 〈슬기로운 생활〉, 〈즐거운 생활〉은 동일한 통합교과이면서도 각기 차별성을 가지고 전인교육에 이바지해 왔습니다. 저는 학습은 자아의 세계에 대한 관계맺음으로 설명될 수 있으며, 〈바른 생활〉, 〈슬기로운 생활〉, 〈즐거운 생활〉을 '자아와 세계의 관계 양상'의 관점에서 파악할 수 있다고 봅니다. 〈바른 생활〉은 '세계의 자아화 단계'로서 초등학교 저학년 학생이 합리적인 도덕을 배우기 이전에 기본적인 예절과 관례를 이유를 묻지도 따지지도 않고 몸으로 익힌다는 취지를 가지고 있고, 〈슬기로운 생활〉은 '자아와 세계의 교섭' 단계로서 초등학교 저학년 학생이 고차원적인 〈사회〉와 〈과학〉을 따로 분리하여 배우기 이전에 세계에 대하여 아동 본연의 탐구 활동을 진작시켜 준다는 취지를 가지며, 〈즐거운 생활〉은 '자아의 세계화' 단계로서 초등학교 저학년 학생이 예술적 표현 활동과 관련이 깊은

〈음악〉, 〈미술〉, 〈체육〉을 따로 분리하여 배우기 이전에 세계에 대하여 아동 본연의 원초적인 놀이 욕구를 충족시켜 준다는 취지를 가집니다.

이제까지 〈바른 생활〉, 〈슬기로운 생활〉, 〈즐거운 생활〉은 '추억의 국민 교과서'라고 불릴 정도로 일반 국민들 마음과 생활 속에 깊숙이 자리 잡고 있다고 해도 과언이 아닙니다. 오죽했으면 '슬기로운 의사생활', '슬기로운 병영생활', '바른 경제생활'이라는 제목들이 등장했겠습니까? 저는 특히 교과서를 수식하는 '바른', '슬기로운', '즐거운'이라는 형용사가 너무 좋습니다. 우리 인생도 바르고 슬기로우며 즐거우면, 말하자면 이 3가지가 한 가지도 빠짐없이 같이 있으면 얼마나 좋겠습니까? 그러나 현재 초등학교에 가보면 실지로 〈바른 생활〉, 〈슬기로운 생활〉, 〈즐거운 생활〉 교과서는 찾아볼 수 없습니다. 〈세계〉, 〈학교〉, 〈사람들〉, 〈탐험〉 등과 같이 모두 주제별 통합교과서로 바뀌었기 때문입니다. 교육과정의 껍데기만 남고 교과서는 형태를 알아볼 수 없을 만큼 바뀐 꼴입니다. 이 점에서 저는 2009년에 이루어진 통합교과 교육과정의 개정이 항상 마음에 걸립니다. 그때, 〈바른 생활〉, 〈슬기로운 생활〉, 〈즐거운 생활〉 교과가 주제별 교과서로 대치되었을 뿐만 아니라, 3가지 통합교과의 주제 또한 모두 통일되면서 위에서 제시한 3가지 통합교과의 차별성 있는 본연의 성격이 사라져 버렸기 때문입니다.

현재 초등학교 저학년에서 국가 단위에서 공통된 교과서를 가지고 통합교과 교육과정을 운영하는 나라는 전 세계적으로 우리나라가 유일한 것으로 알고 있으며, 또한 그러한 전통이 거의 반세기에 가깝게 유지되어 왔다는 것 자체가 대단한 업적입니다. 저는 이러한 훌륭한 교과의 전통을 멀리하고 초등학교 저학년에서부터 모든 과목을 분과로 가르친다는 것이 납득이 잘 안 됩니다. 각 분과교과들의 특정 내용과 관점들은 나중에 초등학교 고학년과 중·고등 교육과정을 통해서도 얼마든지 배울 수 있을지 몰라도, 분과교과를 초월하여 존재하면서, 동시에 이후의 모든 통합교과 전개의 기초가 되는 '자아와 세계의 원초적이고 직접적인 교섭'은 초등학교 저학년 시기에 반드시 체험될 필요가 있습니다. 요즘 초등학교 통합교과 〈즐거운 생활〉 교과에서 〈체육〉 교과가 분리되는 것과 관련하여, 비단 체육 전공 교수들뿐만 아니라 그 밖에 다른 전공 교수들도 저한테 "통합교과는 왜 가르쳐야 합니까?"라고 묻곤 합니다. 이때마다 기가 막혀 말문이 막히기도 하고 일일이 설명해 주기에는 너무 양이 많기도 해서 이 기회에 제 생각을 이상과 같이 정리해 보았습니다.

제 11 강

일과 여가, 그리고 교사의 삶

여가를 가져라. 그리하여 내가 하느님임을 알라

(『성경』, 시편 46장 10절).

1.

얼마 전에 집사람과 농담을 주고받은 적이 있습니다. 집사람이 일방적으로 정한 저희 집 모토는 '일하지 않는 자는 밥을 먹을 자격이 없다.'입니다. 맞벌이 부부인 저희 집은 주말에 일주일 동안 밀린 집안일들을 한꺼번에 몰아서 하는 경우가 많습니다. 집사람은 청소며 빨래며 집안일 하느라 바쁜데, 가끔 저는 갑자기 생각난 것들이 많아서 서재에서 책을 읽거나 글을 쓰는 경우가 더러 있습니다. 화가 난 집사람이 "당신 점심은 오늘 없어요."라고 위협할 때마다 저는 "지금 나는 공부하고 있어요."라고 항변을 하곤 합니다만, 집사람은 기다렸다는 듯이 "공부는 일이 아니에요."라고 더 이상의 저항을 못 하도록 단호하게 말합니다. 공부가 일이 아니라면, 도대체 공부는 무엇이란 말입니까?

미국 학교에서 사용되는 학습 교재 이름 중에 '*schola*(스콜라)'라는 명칭이 붙어있습니다. *schola*는 원래 라틴어이고, 그 어원은 희랍의 '*schole*(스콜레)'이며, 일반적으로 영어로는 'leisure', 그리고 우리말로는 '여가(餘暇)'로 번역될 수 있습니다. 그런데 스콜레가 여가로 번역되게 되면 큰 오해를 살 우려가 있습니다. 중세 철학자 피이퍼(J. Pieper)에 의하면 서구 기독교의 '관조적 삶(*vita contemplativa*)'은 아리스토텔레스의 스콜레 개념과 밀접하게 관련되어 있습니다. 저는 위에서 언급한 공부는 스콜레와 관련이 깊을 것이라는 가설을 가지고 있습니다. 사실, 여가와 스콜레 사이에는 의미상 커다란 간극이 있습니다. 이하의 논의에서 저는 피이퍼의 논의를 통해서 그 간극을 알아보고자 합니다. 일단 이하에서 쓰이는 여가는 별다른 설명이 없더라도 스콜레로 이해해 주시길 당부드립니다.

피이퍼는 그의 책 『여가(leisure)』(1952)에서 '관조(contemplation)'를 여가의 가장 핵심적인 의미요소로 파악한 바 있습니다. 예를 들어, 우리가 한 송이 장미를 바라보는 경우를 생각해 보면, 장미꽃의 색깔이나 모양을 볼 때 우리의 영혼은 수동적이고 수용적인 상태로 되는 것을 느낍니다. 물론, 우리는 분명한 의식을 가지고 있고 활동적인 상태에 있지만 의도적으로 주의력을 짜내지 않습니다. 우리는 그냥 장미를 바라봅니다. 여기서 '그냥 바라본다.'라는 것은 곧 '관조한다는 것'을 뜻하며, 이것은 헤아리고 재고 무게를 다는 '관찰하는 것'과는 다릅니다. 관찰은 긴장이 가미된 능동적 활동이며, 반면에, '관조한다'는 것은 우리의 두 눈을 열고 시야에 그 모습을 드러내는 것이면 무엇이든지 수용하는 것을 의미합니다. 이때 우리 눈에 보이는 사물은 우리 몸 안에 저절로 들어오며, 우리는 그것을 소유하겠다는 의도적인 노력을 하거나 긴장할 필요가 없습니다. 피이퍼에 의하면 비단 이상과 같이 감각적으로 사물을 파악할 때뿐만 아니라, 비물질적인 실재와 비가시적인 관계를 파악하는 데, 곧 이성적이고 사변적인 지식 추구에도 순전한 수용적 자세로서의 관조가 얼마든지 일어날 수 있습니다.

현대로 오면서 지식을 오로지 일의 결과로만 간주하는 경향이 보편화되고 있지만, 사실 인간의 지식에는 '활동이 아닌(non-activity)' 요소, 순전하게 수용적인 시각의 요소로서의 관조가 들어있습니다. 이 관조를 파악하는 데 있어서 중세의 '라티오(*ratio*)'와 '인텔렉투스(*intellectus*)'의 구분이 많은 도움이 됩니다. 피이퍼에 의하면, 라티오는 추론적, 논리적으로 사고하는 힘, 탐색하고 검사하는 힘, 추상하고 정의하고 결론을 도출하는 힘을 말합니다. 이에 비하여, 그 짝인 인텔렉투스는 '단순 직관(simple intuition)'의 능력이라는 의미에서의 특별한 이해를 가리켜서 부르는 이름입니다. 그것은 풍경이 눈에 들어오듯이 진리가 저절로 단순하고 순수한 시각에 들어오는 상태를 가리킵니다. 희랍과 중세의 사고방식에 의하면, 인간의 지식은 이 두 요소가 하나로 결합한 것, 라티오이면서 동시에 인텔렉투스이며, 지식 추구의 과정은 그 두 요소가 함께 작용하는 과정입니다. 추론적 사고는 노력이 필요 없는 인식, 곧 인텔렉투스라는 관조적 시각의 요소를 수반하고 있으며 그것에 싹으로서 잠재되어 있습니다. 이 '관조적 요소'는 지식 추구의 능동적(active) 요소가 아니라 수동적(passive) 요소, 또는 더 정확하게 말하자면 수용적 요소입니다. 만약에 그것이 영혼의 활동(the activity of the soul)이라고 한다면, 영혼이 보는 것이 그대로 생각이 되는 경우를 가리킵니다.

관조는 위 설명에서 인텔렉투스에 해당합니다. 오늘날 지식은 오로지 일의 산물인 것처럼 여겨지고 있지만, 사실 지식은 라티오와 인텔렉투스가 함께 만들어낸 것입니다. 다시 말하여, 인간의 지식에는 추론적 사고와 예지적 관조가 혼융되어 있습니다. 따라서 지식을 오로지 노동만의 소산(所産)으로 여기는 것은 전혀 바람직하지 않습니다. 비록 지식이 추론적 사고라는 힘든 노동을 거치지 않고 획득될 수 없다고 할지라도, 지식 안에는 노동으로만 설명될 수 없는 관조라는 본질적인 요소가 들어있다고 보아야 합니다. 피이퍼는 이 관계를 직교(直交)에 비유한 바 있습니다. 이 비유에 따르면, 라티오가 진행되는 방향을, 오른쪽에서 왼쪽으로 가는 실선(→)으로 표시한다면, 갑자기 생기는 인텔렉투스는 하늘에서 지상으로 떨어져서 그 실선과 순간적으로 만나는 점선(↓)으로 나타낼 수 있을 것입니다. 물론 이 비유는 양면성을 가지고 있습니다. 이것은, 한편으로 라티오와 인텔렉투스가 현실 속에서 떨어져 있지 않고 같이 있다는 점, 다른 한편으로 인텔렉투스는 라티오와 전혀 다른 차원의 문제라는 점을 동시에 시사합니다. 요컨대, 인텔렉투스는 동일한 차원에서 라티오의 연장이나 연속에 의하여 생겨날 수 없습니다.

더 나아가서 피이퍼는 라티오와 인텔렉투스의 직교적 관계를 '일과 여가의 관계'에 곧바로 이입시킵니다. 즉 라티오는 일에, 그리고 인텔렉투스는 여가에 이입시킬 수 있으며, 일과 여가는 라티오와 인텔렉투스의 관계처럼 서로 직교적 관계에 놓여 있다고 볼 수 있습니다. 위에서 고찰한 바와 같이 라티오는 머리를 쥐어짜내는 활동이라는 의미에서 일에 속한 것이며, 인텔렉투스는 여가의 가장 근원적인 의미라고 볼 수 있기 때문입니다. 또한, 피이퍼는 여가의 의미를 좀 더 분명하게 부각하기 위하여 일의 개념에 대비시켜 3가지 측면에서 분석하고 있습니다.

2.

첫째, 일은 활동(activity)을 절대적 이상으로 삼는다는 점에 비하여, 여가는 무활동(non-activity)의 태도, 내적 침잠의 태도, 침묵의 태도입니다. 즉 여가는 일로 인하여 분주하게 바쁜 것이 아니라 일이 되도록 내버려두는 것을 의미합니다. 여기서 말하는 침묵은 '입을 다물고 있는 것'이나 '소리를 내지 않는 것'이 아니라, 실재에 '응답하는' 영혼의 힘이 그 무엇의 방해도 받지 않고 남아 있다는 것을 의미합니다. 여가는 마음의 수용적 태도이자 관조의 태도이며, 창조된 세계 전체에 침잠하게 되는 기회일 뿐만 아니라 능력이기도 합니다. 요컨대 여가는 아무것도 하지 않지만, 무엇이든 할 수 있는 힘입니다.

이왕 얘기가 나온 김에 여기서 여가와 실재의 관계에 대한 설명을 잠깐 해 보겠습니다. 중세 스콜라주의자들은 실재(reality)는 인간의 마음에 수용되기 전까지는 미완성의 상태에 있으며 영혼의 수용적 활동으로서의 여가에 의하여 비로소 마음속에서 완성된다고 생각했습니다. 요컨대 실재는 여가의 전제(前提)이며 또한 여가를 통하여 비로소 완성되는 것입니다. 따라서 오늘날과 같이 여가를 논하면서 실재를 언급하지 않는 것은 기껏해야 피상적인 여가관이나 여가론에 머무를 수밖에 없습니다. 실재가 결여된 여가는 환상에 불과합니다. 여가는 어떤 활동을 몰입해서 수행하는 가운데, 번개가 치듯이 갑자기 일어나는 실재와의 조우(遭遇), 곧 하늘에서 수직으로 떨어지는 찰나의 깨달음이라고 할 수 있습니다. 존재론적으로 볼 때 여가는 지금 여기서 실재를 직접 만날 수 있는 유일한 기회이며 총체로서의 세계, 더 나아가서 우주의 신비에 들어갈 수 있는 오직 하나의 열린 문(門)에 비유될 수 있을 것입니다.

둘째, 일이 '수고(toil)'나 '노력(effort)'을 이상적인 기준으로 삼는 데에 반하여, 여가는 본질상 관조적 '찬양(celebration)'의 태도를 의미합니다. 이 찬양이라는 단어는 여가라는 말에 담긴 핵심적 의미에 닿아 있습니다. 찬양은 여가의 의미와 따로 떼어서 생각할 수 없을 정도로 밀접하게 짝을 이루고 있습니다. 여가는 오직 인간이 자기 자신의 진정한 본성에 동의하고 우주의 의미와 합일하는 삶을 산다는 전제하에서만 성립이 가능합니다. 반면에 여가(*schole*)의 반대에 위치하는 '게으름'—희랍어로, *acedia*, 영어로 sloth—은 그러한 동의를 거절하는 것에 해당합니다. 여가는 위와 같은 전제와 긍정에서 그 생명력을 이끌어 내게 됩니다.

긍정의 가장 고귀한 형식은 '축제(festival)'입니다. 찬양할 기회를 가진다는 것, 곧 축제는 우주가 근원적으로 풍부한 의미가 있음을 수긍하는 것, 그리고 우주와 내가 하나가 되는 느낌, 우주 안에 내가 포함되어 있다는 느낌이 드는 것을 의미합니다. 찬양 속에서 시시때때로 축제를 거행할 때, 인간은 일상의 세계와는 전혀 다른 차원의 세계를 경험하게 됩니다. 축제는 여가의 기원이요, 여가의 내적, 항상적(恒常的) 의미입니다. 여가는 본질상 찬양이기 때문에 단순한 '무노력'이 아니라 그 이상으로 노력의 정반대를 뜻합니다. 지식의 본질은 그것을 추구하는 노력에 있는 것이 아니라, 여가 속에서 눈에 보이는 사물을 파악하고 실재를 드러내는 데에 있습니다. 더군다나, 최고 수준의 도덕이 '수고스러움'을 모르는 것과 마찬가지로, 최고 수준의 지식 또한 '선물'처럼 인간에게 주어집니다. 갑자기 생기는 깨달음, 단 한 번에 이루어지는 천재성, 진정한 관조와 같은 것은 노력 없이, 수고 없이 오는 것입니다. 요컨대, 여가는 일의 본질이라고 할 수 있는 노력과 수고 없이 순식간에 위로부터 무상(無償)으로 주어지는 은총입니다.

셋째, 여가는 '사회적 기능'을 최우선으로 여기는 것과는 정반대되는 편에 서 있습니다. 오늘날 많은 사람은 '여가(餘暇)'를 휴식으로 생각하는 경향이 있습니다. 그러나 일을 하는 중에 주어지는 휴식 시간은, 그것이 한 시간이든 하루이든 일주일이든 상관없이 여전히 일의 세계 일부분일 뿐입니다. 그것은 실용적 기능의 연쇄, 예를 들어 수단과 목적의 끊임없는 연결에 있어서 연결 고리에 해당합니다. 잠시 쉬는 것은 일을 위해서이며, 일을 더 잘하기 위해서입니다. 휴식을 통해서 사람들은 일의 피로에서 벗어날 뿐만 아니라 일을 위한 활력을 얻습니다. 그러나 여가(스콜레)는 휴식과는 완전히 차원이 다른 문제입니다. 그것은 일과 동일한 차원에 있는 것이 아닙니다. 앞서 설명드린 바와 같이 그것은 일에 대하여 직교(直交)를 이루고 있습니다. 비록 활동적인 삶이 더 특별한 의미에서 적절한 인간적인 삶이라고 할지라도, 여가는 관조와 같은 것으로 '활동적인 삶(*vita activa*)'보다 더 높은 등급을 차지합니다. 직교의 의미에 비추어 볼 때 여가는 활동적인 삶이 이루어지는 시·공간과 떨어져 있지는 않지만, 그것을 초월하여 성립합니다.

피이퍼에 따르면 여가의 중요성과 정당화는 기능인이 그의 일을 한 치의 착오 없이, 또 실패도 없이 수행해야만 한다는 데 있는 것이 아니라, 그 일을 하는 동안 내내 '인간'으로서 존재하도록 한다는 데 있습니다. 이러한 의미에서 적어도 인간이라면 엄격하게 제한된 기능이라는, 명확하게 구획된 사회적 환경에 전적으로 함몰되지 말아야 합니다. 요컨대 인간은 세계를 '총체(wholeness)'로서 파악하는 능력, 총체에 도달할 운명을 지닌 존재로서의 그의 완전한 잠재력을 실현하는 능력을 간직해야만 한다는 것입니다. 총체는 인간이 추구하는 목적이기 때문에, 여가를 성취하려는 힘은 인간 영혼의 근본적인 힘 중의 하나입니다. 여가 속에서—물론 여가 속에서만은 아니지만 여가 속에서는 항상—진정한 인간의 가치는 보호받고 보존됩니다.

여가는 일요일 오후에 전원주택에서 쉬는 것과 같은 것이 아니라, 자유와 교육과 문화를 지켜주는 것, 그리고 세계를 부분 부분이 아닌 하나의 총체로서 바라볼 수 있는, 절대로 줄어들지 않는 인간성을 보전해 주는 것이라는 점을 명심해야만 합니다. 여가가 확보됨으로써 비로소 인간은 틀에 박힌 일의 단순한 기능인, 전문가, 노동자로 추락하는 일에서 벗어날 수 있게 됩니다. 이와 같이 피이퍼는 오로지 쓸모에 의해서만 평가받는 기능인과, 총체를 파악할 수 있는 인간을 서로 대비시키고 있습니다. 일의 세계를 특징짓는 인간형이 기능인이라면, 여가의 차원을 대변하는 인간형은 '전인(whole man)'이라는 것입니다.

이상에서 인간의 삶에서 차지하는 중요성에도 불구하고 오랜 세월 동안 잊혀왔던 여가의 의미를 되살려 보고자 애써 보았습니다. 모든 것이 일을 중심으로 돌아가는 오늘날에는 여가는 일에 대비시켜야만 어렴풋이나마 그 의미가 파악될 수 있습니다. 그러나 모든 일이 여가를 중심으로 이루어지던 희랍만 하더라도 정반대였습니다. 말하자면 일은 여가에 빗대어야만 비로소 이해될 수 있었다고 합니다. 아리스토텔레스는 『니코마코스 윤리학』(1177b)에서 '우리는 여가를 가지기 위하여 비여가(*a-scholia*) 상태에 있다.'라고 언급한 바 있습니다. 이때, '비여가 상태에 있다.'라는 표현은 우리가 인생에서 겪는 매일매일의 고역뿐만 아니라, 늘 하는 하찮은 일상의 일을 나타냅니다. 피이퍼에 의하면, 희랍인이 '비여가 상태에 있다.'라는 표현을 쓴 것은, 일을 뜻하는 희랍의 단어가 별도로 있음에도 불구하고 그렇게 한 것이 아니라, 희랍어에서는 일이 '비여가(*a-scholia*)'라는 부정형으로밖에 달리 표현될 수 없기 때문입니다. 라틴어의 '일(*neg-otium*)' 또한 이와 마찬가지입니다. 중세에서도 일을 뜻하는 단어가 별도로 존재하지 않았기 때문에 일은 여가(*otium*)의 부정형으로밖에 나타낼 수 없었습니다.

현대인들은 지금 일과 여가에 관한 삶의 가치가 거꾸로 뒤집힌 시대를 살고 있습니다. 그렇기 때문에 현대인들은 이제 아리스토텔레스가 말한 '모든 연령대의 사람들이 교육목적으로 지향했던 여가(『정치학』, 1333b)'를 '직관적으로' 이해할 수 없습니다. 오히려 여가의 부정형으로밖에 달리 표현될 수 없었던 '니고시에이션

(negotiation)'이나, 여가의 정반대 마음 상태인 '비즈니스(busyness)'를 삶의 이상으로 삼아 분주하게 살아가고 있습니다. 이하에서 저는 이제까지 발굴해 낸 여가의 의미에 비추어 이와 같이 가치의 본말이 전도된 시대에서 교사는 어떤 존재이며, 또 어떤 삶을 살아야 하는가를 알아보고자 합니다.

3.

역사적으로 볼 때 동서양을 막론하고 오로지 여가(스콜레)에만 종사하는 별도의 계층 또는 집단, 요즘으로 말하면 교사의 집단이 항상 존재해 왔습니다. 꿀벌의 군집 생활을 관찰한 연구 보고를 참고해 보면, 꿀벌의 군집 내 각각의 소임에 따라 일벌, 병정 벌, 여왕벌로 뚜렷하게 구별되는 집단이 각각 있으며, 각각의 역할과 비중이 균형을 맞추지 못하면 때로 군집 전체가 급격한 소멸의 위기를 겪게 된다고 합니다. 역사를 잠깐만 살펴보더라도 인류도 꿀벌의 군집처럼 일을 해서 사회를 먹여 살리는 집단과는 별도로 오로지 여가를 위한 집단을 끊임없이 제도적으로 양성해 왔음을 알 수 있습니다. 그것은 바로, 일반인들을 가르치는 위치에 있는 교사라는 집단입니다. 희랍의 자유민, 동양의 양반 등이 그러한 전형적인 계층 또는 집단에 속하며, 중세에는 특별히 그러한 집단을 가리켜 '여가인(man of leisure)' 또는 '학교인(schoolman)'이라고 불렀다고 합니다. 오늘날로 말하면, 그것은 대학교수를 포함하여 초·중·고등학교 교사 전체를 아울러 가리킨다고 볼 수 있습니다.

앞서 일과 여가의 직교적 관계에서 살펴본 바와 같이 일과 여가(스콜레)는 사실적으로 분리되어 있지 않음에도 불구하고, 인류는 여가를 중시하는 유구한 역사적 전통에 따라서 지금까지 그것들을 각각 상이한 계층에 각각 할당해 왔습니다. 그것은 애당초 분리되지 않는 것을 억지로 분리하려고 하는 일종의 '역설적인 조치'가 아닐 수 없습니다. 그러한 조치로 인하여, 한편으로 일상생활에 유용한 일을 전담하는 집단과, 다른 한편으로 이론적 공부 이외에 그 밖에 다른 삶이 존재할 수 없었던 집단이 각각 별도로 존재해 왔습니다.

물론 사회 계층의 구분이 없는 현대적 관점에서 보면 그 조치는 옳고 그름을 논하기 이전에 매우 비효율적인 것입니다. 실지로 사회적으로나 교육적으로 그 조치에 대하여 많은 비판이 이어진 것도 사실입니다. 그러나 이러한 역설적인 조치에 힘입어 여가의 세계와 인류의 인간됨이 지금까지 보존되어 내려온 것 또한 틀림없는 사실입니다. 아퀴나스에 의하면, 한 사회에 오로지 여가(스콜레)에 헌신하는 사람들이 존재한다는 것은 그 개인의 완성을 위해서나 그 사회가 완전해지기 위해서 꼭 필요한 것입니다. 교사 또한 한 사람의 생활인인 이상, 유용성을 추구하는 일상의 수단과 목적의 연쇄에서 전적으로 벗어날 수는 없을 것입니다. 그러나 한편, 교사는 결단코 수단과 목적의 관계가 지배하는 일의 세계에 함몰되어 살아가지 않습니다. 왜냐하면 교사는 공부하는 사람이기 때문입니다. 달리 말하면 교사는 여가와 따로 떼어서 생각할 수 없는 실재를 추구하는 사람, 곧 이론적 활동을 하는 사람이기 때문입니다. 요컨대 교사는 한편으로 불가피하게 수단과 목적의 연쇄에 입각하여 유용성을 추구하면서도, 다른 한편으로 이론적 활동을 통하여 실재를 추구해야 하는 패러독스적 상황에 놓여 있습니다. 교사는 생활인인 동시에 여가인(man of leisure)이기 때문에 현실 속에서 늘 고민하고 갈등할 수밖에 없는 것입니다. 더군다나 일과 여가에 관한 가치가 전도된 지금 이 시기에 교사가 여가인으로서 살아간다는 것이 얼마나 힘들지 충분히 공감할 수 있을 것입니다.

교사의 그러한 패러독스적 상황은 앞에서 다룬 바 있는 일과 여가에 대한 '직교(直交)'의 비유로 더 잘 설명될 수 있습니다. 교사라고 해서 일상생활을 지배하면서 시간이 가는 방향으로 거침없이 흘러가는 '수단과 목적의 연쇄'에 종속되지 않을 수는 없을 것입니다. 그러나 한편, 적어도 교직에 있는 한 교사는 그렇게 무자비하게 흐르는 유용성의 강물에 멈칫멈칫 말뚝을 박는 활동, 말하자면 흐르는 강물과 시·공간적으로 떨어져 있지는 않지만, 그것을 초월하여 성립하는 활동, 이른바 실재를 추구하는 이론적 활동(여가)을 운명적으로 하고 삽니다. 아마도 이러한 교사의 위치와 역할을 가장 잘 설명해 줄 수 있는 이론이 있다면 그것은 바로 '메타프락시스(meta-praxis)'일 것입니다. 이홍우 교수(2022: 43)에 의하면, 총체나 실재는 현상을 설명하기 전에 이미 주어진 것으로 받아들일 것이 아니라, 현상에서 인간의 행위 또는 실천—'프락시스'—에 의하여 비로소 확립됩니다. 이홍우 교수는 메타프락시스 개념을 수단과 목적의 관계가 지배하는 일상의 삶을 초월하여 성립하는 여타 학문적 활동, 특히 교육 내지는 교육학을 정당화하는 이론으로 원용하고 있습니다만, 저는 그것을 이상에서 다룬 여가와 관련하여 교사의 삶을 조명하는 데 사용하고자 합니다. 결론부터 먼저 제시하자면 교사는 학생들에게 가르치는 교과 내용을 자신의 구체적인 삶, 즉 자신의 행위(praxis)를 통해서 증명해 내야 하는 위치에 서 있다는 것입니다. 예를 들어, 도덕 교과에서 '효(孝)'를 가르친다고 하면 그것을 학생들에게 가장 잘 전달하는 유일한 방법은 교사 스스로가 효의 화신이 되어 효를 몸소 실천함으로써 그것을 입증하는 것입니다.

사람들은 일반 형이상학(meta-physics)의 전통적인 사고방식과 그 표현한계 때문에 총체나 실재는 마치 고정적이고 이미 완성된 실체처럼 여기는 경향이 있습니다. 그러나 위에서 잠시 언급한 바와 같이 스콜라주의(scholasticism) 존재론에 따르면, 총체나 실재는 인간의 마음에 수용되기 전까지는 미완의 상태에 있으며, 영혼의 수용적 활동으로서의 여가, 곧 관조에 의하여 비로소 마음속에서 완성됩니다. 저는 여가를, 일상의 삶 속에서 지나치게 한정적 활동과 고정적인 의미로 받아들여서는 안 된다고 늘 설명해 왔습니다. 실재를 만나는 여가는 꿈을 꾸는 무의식 가운데서도, 자신을 잊을 정도로 몰입해서 예술 활동을 하는 와중에도, 땀을 뻘뻘 흘리는 긴박한 스포츠 활동 중에도, 열심히 학생들을 가르치는 수업 활동 중에도 얼마든지 일어날 수 있습니다. 이와 같이 여가는 인간의 능동적인 활동 중에 찰나적으로 일어나는 마음의 수용적인 활동, 곧 '직교'로 설명될 수 있습니다. 더 나아가서, 직교의 의미로서의 여가는 결국 메타프락시스를 가리킵니다.

이상의 논의를 교사의 삶에 이입시키면, 직교의 의미로서 여가는 결국 교사의 메타프락시스를 의미합니다. 바로 이 점에서, 총체나 실재는 교사의 메타프락시스에 의하여 비로소 학생의 마음속에서 완성됩니다. 추상적인 교과의 형태로 표현되어 있던 총체나 실재는 교사의 구체적인 삶 또는 수업 행위, 곧 프락시스에 의하여 비로소 학생의 마음속에 완성됩니다. 일반 사람들은 항상 수단과 목적의 관계라는 편협한 관점에서 세상을 바라보고 써먹으며 부분적인 삶을 살아갈 수밖에 없지만, 교사는 '성찰적 실천가(reflective practitioner)'로서 그러한 삶 속에서도 늘 총체나 실재에 비추어 교과를 이해하고 자신의 삶을 견지해 나가려고 합니다. 오로지 유용성만을 추구하는 삶이 부분적으로, 일시적으로 아무리 화려한 업적을 거두고 진실인 듯 보여도, 총체나 실재에 미루어 볼 때 그것은 기껏해야 단지 '부분적 완전성'에 그칠 뿐입니다. 더 이상의 발전이나 확산을 기대할 수 없는 그것으로 끝입니다. 반면에 총체나 실재를 추구하는 삶은 부분적으로, 일시적으로는 비록 남루하고 부족해 보일지라도 '총체적 미완성'에 해당합니다. 지금 이 순간들이 모여서 미래의 어느 순간에는 총체나 실재를 완성할 수 있을 것이라는 위대한 약속 또는 굳건한 믿음이 거기에 잠재되어 있습니다.

매년 5월 1일 노동절만 되면 교수들은 '왜 우리는 노동절에 쉬지 않고 일을 하고 있는 거지?'라는 의구심을 가지곤 합니다. 이 질문은 결국, 서두에서 제기한 바 있는 '공부가 일이 아니라면, 도대체 공부는 무엇이란 말입니까?'와 동일 선상에 있다고 봅니다. 이상의 논의에 비추어 보면, 여가(스콜레)로서의 교사의 일과 삶은, 분명 일(노동, 활동)은 일인데 일의 논리만으로는 절대 설명이 안 되는 활동, 곧 애매하고 미묘한 좌표(직교)에 놓여 있습니다. 그렇기 때문에 교사의 일과 삶을 일반인들에게 명확하게 설명한다는 것은 이상의 처절한 논의에서 충분히 확인한 바와 같이 거의 불가능한 일에 가깝습니다. 앞서 언급한 '사회적 기능(social function)'에만 꽂히게 되면, 교직 또한 억지로, 의사, 기업가, 변호사, 엔지니어, 금융인, 군인, 연예인 등과 더불어 수많은 직업군의 동등한 한 영역으로 취급될 수 있을 것입니다. 그러나 여가(스콜레)에 비추어 보면, 교직은 기타 여러 직업군과 동일한 차원에 존재하는 직업군의 한 부분이 아니라, 기타 여러 직업군을 초월하여 존재하면서 그 모두에게 영향을 미치는 상층부 전체를 차지하는 직업으로 자리매김하여야 마땅합니다.

현대 사회에서 '전문직'이라는 용어는 대개, 일반인들이 절박한 상황에 부닥쳤을 때 그 문제에 관여하여 분명하게 해결해 줄 수 있는 엔지니어, 의사, 변호사 등의 직종을 가리킵니다. 만약 전문직이라는 용어를 이러한 의미로 해석한다면, 교직은 대다수 교사의 희망과는 달리 전문직이 결코 될 수 없습니다. 엔지니어나 의사나 변호사의 경우와는 달리, 교사의 일은 성격상, 현재의 절박한 사회적 필요와 일정한 거리를 두고 있을 뿐만 아니라, 가시적인 결과물을 단기간에 내기도 어렵습니다. 그러나 이제까지 여가를 통해서 확인된 교사의 일을 고려해 보면, 이러한 결론이 오히려 다행스러운 것일 수 있습니다. 교직은 세계의 특정한 부분에 관여하여 문제 사태를 해결하는 여러 전문 직종 중의 '하나'가 전혀 아닙니다. 그것은 여러 전문 직종과는 한 차원을 달리하는 일로서 세계 전체에 관여하여 총체로서의 마음을 지닌 인간, 곧 '전인'을 형성하는, 보통 사람으로서는 도저히 파악하기 어려운 아주 특별한 위치(勞力이 아닌 勞心, 『孟子』 勝文公章句 上4)를 차지합니다.

만약 이러한 의미에서 교직을 전문직이라고 부른다면 그것은 백번 타당할 것입니다.

『三國志』(方伎傳)를 읽어 본 사람들은 그 책에 나오는 '화타(華佗)'라는 이름을 가진 명의(名醫)에 관한 이야기를 기억할 것입니다. 사람들이 하나같이 화타의 의술을 칭송할 때마다 화타는 늘 자신의 두 형이 자기보다 뛰어난 의술을 가지고 있음을 적시합니다. 둘째 형은 병의 어떤 미세한 징후만 보아도 치료할 방도를 제시할 수 있을 정도로 의술이 뛰어나고, 첫째 형은 아예 병이 생기기도 전에 예방할 수 있을 정도로 명의인데도 불구하고, 사람들은 이미 도진 병을 수술하다시피 하여 고치는 화타 자신만을 칭송할 뿐, 두 형이 행한 인술의 위대함을 절실하게 느끼지 못한다는 내용의 이야기입니다. 교사의 일은 이 이야기에서 첫째 형이 행한 의술에 비유될 수 있습니다. 교사가 매일매일 하는 일은 여가를 통하여 총체로서의 마음을 형성하는 것에 관여되기 때문에, 사회 또는 국가 전체의 존립을 위해서 반드시 수 세대를 두고 미리 계획되어야 할 필수적인 일입니다. 그럼에도 불구하고, 교육을 총체로서의 마음의 세대 간 전수로서 파악할 원대한 안목이 없는 한, 평소에 교사가 하는 일에 대한 고마움을 절실히 느끼는 사람이 그리 많지 않은 사실은 어쩌면 당연할지 모릅니다.

제12강

'지금'의 교육학

1.

수십 년 전에 이탈리아에서 산레모 가요제가 열린 적이 있는데, 그 당시에 최고상을 받은 곡명이 '케 세라 세라(*Que sera sera*)'였습니다. 원래 이 노래는 1950년대에 미국 가수 도리스 데이(Doris Day)가 불러 히트했지만, 그 후에 이탈리아 출신 칸초네 가수 호세 펠리치아노(Hose Feliciano)가 불러 우리나라에서 더욱 크게 유행하게 되었습니다. 원래 '케 세라 세라'는 스페인어인데, 도리스 데이 노래에서는 영어로 'whatever will be, will be'로 되어 있습니다. 문자 그대로 직역하면, '무엇이든지 될 것은 되게 되어 있다.' 정도로 새길 수 있습니다. 그러나 우리나라에 넘어와서는 '될 대로 되라!'로 잘못 옮겨졌습니다. 말하자면, 그 번역은 기성세대에 반감을 품은 젊은이들에게 위안이 되는 '멋대로 살아라!'라는 의미로 받아들여져 오늘날까지 이어져 오고 있습니다.

이와 유사한 사례로, 수많은 사람의 카톡 좌우명으로 쓰이고 있는 '카르페 디엠(*carpe diem*)'이라는 말이 있습니다. 이것은 원래

호라티우스(Horatius)의 시 '오데즈(Odes)'에 나오는 말로, 직역하면 '오늘(하루)을 잡아라!', 의역하자면 '지금 이 순간에 충실하라!'라는 의미를 지닌 라틴어입니다. 그런데 영화 '죽은 시인의 사회'(1990)에서 존 키팅 선생이 학생들에게 이 말을 강조하면서부터, 대부분의 사람들에게 '현재를 즐겨라!'라는 의미로 받아들여지고 있습니다. 물론 넓은 의미로 그렇게 번역할 수도 있겠지만, '즐겨라'라는 말은 쓸데없이 많은 불필요한 오해를 불러일으킬 수 있습니다. 또한, 오역의 사례는 아니지만, '케 세라 세라', '카르페 디엠'과 비슷한 아프리카 격언으로 '하쿠나 마타타(*Hakuna Matata*)'라는 말이 있습니다. 이것은 영화 '라이온 킹'(1994)을 통해서 널리 알려졌지만, 대부분의 사람들은 그 문구가 사용되는 맥락은 대충 이해하고 있어도 정작 그것이 정확하게 무엇을 의미하는지 모릅니다. 그것은 케냐와 탄자니아의 공용어인 스와힐리어(Kiswahili)로 '문제없어.' 또는 '걱정하지 마.'라는 뜻을 가집니다. 동아프리카 지역에서 일상적으로 사용되는 이 말은 '미래에 대한 걱정을 삼가고 현재 이 순간을 놓치지 말라.'라는 메시지를 담고 있다는 점에서 '케 세라 세라', '카르페 디엠'과 동일선상에서 이해될 수 있습니다.

'케 세라 세라', '카르페 디엠', '하쿠나 마타타'는 주로 청자(聽者)가 어려운 상황에 있을 때 위안이 되라고 던져주는 문구로 사용됩니다. 그것은 마치 직면한 난관을 당장 헤쳐 나오게 할 수 있는 처방이나 기법처럼 여겨질 수 있습니다. 그러나 그것은 청자에게 시사하는 메시지가 매우 막연하고 모호하기 때문에 구체적인 상황에 대한 즉각적인 해결 방안이나 지침으로 보기에는 적지 않은 무리가 있습니다. 저는 그것들이 단순한 삶을 살아가는 구체적인 기술이나 방법이 아니라 심오한 철학이 밑바탕에 깔려있는 삶의 지혜 또는 삶에 대한 태도라고 생각합니다. 이하에서는 이러한 관점에서 그것들을 다시 한번 재해석해 보고자 합니다.

톨레(E. Tolle)는 그의 『지금의 힘』(2004)에서 다음과 같이 묻습니다. "당신은 '지금(now)'이 아닌 지점에서 일어나는 어떤 것을 경험하거나 생각하거나 느껴본 적이 있습니까? '지금'이 아닌 지점에서 무슨 일이 일어날 수 있을까요? 실지로 일어날 수 없지 않습니까?" 그에 의하면, 어떤 일도 과거 속에서 일어날 수 없습니다. 결국 과거의 일도 '지금' 속에서 일어난 것일 뿐입니다. '모든 역사는 지금 이 순간의 역사이다.'라는 말도 있지 않습니까? 지금도 옛날의 지금이 누적된 결과이기도 합니다. 이와 마찬가지로 어떤 일도 미래 속에서 일어날 수는 없습니다. 결국 미래 일도 '지금' 속에서 일어날 것입니다. 톨레가 말하는 '지금'의 힘은 무한대이지만, 무엇보다도 우리에게 가장 상식적으로 와닿는 것은, 지금 현재는 그래도 우리가 무엇인가를 할 수 있다는 점, 또는 무엇인가를 바꿔볼 수 있다는 점일 것입니다.

당연한 말이지만 과거에서 우리가 할 수 있는 일은 아무것도 없습니다. 사람들이 흔히 생각하는 과거는 상당한 정도로 불완전한 것입니다. 과거는 단순히 지나간 '지금'에 대한 기억의 흔적일 뿐입니다. 과거의 '지금'에 대한 관점과 기억력에 따라 과거는 얼마든지 달라질 수 있는 것입니다. 과거를 기억할 때 우리는 기억의 흔적들을 '지금'의 것으로 재가동시킵니다. 예를 들어, 부부 싸움을 할 경우에도 사람들은 불확실한 상대방의 과거까지 끌어와 별것도 아닌 현재의 싸움을 더 크게 확대시키는 잘못을 범하곤 합니다. 이 밖에도 불완전할 수밖에 없는 과거에 지나치게 얽매이면서 여실한 지금 현재를 희생시키는 사람들도 주변에서 많이 볼 수 있습니다. 그것은 지금 어떻게 할 수 없는 과거에 집착하면서 어떻게 할 수 있는 소중한 지금을 유예하거나 포기하는 정말로 어리석은 짓입니다.

한편, 우리나라 사람은 더 나은 미래를 위하여 현재를 과도하게 희생하는 경향이 있습니다. 오로지 미래를 위하여, 오늘도 누릴 수 있는 행복들을 마치 일수 도장을 찍듯이 꼬박꼬박 희생시키면서 살아갑니다. 미래에 대한 준비만 하다가 아까운 인생을 허비하는 사람들도 많습니다. 우리는 마치 늙으려고 사는 사람처럼 노후 준비만 하다가 생을 마감하는 예도 적지 않습니다. 우리가 생각하는 미래는 대개 실재(reality)가 아니라 지금 현재의 마음의 투사(投射)에 의하여 만들어지는 환영에 불과한 경우가 많습니다. 미래는 곧 상상 속의 현재입니다. 지금을 미래의 목적을 달성하기 위한 수단으로 삼는 일은 얼마나 부질없는 것입니까? 톨레의 말처럼 현재는 어떻게 해 볼 수 있지만, 미래는 어떻게 해 볼 수 없으며, 또 어떻게 해 볼 필요도 없습니다. 내일 당장 무슨 일이 일어날지 모르면서 그보다 먼 미래를 위하여 현재를 희생할 필요가 있을까요?

2.

그렇다면, 우리가 과거도 미래도 아닌 지금 현재에 충실하게 살 수 있는 방법은 무엇일까요? 톨레의 주장에 따르면, '지금(now)'만이 유일하게 존재하는 것이며 존재의 세계와 만날 수 있는 유일한 접점입니다. '지금'은 존재를 직접 보고 접촉하고 느낄 수 있는 유일무이한 '문(門)'이며, 이 문을 통해서 우리는 존재의 영역, 더 나아가서 신적 영역에까지 들어갈 수 있습니다. 즉 '지금'만이 피상적인 현실 세계에서만 의의가 있는 사고의 범위를 초월한, 시간도 없고 형태도 없는 존재의 세계에까지 우리를 인도(引導)해 줄 수 있습니다. 톨레는 지금을 '시간'이 아니라 '영원(eternity)'이라고 주장합니다. '지금'의 상실은 존재의 상실일 뿐만 아니라, 영원의 상실을 의미합니다. 지금 이 순간을 놓치면 곧 영원을 놓치는 것입니다. 바로 이 점에서 '지금'이 우리에게 절대적으로 중요한 것입니다. 그러나 한편, 지금 이 순간을 산다는 것은 결코 말처럼 간단하거나 쉬운 일이 아닙니다. '케 세라 세라', '카르페 디엠', '하쿠나 마타타'가 시사하는 '지금 이 순간에 충일하게 산다는 것'은 도대체 무엇을 어떻게 사는 것을 말하는 것입니까?

우리가 사는 삶의 시간은 한시도 멈춤이 없는 강물처럼 끊임없이 흘러가고 있는데, 여기서 '지금 이 순간'을 꼭 집어낸다는 것은 거의 불가능에 가깝습니다. 여행을 가서 사진을 찍는 것과 같이 딱 집어내는 순간, 그 순간은 이미 현재가 아닌 과거일 뿐입니다. 집어내기도 불가능한 와중에 지금 현재에 머문다고 하는 것은 도대체 무엇을 의미합니까? 톨레는 사실상 불가능해 보이는 현재의 순간에 머무는 방안 같지 않은 방안으로서, '내맡김'이라는 삶의 태도를 추천합니다. 지금 여기에 온전히 내맡기는 법을 배우라는 것입니다. 지금 현재 있는 것에 저항하지 않고 있는 그대로 받아들이라는 것입니다. 실재를 실지로 경험하는 유일한 장소가 '지금 당장(right now)'이기 때문에 내맡김은 지금 이 순간을 무조건 기꺼이 받아들이는 것을 의미합니다.

이 맥락에서 어쭙잖지만 이와 관련된 제 보잘것없는 경험 몇 가지를 소개해 보려고 합니다. 제가 생각하기에 저는 유달리 미래에 대한 걱정이 많고 그로 인한 스트레스를 많이 받는 편입니다. 저 자신을 위로해 보자면, 좀 머리가 좋고 예민한 사람들이 그렇습니다. 좀 오래 살다가 보니 그러한 제 성격 또는 편향이 모두 부질없음을 깨닫게 되는 경우가 너무 많습니다. 예를 들어, 미래의 건강에 대한 걱정을 아무리 많이 하고 치밀하게 대비한다고 해도 내 힘과 의지로는 도저히 막을 수 없는 병들을 수없이 겪었습니다. 또 병화(病禍) 중에도 빨리 나으려고 인위적으로 무진 애를 쓸 때보다는 오히려, 포기는 아니지만 약간의 여유를 가지고 마음을 누그러뜨리는 순간, 병이 회복되는 은총을 입곤 했습니다. 제가 특히 민감하게 반응하는 날씨의 변화도 그렇습니다. 젊었을 때는 덥고 춥고, 비 많이 오고 눈이 쌓이고 햇살이 뜨겁고 할 때마다 불만과 불평 늘어놓는 것이 제 일과였습니다. 그러다가 환갑이 지나서야 비로소, '날씨의 변화는 그냥 존재하는 것일 뿐이고, 거기에는 선악(善惡)이나 호불호(好不好)가 없다.'라는 것을 깨닫게 되었습니다. 날씨는 '원래 그렇게 존재하는 것(自然)'이고, 단지 내가 엉뚱하게 생각하고 투덜대고 불편해할 뿐이며, 날씨의 변화를 너무 거슬러 역행하지 말고 오히려 나 자신을 내맡기는 삶의 자세가 필요함을 절실하게 깨닫게 되었습니다.

제가 직접 잘 부르지는 못하지만 제일 좋아하는 팝송 중의 하나가 비틀즈(The Beatles)의 'Let it be'입니다. 그냥 들어도 명곡이지만 가사의 의미를 알고 들으면 더욱 좋습니다. 그중 일부만 번역해서 인용하자면, "내가 어려움에 처해 있을 때, 어머니 Mary가 내게 다가와 지혜의 말을 해 주시죠, 그냥 내버려둬라(Let it be)!" 저는 지금까지 살면서 어머니 Mary가 얘기해 주는 지혜의 말씀으로서 'Let it be'가 무슨 뜻인지 늘 궁금했습니다. 왜 그냥 내버려두라고 하시는지? 또 그냥 내버려두는 것은 어떻게 살라고 하는 것인지? '그냥 내버려두는 것', 줄여서 '내맡김'은 결코 체념이나 포기를 의미하지 않습니다. 또한 그것은 오늘날 '케 세라 세라', '카르페 디엠'이 곡해되는 것처럼 제멋대로 하는 것이나 대안이나 대책 없이 즐기고 노는 무책임과도 거리가 멉니다. 생활에서든 직장에서든 지금까지 해 오던 일을 곧바로 그만두라는 뜻은 절대 아닙니다. 어떤 일을 하든지 간에, 지금 이 순간 속으로 최대한 주의를 기울이고 그 어떤 이성적인 판단도 앞세우지 말아야 하며 그 순간에 존재하는 것을 있는 그대로 받아들여야 합니다. 행위자는 자신의 생각이나 의지를 무작정 관철시키려고 하지 말고 스스로를 비우고 오로지 존재하는 것의 흐름에 일의 진행을 내맡겨야 합니다. 요컨대, 내맡김은 완전한 몰입(immersion)이요 수용(receptiveness)입니다.

톨레는 다음과 같이 내맡김을 위한 구체적인 방안을 추천합니다. 톨레에 따르면, 비록 생활 속 일상의 소소한 일일지라도 그 일 하나하나에 최대한으로 주의를 집중함으로써 그 자체가 목적이 되도록 해야 합니다. 예를 들어, 계단을 오르고 내릴 때도 계단 하나하나에, 걸음을 옮겨놓는 동작 하나하나에, 들이쉬고 내쉬는 호흡 하나하나에 주의를 집중해야 합니다. 온전히 지금 이 순간에만 존재하라는 것입니다. 손을 씻을 때도 거기에 수반되는 모든 감각에 주의를 기울여 보시기 바랍니다. 물이 흐르는 소리와 물이 피부에 닿는 느낌, 손의 미세한 움직임, 비누의 특유한 향기 등을 놓치지 말아야 합니다. 이와 유사한 예로, "나는 설 때는 서 있다. 나는 앉아 있을 때는 앉아 있다. 나는 먹을 때는 먹고 있다."라는 석가모니로부터 내려오는 수행 전통이 있다고 합니다. 이상에서 설명드린 맥락을 모르면 좀 생뚱맞게 여겨질 수 있는 이 얘기 또한 '내맡김'의 삶의 태도를 우리에게 상기시켜 주고 있습니다. 그 유명한 틱낫한(Thich Nhat Hanh) 태국 스님은 단지 우유를 마실 때조차도 그 우유의 진정한 맛을 느끼기 위하여 마치 와인을 음미하듯이 반드시 입안 전체로 우유의 질감을 천천히 느끼고 나서야 우유를 삼킨다고 합니다.

이상에서 인간의 삶에 있어서 '지금(now)'의 힘 또는 중요성에 대하여 알아보았습니다. 그러나 사실, 지금은 실재를 만날 수 있는 유일한 순간이기는 하지만, 그 자체에 힘이 있는 것은 아닙니다. 그 힘은 오로지 지금에서만 만날 수 있는 '존재하는 것', 곧 실재(reality)의 힘에서 비롯된 것입니다. 물론 실재의 힘은 일상을 지배하는 수단과 목적의 연쇄에서 비롯되는 힘과는 차원이 다른 막강한 것입니다. '지금 이 순간을 살아라!'라는 당부, 그리고 '내맡김'의 지혜 모두 결국은 절대적으로 강력한 실재를 대하는 삶의 자세 또는 태도라고 말할 수 있을 것입니다. '카르페 디엠'에서 놓치지 말아야 할 것은 오로지 '지금'에만 대면할 수 있는 '실재(reality)'와 '실재의 움직임(自然)'일 것입니다. 실재와 관련지어 볼 때 '케 세라 세라' 또한 '제멋대로 살아라!'가 아니라, '어차피 될 일은 되게 되어 있으니 실재의 흐름(自然)에 모든 것을 내맡겨라.'라는 의미로 이해될 수 있을 것입니다. 우리가 어릴 때 많이 들었던 속어 '떼는 떼대로 간다.'도 좋게 해석하자면 바로 그러한 의미로 받아들일 수 있을 것입니다.

3.

또한 이 맥락에서 실재에 대한 삶의 태도와 관련하여 '여가(*schole*)'를 언급하지 않을 수 없습니다. 다른 장(章)에서 이미 설명해 드렸다시피, 여가는 단순한 시간적 짬(餘暇), 휴식, 유흥 등과는 차원을 달리하는 좁게는 '관조(contemplation)', 그리고 넓게는 관조적 삶의 태도까지를 의미합니다. 이때 관조의 짝은 실재입니다. 현대로 오면서 '실재(reality)'는 비단 철학자뿐만 아니라 일반인들에게도 거의 잊힌 용어입니다. 그럼에도 불구하고 아직도 예술, 학문, 그리고 직업 세계에서도 대가의 반열에 오른 장인들은 여전히 수단과 목적의 연쇄가 아닌 실재 자체에서 동력을 얻어 자신의 일을 묵묵히 수행하고 있습니다. 인간은 수단과 목적의 연쇄 그 이상으로 실재에서 벗어나서 살 수 없습니다. 왜냐하면 인간은 실재를 파악할 능력, 또는 실재를 추구하는 성향을 선천적으로 타고 태어났기 때문입니다. 오늘날 구름에 가려진 그 선천적 능력이 바로 실재를 파악할 수 있는 '관조'입니다. 관조는 관찰, 분석, 증명, 비교 등등처럼 활동적이고 의도적인 사고가 아니라, 위에서 조금 언급한 바와 같이 그러한 사고를 초월하여 어떠한 노력도 없이 사물이 드러내는 바 있는 그대로 수용하는 고차원적 능력입니다.

여가는 협의의 의미에서 이와 같은 존재론적 인식으로서 관조를 뜻합니다. 여기에 기초하여 '여가는 실재와의 찰나적 만남이다.'라고 정의할 수 있을 것입니다. 그렇기 때문에 실재가 결여된 여가는 결코 진정한 의미의 여가가 될 수 없습니다. 비유하자면, 여가에서 실재가 빠지게 되면 그것은 '앙꼬 없는 찐빵'에 해당합니다. 예를 들어, 여행을 다니면서 소확행(小確幸)이나마 실재를 깨닫거나 느끼지 못한다면 그것을 어찌 일상이 아닌 여행, 아니 여가라고 부를 수 있겠습니까? 물론 이 점은 비단 여행을 다닐 때뿐만 아니라 직장에서 일을 할 때, 그리고 일상의 일을 할 때도 그대로 적용될 수 있을 것입니다. 요컨대 어떤 일이든지 간에 여가가 결여된 일은 진정한 일이 될 수 없습니다.

여가는 어디까지나 정신적인 차원의 문제입니다. 여가의 핵심은 마른하늘에 번개가 갑자기 치듯이 지금 당장 순간적으로 일어나는 실재와의 조우(遭遇)입니다. 어떤 활동이든지 간에 그 일에 매진하는 가운데 당사자의 영혼 깊은 곳에서 순식간에 일어나는 통찰, 직관, 깨달음과 유사한 것입니다. 여가는 묵시적(黙示的)일 뿐만 아니라 그것을 경험한 당사자조차도 말로 명확하게 설명할 수도 없습니다. 그렇기 때문에, 일과는 별도로 일을 최우선시하는 삶의 태도가 존재하는 것과 마찬가지로, 여가 또한 관조가 일어나는 불꽃 튀는 그 순간과는 별도로 그것을 희구하는 삶의 태도 또는 자세로도 번역될 수 있을 것입니다. 이것은 일종의 '여가의 실체화(substantialization)'라고 볼 수 있겠죠. 그것은 보이지 않는 여가를 마치 시간과 공간을 차지하는 물체로 표현하는 것입니다. 이러한 실체화가 도를 넘게 되면 오늘날처럼 여가가 시간적 짬이나 유흥, 그리고 휴식 또는 휴가 정도로 변질될 우려도 없지 않습니다.

아무튼 광의의 의미에서 여가 또한 '지금(now)'처럼 실재에 대한 삶의 태도로 해석될 수 있습니다. 여가는 곧 '관조적 삶(*vita contemplativa*)'의 태도 또는 존재론적 삶의 지혜입니다. 여가는 과거나 미래가 아닌 오로지 지금 여기에서만 일어날 수 있습니다. 여가는 지금 여기서 실재를 만나기를 간절히 바라는, 인간이 할 수 있는 최대한의 경외심, 또는 진정성 있는 삶의 자세일 것입니다. 삶의 태도로서의 여가는 구체적으로 어떻게 살라는 이야기일까요? 희랍에서는 여가를 위하여 전쟁도 불사하고 허드렛일도 마다하지 않는 희생을 이야기하고 있습니다. 여가는 인식론적으로 수용적(receptive) 관조일 뿐만 아니라, 실제 삶 속에서도 '케 세라 세라'와 '렛 잇 비'처럼 모든 것을 실재와 실재의 움직임에 내맡기는 태도를 의미합니다. 우리는 흔히 어떤 일을 도모하다가 막혔을 때 '시간도 일을 하게 맡겨라!'라는 비유를 씁니다. 그러나 이 경우에 실지로 일을 하는 것은 시간이 아니라 실재와 실재의 움직임입니다. 한 예로, 저는 아침 출근 전에 늦었다 싶으면 면도기로 수염을 급하게 깎곤 합니다만, 마음만 바쁘고 손만 부지런히 움직였을 뿐이지 나중에 거울을 보면 안 깎인 부분들이 생각보다 많습니다. 모든 일에는 실재가 일을 할, 또는 실재가 움직일 시간적 여유가 있어야 합니다. 교육사에서 '자연(nature)'으로 돌아가라는 루소의 주장 또한 바로 이러한 맥락, 특히 '실재의 움직임(自然)'에서 충분히 이해될 수 있을 것입니다.

보통 실재가 일할 시간적 여유를 주기 위하여 '느리게 살아라!' 또는 '안단테(*andante*), 안단테!' 또는 '게으름의 찬양'을 권유하기도 합니다. 그런데 여기서 느림이나 안단테, 그리고 게으름은 단순히 물리적인 시간만을 문제 삼는 것이 아닙니다. 그것들은 어디까지나 비유적 의미로 받아들여야 합니다. 원관념은 자신의 욕망이나 명철(明哲)을 앞세우지 않고 오히려 실재, 또는 실재의 시간과 리듬에 따라 사는 것입니다. 조금은 느리게 여유를 가지고 살고, 때로는 속도를 멈출 줄 알며, 의미 있는 게으름을 피울 때 인간은 지금 여기서 실재를 느낄 수 있습니다. 또한 그렇게 할 때 비로소, 인간의 욕망이나 수단과 목적의 연쇄에서 오는 동력과는 전혀 차원이 다른 실재의 힘이 작동될 수 있습니다. 반면에 항상 수단과 목적의 연쇄만 고려하며 사는 사람은 마음도 몸도 늘 분주(奔走)하고 바빠서 실재와 자연을 그냥 지나치기 십상입니다. 비유컨대, 그는 우물에 와서 숭늉을 찾을 정도로 급하고 바쁜 사람입니다. 늘 수단과 목적만 생각하며 바쁜 사람은 감히 실재를 느낄 수 없을 뿐더러 실재의 지원과 은총도 기대하기 어려울 것입니다. 실재에 대한 인간의 최소한의 예의는 곧 기다림입니다.

인간의 욕망이나 수단과 목적의 연쇄에 따르는 사람들은 삶을 단지 소유의 대상으로만 여깁니다. 그렇기 때문에 그들은 소유하면 할수록 오히려 갈급하고 부족함을 느끼며, 다른 한편으로는 미래에 지금 소유하고 있는 것들이 없어질 것에 대한 걱정으로 늘 불안하게 살아갈 수밖에 없습니다. 말하자면 그것은 지금 이 순간을 살지 못하는 것, 또는 지금에 충실하지 못하는 것에 해당합니다. 저는 다음과 같은 어떤 이의 인생 좌우명을 우연한 기회에

듣고 적지 않게 놀란 적이 있습니다. '사랑과 행복을 전하며, 순간을 진심으로 사는 사람이 되자!' 결국 삶은 소유하는 것이 아니라, 지금 이 순간순간마다 존재하는 것입니다. 지금 이 순간에 나태하지 않고 깨어 있는 것입니다. 저 또한 먼 훗날에 소중한 추억이 될 지금 이 순간을 진실하게 살 것을 스스로 다짐해 봅니다.

4.

이제까지 논의한 것을 바탕으로 교육의 문제로 넘어가 보겠습니다. 영화 '죽은 시인의 사회'(1990)에서 존 키팅 선생님은 학생들에게 '카르페 디엠'을 가르치고자 하였습니다. 이 말을 단순히 '현재를 즐겨라'라는 뜻이 아닌, 이상에서 해석한 바와 같이 '지금 이 순간을 살아라' 또는 '지금 이 순간에 존재하라'라는 의미로 받아들인다면, 그것을 학생들에게 어떻게 가르칠 수 있을까요? 달리 말하면, '케 세라 세라'와 '렛 잇 비'처럼 모든 것을 실재와 실재의 움직임에 내맡기는 태도는 어떻게 학생들에게 가르칠 수 있습니까? 서두에서 언급한 바와 같이 '케 세라 세라', '카르페 디엠', '하쿠나 마타타'는 단순히 당장 직면한 난관을 헤쳐 나오게 할 수 있는 처방이나 기법이 아닙니다. 그것들의 바탕에 실재를 대하는 삶의 태도 또는 존재론적 삶의 지혜가 전제되어 있기 때문에, 이러한 삶의 태도나 지혜를 전수하는 데 있어서 거대한 패러다임의 근본적인 변화가 요구됩니다. 예를 들어, '수단과 목적의 연쇄'의 패러다임 대 '존재론적 삶의 태도'의 패러다임, 또는 '소유지향'의 패러다임

대 '존재지향'의 패러다임, 또는 '일'의 패러다임 대 '여가'의 패러다임 중에서 후자를 선택하고 그 큰 틀 안에서 각고의 노력을 기울여야 할 것입니다. 이러한 맥락의 연장선에서 학생들에게 '지금(now)'을 전수하는 일 또한 몇 개의 처세술이나 과목들을 가르친다고 달성되는 것이 아니라, 오랜 기간에 걸친 제대로 된 교육을 통하여 학생의 세계관을 근본적으로 변화시켜야 가능해질 수 있습니다.

한편, '지금 이 순간에 존재한다.', 또는 '지금 여기서 실재를 만난다.'라고 할 때 그것은 교육사에서 이슈가 된 적이 있었던, '언어주의(verbalism)' 교육에 반기를 든 극단적인 '실물교육(實物教育)'을 지향하는 뜻으로 이해해서는 안 됩니다. 어떤 시인들은 '교과서에 담긴 죽은 지식을 가르치느니 차라리 그 시간에 아이들을 운동장이나 학교 뒷산에 데리고 나가서 직접 나무도 만지고 느껴보고, 흙 속에 있는 곤충도 관찰하게 하는 것이 훨씬 낫겠다.'라는 낭만적인 제안을 하곤 합니다. 그러나 유치원 교육에 해당하는, 나무를 만지고 곤충을 직접 관찰하는 것만이 존재를 만나는 것은 절대 아닙니다. 그 경험들을 정규 수업시간에 가지고 와서 그와 관련된 다른 교육내용들과 연결시킨다든지, 실물이나 기초 개념들을 이론화시켜 보다 더 보편적인 생각으로 해석해 준다든지, 역으로 수업시간에 다루어야 할 교육내용의 이해를 돕기 위하여 그 예로서 나무도 만지게 하고 곤충을 관찰시켰다면, 교육적 효과는 배가되고 학생의 경험은 더욱 확장될 수 있었을 것입니다.

저는 수년 전에 『수업이란 무엇인가』(2019)라는 책을 낸 적이 있습니다. 그 당시에 교육에서 수업이 정말로 중요한 것인데, 그 개념이 제대로 규명도 안 되어 있었을 뿐더러 수업의 연구에 접근 방법도 극히 제한되어 있다는 생각을 가졌습니다. 솔직하게 말씀드려서, 위 책에서도 수업이 가지는 의의는 제대로 밝혀졌다고 보지 않습니다. 그런데 이상에서 논의한 '지금(now)'에 비추어 볼 때, '수업이 왜 중요한 것인지' 절실하게 깨닫게 됩니다. 엄밀하게 말하면 비단 〈역사〉 교과 내용뿐만 아니라 학교의 교과서에 담겨 있는 모든 내용은 과거에 벌어지거나 일어난 일입니다. 오늘날 평가가 거꾸로 교과 내용을 좌지우지하고 지배하는 것에 따른 부작용처럼 교과 내용 그 자체에 교조적으로 너무 집착하는 것은 교육적으로 전혀 바람직하지 않습니다. 한편, 미래에는 어떤 일이 벌어질지 아무도 모릅니다. 예컨대, 미래에 어떤 직업이 각광받고 또 어떤 직업이 사라질지는 단지 추측만 해 볼 수 있습니다. 불확실한 미래에 일어날 일들을 미리 예측해서, 교육적으로 정말 중요한 정규 학교의 교과 내용에 포함시키는 것처럼 무모하고 어리석은 일은 또다시 없을 것입니다. 오직 '지금'에서만이 교과 내용이 반영하고자 하는 실재를 직접 만날 수 있기 때문에 지금 당장 하고 있는 수업이 정말로 중요한 것입니다. 수업은 지금 여기서 교과 내용의 의미, 곧 실재를 드러내는 일입니다. 학생의 입장에서 보면, 수업은 존재를 직접 만날 수 있는 거의 유일한 기회라고 할 수 있습니다. 더 나아가서 학생은 지금 이 수업 시간에서 만난 실재의 경험을 결코 잊을 수 없게 될 것이며, 또 그 추억이 미래에도 학생의 학습을 계속하여 지속시켜 줄 수 있는 추진력이 되어 줄 것입니다.

불교에서 실재와 관련된 전래 비유가 있습니다. 부처님이 중생들에게 손가락으로 달을 보라고 가리키는데, 중생은 달, 원관념으로서의 부처님의 가르침 자체, 곧 실재는 보지 않고, 손가락, 곧 경전(經典)이나 겉치레 등에만 신경을 쓰는 것을 일갈(一喝)하는 비유입니다. 학교에 오래 다니다가 보면 전통적인 학교의 관례, 또는 '학교 놀이'라는 습관 등(손가락)에 얽매여서 오히려 학교의 본질 또는 학교교육의 목적이라고 할 수 있는 실재(달)를 망각하거나 간과하게 되는 경우가 많습니다. 사람들은 손가락이 달인 것처럼, 손가락을 신봉하는 것을 달을 보고 있는 것으로 착각하게 됩니다. 이 맥락에 어울리는 내용인지는 모르겠지만, 저는 일상의 삶을 살아가면서도 늘 지금 여기에 있는 것, 곧 존재를 신봉합니다. 어떤 경우에는 언어나 이성은 존재(being)를 받아들이고 느끼는 데 오히려 방해됩니다. 단적인 예로, 언어는 내 생각이나 감정을 여실하게 나타내는 데 있어서 여전히 불완전한 도구이며, 존재는 내가 이성적으로 그것을 어떻게 생각하는가와 상관없이 늘 거기에 그렇게 있을 뿐입니다.

저는 교재를 넘어서 실재를 가르치는 것이 교육의 근본이요, 절대 기준이라고 생각합니다. 또한 실재는 교육이 잘못된 방향으로 흘러가거나 무너져 내릴 때도 다시 딛고 일어날 수 있는 유일한 기반이라고 봅니다. 바로 이러한 의미에서 저는 교육에서 '백 투 더 리얼(Back to the Real)'을 강조하고 싶습니다. 이제 이와 관련하여 제가 생각하는 교육학 연구의 변천 과정을 얘기해 보겠습니다. 제가 대학에 입학해서 처음으로 배운 것은 '행동주의(behaviorism)' 교육학이었습니다. 이것은 이전까지 주먹구구식으로 해 오던 전통적인 교육활동을 과학적 사고에 근거하여 측정이 가능한 체계적 교육 행위로 탈바꿈시켜 주었습니다. 저는 지금까지도 우리 교육을 지배하고 있는 이 교육 사조를 '교육과학론'으로 명명해 봅니다. 그러나 행동주의 교육학에서 강조하는 '행동의 변화'는 위에서 부처님의 손가락 비유에서 고작해야 손가락의 움직임에 불과하다는 점에서 교육의 개념으로서 근본적인 한계가 있습니다. 마음의 변화를 수반하지 않은 외부적 행동에 대한 체계적 분석과 평가가 과연 전인교육적으로 무슨 의미가 있겠습니까?

인간 행동의 변화 이면에는 반드시 마음이 전제되어 있으며, 그 마음은 너무나 심오하고 복잡해서 '자극과 반응, 그리고 처치'라는 단순 논리로는 도저히 설명되지 않습니다. 교육적 변화를 설명할 때 보다 근원적이고 중요한 것은, 비록 묵시적(黙示的)인 것이겠지만, 마음의 변화 또는 마음의 움직임일 것입니다. 학습자가 외부 사물이나 세계를 어떻게 마음에 받아들이며, 또 그로 인하여 어떤 변화를 거듭하게 되는지가 관건일 것입니다. 이 문제에 대해서는 교육학이 사회과학으로서의 심리학이 아닌 철학으로서의 '인식론'의 도움을 받을 수 있을 것입니다. 이러한 종류의 연구들은 유한구 교수의 『교육인식론 서설』(1989)에서 원용하여 '교육인식론'이라고 부를 수 있을 것입니다. 더 나아가서, 교육에서 위 문제를 제대로 잘 규명할 수만 있다면 교육인식론이 역으로 철학의 인식론의 난제를 해명하는 데에 큰 도움을 줄 수 있을 것입니다.

한편, 저는 수십 년 동안 교육사태, 특히 수업에서 결부될 수밖에 없는 인식론적 문제들을 탐색해 나가는 가운데, 최근에 중요한 깨달음을 하나 얻게 되었습니다. 학습자가 사물이나 현상에 대하여 합리적인 이성을 가지고 어떻게 인식하든지 간에, 존재는 그것과 관계없이 거기에 그렇게 늘 있다는 것입니다. 요컨대, 교육인식론을 연구하다가 보면 그 끝 지점에서 존재에 관련된 논의, 곧 '교육존재론'을 만나지 않을 수 없을 것입니다. 저는 이와 관련하여 '교육존재론 서설'(2020)이라는 논문을 쓴 바도 있습니다. 존재야말로 지금 여기에 있는 것으로서 교육 사태나 활동을 보이지 않게 지탱해 주고 있는 가장 근본적인 토대이기 때문입니다. 교육존재론은 우리가 너무나 당연시하면서 지나치기 쉬운 그러한 토대를 드러내어 탐구하는 것을 목표로 삼아야 합니다.

앞서 살펴본 바와 같이, 여가는 존재론적 인식으로서 실재와의 찰나적 만남, 곧 관조를 의미합니다. 이때 이 만남은 인위적으로 만드는 것이 아니라 자연스럽게 이루어집니다. 존재는 본질적으로 인식하는 마음과 관련되어 있으며, 인간의 마음도 속성상 존재를 향하게 되어 있기 때문입니다. 따라서 관조는 관찰, 분석, 증명, 유추 등등처럼 대상을 의도적으로 구성하는 능동적인 사고가 아니라, 어떠한 노력도 기울이지 않고, 사물과 마음 사이에 원래부터 존재하는 그러한 상호공속(相互共屬)의 관계를 단지 실현해 주기만 하면 되는 수용적인 인식능력입니다. 중세 철학자들은 '사물의 진리'라는 말을, 마치 이미 다 알고 있는 상투어처럼 사용하였다고 합니다. 사물의 진리는 사물 그 자체에 이미 '그 누구에 대한 존재', 곧 인간의 마음에 의하여 인식됨이 들어있다는 것을 의미합니다. 이것은, 오늘날처럼 인식대상으로서의 사물과 인식주체로서의 마음이 객관과 주관으로 엄격히 분리되어 있어서, 인식주체로서의 마음이 얼마나 노력과 능력을 발휘하는가 여부에 따라 사물과 마음의 일치, 곧 '진리'가 결정된다고 보는 관점에서는 이해가 잘되지 않을 것입니다. 그러나 그러한 입장은 인간은 관조라는 실재를 파악할 능력을 선천적으로 타고 태어났다는 점을 간과한 소치에 불과합니다. 요컨대, 관조는 '실재와의 찰나적 만남', 곧 진리를 함의합니다.

저는 다른 저서나 논문에서 실재를 너무 정태적으로 해석하지 말고 인간의 구체적인 삶과 실천 행위와 관련지어 역동적으로 번역해야 한다고 주장한 바 있습니다. 결국 동일한 얘기겠지만, 관조도 그렇게 해야 합니다. 일반 철학의 관습적 표현으로, 관조는 '마음과 실재의 일치'라고 말하고 나면 더 이상 인간이 별로 할 일이 없는 것처럼 여겨집니다. 그러나 이상에 계속해서 강조해 온 것처럼 '지금'의 철학에 비추어 보면, 관조의 의미를 존재론적 인식으로 좁게 제한할 것이 아니라, 보다 더 폭넓게 그것에 관조적 삶의 태도, 더 나아가서 관조적 삶과 실천 행위까지를 포함해야 합니다. 관조는 꿈을 꾸는 무의식 가운데서도, 예술 활동에 몰입하는 중에도, 긴박한 스포츠 활동 중에도, 열심히 학생들을 가르치는 수업 활동 중에도 얼마든지 일어날 수 있습니다. 또 인류의 역사를 바꿔놓은 과학적 발견은 거의 모두 관조적 삶과 실천 행위에서 나옵니다. 열기구를 발명하여 인류 최초로 유인 비행을 성공시킨 사람은 몽골피에(Montgolfier) 형제입니다. 그들은 열기구 발명까지 수없이 시행착오를 겪으면서 거의 모든 것을 포기하고 내려놓으려는 순간에, 모닥불 근처에서 빈 봉투가 열을 받아 공중에 뜨는 것을 보고 열기구의 원리를 문득 깨달았다고 합니다.

실재는 고정된 것이나 소유의 대상이 아니라, 지금 이 순간마다 있는 것입니다. 우리가 지금 이 순간에 깨어서 실재를 만날 때, 다시 말해서 지금 이 순간을 진실하게 살 때 비로소 진리가 성립되는 것입니다. 교육학도 위에서 언급한 교육존재론에 머물지 말고 더 나아가서 이와 같은 진리관에 입각하여 '교육진리론'으로 나아가야 합니다. 앞서 부처님의 손가락 비유에서 과연 '관조'는 어디에 위치할까요? 부처님이 중생들에게 손가락으로 달을 보라고 가리켰을 때, 달은 부처님의 행적 그 자체, 곧 실재이고, 손가락은 실재가 아닌 허상을 의미한다면, 관조는 그냥 바라보는 행위만을 나타낼까요? 그렇지 않습니다. 관조는 부처님의 마음 안에서 이루어지는 실재와의 만남, 곧 '진리'를 의미합니다. 이것은 비단 부처님의 마음뿐만 아니라, 중생의 마음에서도 가능한 것이며, 우리는 이것을 더 일반적으로 심성 함양, 인격 도야라고 부를 수 있을 것입니다. 또한 진리는 결코 이미 주어져 있는 것이 아니라, 지금 이 순간마다 당사자의 삶의 태도와 실천 행위에 의하여 조금씩 메워지고 확립되어야 하는 것입니다.

제13강

임금과 사례는 어떻게 다른가

1.

우리는 일을 한 후에 그것에 상응하는 대가로서 돈을 받습니다. 그것을 임금(賃金)이라고 부르지요. 현대인의 일은 대개 임금의 많고 적음에 따라 가치가 매겨집니다. 임금의 의미에는 모든 일의 가치는 돈으로 환산될 수 있다는 거의 절대적인 믿음이 암암리에 들어 있습니다. 일의 가치를 돈으로 환산하는 습성은 비단 어른들에게만 있는 것은 아닙니다. 어린아이도 어깨 주무르는 일을 포함하여 자잘한 심부름을 할 때마다 그에 대한 보상으로 용돈을 달라고 조르는 경우가 많습니다. 수행한 일에 대한 대가로 돈을 준다는 '수단과 목적의 관계'는 인위적으로 가르치려고 하지 않아도 자본주의 사회에서 성장하다가 보면 자연스럽게 몸에 배게 되는 것 같습니다. 아니, 어쩌면 그 이상으로 그러한 DNA가 인간의 염색체에 각인되어 있는지도 모릅니다.

그렇다면 임금의 의미 이외에 돈이 존재할 수 있을까요? 오래전에 피이퍼(J. Pieper)의 『여가』(1952)라는 책에서 읽었는데 인간이 받는 돈에는 두 가지 종류가 있다는 것입니다. 이 두 가지는 바로 '임금(wage)'과 '사례(honorarium)'입니다. 얼핏 보면 둘 다 어떤 일에 대한 보상으로 받는 돈이라는 점에서 구분이 되지 않는 것 같지만, 사실 양자 사이에는 현격한 개념상의 차이가 존재한다고 합니다. 임금은 수행한 일에 대한 대가로서 그 일에 상응하는 만큼 주어지는 돈을 의미하며, 일마다 어느 정도의 상응하는 돈이 합당하다는 것은 관례나 계약으로 미리 정해져 있습니다. 반면에 사례는 수행한 일과 보상 사이에 면밀한 대응 관계가 애당초 있을 수 없으며, 그 일에 대해서는 어떤 물질적 보상도 '진정한' 보상이 될 수 없습니다.

예를 들어, 우리가 집의 막힌 하수구를 뚫기 위해 인부를 불러서 사후에 하수구 뚫는 일의 대가로 10만 원을 지급했다고 하면 그것은 임금에 해당하며, 택시 요금을 비롯하여 그 외에도 우리가 일상생활 속에서 내는 돈의 대부분은 직·간접적으로 임금과 관계될 것입니다. 물론 역으로, 월급이든 시급이든지 우리가 직장에서 하는 일의 대가로 받는 돈 또한 임금에 해당될 것입니다. 그것은 미리 정해진 계약이나 약속에 근거해서 '사후에' 주어지는 돈이지요.

2.

그러나 이 세상에는 수행한 일과 보상 사이에 면밀한 대응 관계가 애당초 있을 수 없는 일들이 의외로 많이 있습니다. 부모가 자식을 위해서 평생 헌신적으로 수행한 일이 그 대표적인 예일 것입니다. 단순히 양육으로 설명할 수 없는 그 엄청난 일에 면밀하게 대응되는 보상은 사실상 있을 수 없습니다. 교사가 학생들에게 새로운 정신세계를 열어주고 그들을 훌륭한 인격체로 인도하는 일 또한 그런 일에 속할 것입니다. 그러한 의미에서 독일의 발도르프(Waldorf) 학교에서는 지금도 교사가 받는 월급을 임금(賃金)이 아닌 사례(謝禮)라고 부른다고 합니다.

이 밖에도 사익이 아닌 공익을 위해서 애쓰는 공무원들이 받는 돈 또한 사례에 가깝다고 볼 수 있습니다. 신부, 수녀, 승려, 목사 등과 같은 종교인들이 세속인들에게 은혜를 베푸는 일에도 그에 상응하는 물질적 대가를 지급하는 것이 불가능합니다. 세속인의 입장에서는 개인적으로 헌금이라든지 공양의 형태로 정중하게 예를 갖추는 것밖에는 달리 할 일이 없을 것입니다. 그분들이 수행하는 일에 대하여 보상하는 것은 근원적으로 불가능하며, 단지 그분들의 최소한의 품위 유지를 지켜주기 위해서 제도적 차원에서 소정의 사례가 '사전에' 보장되어 있을 뿐입니다.

오늘날 임금과 사례의 구분이 사람들의 인식 속에서 뭉개어 없어진 지 이미 오래되었습니다. 사람이 하는 모든 일과 직업은 돈으로 환산될 수 있으며, 돈의 양에 따라 그 가치가 매겨질 수 있는 세상이 되었습니다. 우리가 공식적으로 받는 모든 돈은 결코 임금 이외의 것이 될 수 없습니다. 요즘은 이전에 당연히 사례라고 여겨지던 것도 임금으로 오인되고 있습니다. 비근한 예로, 심지어 교사들조차도 자신들에게 주어지는 돈을, '사전 보장(事前保障)'의 성격을 띠는 사례가 아니라 '사후 보상(事後報償)' 차원의 임금으로 여기는 우를 범하고 있습니다.

만약 임금과 사례의 차이가 이전처럼 존중되지 않는다면 과연 세상은 어떻게 될까요? 세상에 오로지 임금밖에 없게 된다면 그 사태는 개인적으로나 사회적으로 정말로 불행한 일이 아닐 수 없습니다. 왜냐하면 그것은 단순히 돈 문제에 그치는 것이 아니기 때문입니다. 그와 더불어, 위에서 사례의 예로 언급한 바 있는, 부모, 교사, 종교인 등등이 전통적으로 담당해 온 정신세계의 가치도 폄하될 우려가 있습니다. 단순히 돈으로 환산될 수 없는 총체적인 삶의 소중한 영역도 같이 무너져 없어질 것입니다. 그중에서도 특히 교육은 반드시 지켜내야 할 영역입니다. 교육이야말로 종교와 더불어, 누가 시키지 않아도 몸에 배게 되어 있는 수단과 목적의 관계에 맞서 거스르는 힘을 길러줄 수 있는 거의 유일한 영위이기 때문입니다.

제14강

교육환경과 교육상황의 차이

1.

우리는 교육 문제를 연구하거나 논의할 때마다 인간을 에워싸고 있는 '환경'의 중요성을 항상 강조합니다. 어떤 학생은 분명하게 집어낼 수 있는 좋은 환경의 영향을 받아서 공부를 잘해서 나중에 훌륭한 사람이 되었으나, 어떤 학생은 객관적으로 확정할 수 있는 좋지 않은 환경 요소 때문에 공부를 잘 못해서 사회의 낙오자가 될 수밖에 없었다는 식입니다. 우리가 '교육사회학'이라는 교육학의 한 분과를 배울 때도, '갈등론'에 속하는 이론들을 살펴보면 대개, 개인을 둘러싸고 있는 사회구조가 일방적으로 한 개인의 학습과 성장에 지대한 영향을 끼치고 궁극적으로는 인생의 성패까지도 결정한다는 논리를 펴고 있습니다. 또 그 결과는 당대에 그치지 않고 재생산되어 후세대의 운명도 좌우한다는 것입니다.

이 관점에서 보면 학교 제도, 학교에서 가르치는 교육 내용과 방법, 평가 척도 내지는 방식 등 모든 것이 특정 계급이나 계층의 이익을 대변하기 때문에, 노동자 계층이나 가난한 집안의 자녀들은 그러한 오염된 교육을 받음으로써 오히려 손해만 보게 된다는 것입니다. 이 관점은 교육이 후세대에게 이전 세대의 가치 있는 문화와 지식을 전수하고 현존하는 사회에 그들을 잘 적응시키는 기능을 수행한다고 하는 '기능론'과 전적으로 대비됩니다.

크게 보면 갈등론의 논리는 일종의 결정론에 가깝습니다. 교육을 포함하여 학생 주변의 외적 환경 요소들이 배우는 학생의 의도나 노력과 상관없이 학생의 성취와 미래를 결정한다는 것입니다. 저는 이러한 사회갈등론, 교육불평등론, 계급재생산론 등을 주로 1980년대에 배웠고, 한때 그것들에 심취하기도 하였습니다. 1970년대에 후세대를 잘 교육하기만 하면 무엇이든지 이룰 수 있다고 과장하는 '발전교육론'에 비하면 훨씬 더 교육 현실을 잘 반영하고 있다고 믿었습니다. 그러나 시간이 지날수록 그러한 결정론에 회의가 들기 시작했습니다.

위에서 거론한 이론들은 거의 대부분 1970년대 이전부터 사회적 갈등이나 불평등, 그리고 인종차별이 극심했던 미국, 영국, 남미, 아프리카 등에서 배태되어 생겨난 것으로 알고 있습니다. 우리 사회는 여러모로 위의 나라들과는 사회적, 역사적, 문화적 기반이 판이합니다. 갈등론적 입장의 예언과는 달리, 역동적인 사회 변화 속에서 집안이 어려운 학생들도 학교와 교육이라는 통로를 거쳐서 더 높은 사회적 지위와 부를 획득할 수 있는 기회를 얻을 수 있었습니다.

그 사례는 제가 직접 눈으로 지켜본 제 친구들의 성공을 제외하고도 무수히 많습니다. 어쩌면 과거의 갈등론은 몇 십 년 후인 지금처럼 부와 계층이 점점 고착되고, 집안이 어려운 학생들이 주어진 교육 기회를 쉽게 포기하고 있는 현재의 우리 사회구조에 정말 잘 들어맞는지 모릅니다. 또 한편 유감스럽게도, 저한테 갈등 이론들을 직접, 간접적으로 전수해 주신 분들의 면면을 가만히 살펴보면 대학 강단에서는 좌파 이론을 설파하시면서도 본인의 실제 삶과 태도는 오히려 본인들이 그토록 비판하는 자본주의에 함몰되어 있는 경우가 많았습니다. 요즘은 그런 부류의 사람을 가리켜 '강남 좌파'라고 부르기도 하더군요. 스스로는 자유 시장경제의 덕분에 잘 살아가면서도 항상 이론적으로는 사회주의를 희구하고 표방하는 사람들입니다.

2.

그럼에도 불구하고 요즘도 마찬가지로 많은 사람들이 그동안 배운 갈등론에 입각하여 교육 개혁의 방향을 교육 제도의 변화와 환경의 개선에만 두는 오류를 범하고 있습니다. 이제는 교육과 환경 요소들 간의 관계를 새롭게 바라볼 수 있는 패러다임의 변화가 정말 필요합니다. 이 맥락에서 약간은 연식이 있는 네덜란드 교육학자 랑에펠트(M. J. Langeveld)의 '환경(environment)' 대 '상황(situation)'이라는 개념 구분이 큰 도움을 줄 수 있습니다. 랑에펠트는 이상에서 문제가 된 '환경' 개념에 대비시켜 '상황'이라는 개념을 내세웁니다(Langeveld, 1968: 23).

환경과 상황의 차이는 무엇일까요? 먼저, 환경은 사전적 의미로 인간에게 반응을 일으키는 자극 요인 또는 변수들의 총체를 가리키며, 인간이 할 수 있는 자유의 한계를 보여줍니다. 환경 개념에 비추어 보면, 위에서도 언급한 바와 같이 객관적으로 파악될 수 있는 교육 환경이 일방적으로 학생의 성장과 삶에 지대한 영향을 끼치고 궁극적으로는 인생까지도 결정한다는 논리가 성립될 수 있습니다. 그러나 이러한 객관적이고 일방적인 논리에는 심각한 맹점이 존재합니다. 환경 측면으로 주어진 요소들은 마치 학생의 입장에서 어떻게 대처하거나 거역할 수 없는 고정된 변인이 절대 아닙니다. 학생이라는 주체는 환경의 영향을 수동적으로 받기만 하는 존재가 아니라, 환경에 능동적으로 관여 내지 참여하며, 더 나아가서는 역으로 환경을 자신에 맞게 바꿀 수도 있기 때문입니다.

랑에펠트(1968)는 이와 같이 학생이 능동적으로 환경과 더불어 상호작용하면서 심지어 환경에 영향을 미치는 측면까지 포괄할 수 있는 개념으로 '상황'이라는 용어를 도입합니다. 랑에펠트에 의하면, 상황은 단순히 인간의 행위를 제외하고 난, 어떤 변수나 관계들의 총체가 아니라, 인간의 행위를 절대적으로 포함하는 사건이나 사물 관계들의 총체를 의미합니다. 그렇기 때문에 상황은 객관적으로 정해질 수 있는 하나의 장면이나 상태 등과 같이 정적인 의미를 넘어서서, 인간의 행위가 적극적으로 개입되어 얼마든지 변화될 수 있는 동적인 의미를 지니고 있습니다. 요컨대, 상황은 인간의 행위를 전제로 한, 사전에 제약 같은 것이 없는 경험 가능성의 총체이며, 따라서 인간이 의지를 가지고 노력하기 나름인 열려 있는 사태입니다. 상황은 환경과 달리 항상 인간의 전인격적인 참여를 요구하며, 인간은 거기에 부응하여 참여하기로 결단하고 자신의 상황을 형성함으로써 자기 자신을 만들어 나가는 존재라고 볼 수 있습니다.

랑에펠트에 의하면 인간은 한편으로 세계로부터 현실적인 제약을 받으면서도, 다른 한편으로는 자기 의식적이고 창조적인 존재로서 스스로 의미를 추구하며 가치를 선택하고 실현함으로써 세계의 변화에 참여합니다. 이때 인간과 세계는 서로 대화적인 관계가 되며, 세계는 인간에게 사실적으로 주어져 있음과 동시에, 인간의 응답을 기다리는 열린 가능성의 영역일 뿐만 아니라, 그 끝을 미리 한정할 수 없는 미결(未決)의 영역입니다.

인간이 단순한 객체가 아닌 능동적인 주체로서 경험하는 상황의 종류는 수도 헤아릴 수 없을 정도로 다양하겠지만, 특히 교육이라는 상황, 줄여서 '교육상황'은 인간의 가장 근본적이고 전형적인 상황입니다. 왜냐하면, 인간은 단순히 교육상황의 수동적인 대상에 머물지 않고 교육상황에 전인격적으로 참여함으로써 오히려 상황 자체를 적극적으로 만들어 나가기 때문입니다. 흔히 교육은 교육하는 사람의 가르치는 행위만을 가리킨다고 생각합니다. 그러나 교육을 받는 학생의 입장에서 보면, 학생은 단순히 수동적으로 가르침을 받기만 하는 것이 아니라, 분명히 하나의 인격체로서 학습이라는 형태로 교육에 스스로 능동적으로 참여하고 있는 것입니다. 물론 학생은 교육과정과 교사의 교수 행위와 같은 교육상황에 많이 의존할 수밖에 없겠지만, 다른 한편으로 교육상황 또한, 애당초 학생의 참여나 협력 없이는 제대로 성사될 수 없는 영위입니다.

사람은 대부분, 비단 교육상황뿐만이 아니라 일반적인 상황에서 정작 자신은 빼고 계산하는 고약한 버릇이 있습니다. 예를 들어, 만원 버스가 막 출발하려는데, 간절하게 매달리는 한 손님을 기사가 태웠더니, 그 사람이 하는 첫마디가 "와, 사람이 많네!"라고 불평을 하는 것이었습니다. 또, 제가 고3 담임을 할 때였습니다. 반에서 대략 40등 하는 학생이 공부를 열심히 안 해서 상담을 했는데, 그 학생 하는 말이 어처구니없게도 "어차피 우리 반에서는 한 20등 정도밖에 대학에 못 가는 것으로 알고 있는데, 최선을 다해서 무엇 하겠느냐?"라는 것이었습니다. 또 다른 예로, 지금까지도 많은 교육학 연구가 교육 현상이나 문제를 다룰 때 '사람은 주어진 변인들에 일방적으로 영향 받고 한계가 지어지는 존재이다.'라는 전제를 암암리에 깔고 접근하고 있습니다. 요컨대, 아직도 여전히 교육 현상이나 문제를 교육상황이 아닌 교육환경으로 바라보고 있다는 의미이겠지요.

사실 연구자가 그런 안목을 가지고 변인들을 고려하는 과정의 순간순간에도 연구 대상으로서의 사람은 늘 조금씩 변모하고 있을 뿐만 아니라, 거꾸로 연구자의 행동이나 의도를 파악해 가면서 움직이는 경우도 많습니다. 인간은 태어나면서부터 상황의 성격을 띠는 세계와 역동적으로 교섭하면서 자신의 상황을 만들어 나갈 뿐만 아니라, 또 그렇게 하여 만들어진 상황에 의하여 영향이나 구속을 받습니다. 이때, 인간이 상황과 교섭하는 가장 전형적인 매개체는 '학습'이라고 생각합니다. 또한, 그 상황이 요즘처럼 아무리 복잡다단하고 제도적으로 경직되어 가고 있다고 하더라도, 학습은 누구에게도 평등합니다. 환경의 측면에서 아무리 유복하고 모든 여건이 갖추어졌다고 하더라도 그 자체가 해당 학생의 학업 성취를 보장해 줄 수는 없는 것입니다. 반면에, 부와 부의 대물림에 따라서 사회적 계층이 점점 공고화되어 가는 지금 어려운 상황 속에서도 학습을 잘하는 학생, 이른바 개천에서 용이 얼마든지 나올 수 있다고 저는 아직도 굳게 믿고 있습니다.

3.

교육의 현상이나 문제를 교육환경이 아닌 교육상황으로 파악해 볼 때, 우리나라의 교육학 연구 방법 역시 반성할 것이 너무 많습니다. 지금도 석·박사 논문을 포함하여 학회에 제출되는 투고 논문의 거의 80-90% 이상은 양적 연구인 것으로 알고 있습니다. 거기에 비하면 질적 연구라든지 문헌 연구는 가뭄에 콩 나듯이 구색만 겨우 맞추고 있습니다. 이러한 경향은 논문의 객관적 평가라는 핑계로 거의 반세기 이상 지속되어 왔습니다. 그간 대세를 이루어 온 전형적인 양적 연구들을 단순하게 도식화시켜 보면 다음과 같습니다. 표집 집단을 크게 A, B로 나눈 다음, A집단에는 C라는 행동적 처치를 가하고, B집단에는 아무런 조치를 하지 않은 채, 일정한 연구 기한을 둔 후에 A집단의 변화와 B집단의 변화를 비교하여 의미 있는 변화 정도를 양적으로 나타냅니다. 물론 좀 더 복잡한 연구는 집단의 수효도 늘릴 수 있을 것이고, 행동적 처치도 다양화할 수 있을 것이며, 행동적 처치 간의 관련성도 분석해 낼 수도 있을 것입니다. 더 나아가서, 여기서 대충 조야하게 묘사한 것보다 훨씬 많은 변수와 상관관계를 따져보는 복잡한 양적 연구들도 많습니다.

저는 교육학 연구법과 통계를 가르치는 친구에게 이런 솔직한 얘기를 들은 적이 있습니다. '사실 본인은 교육 또는 교육학은 잘 모르는데, 자신이 지닌 연구 방법의 틀에 집단과 변수만 교육 분야에서 채용하여 연구한다.'라는 것이었습니다. 이때 저는 교육 활동이나 현상을 연구하다가 거기에 맞는 연구 방법을 고려하는 것이 우선이 아닌가 하는 회의가 들었습니다. 이보다 양적 연구가 안고 있는 근본적인 문제는 '교육 활동이나 현상', 그리고 위의 예에서 '집단' 안에 '사람'이 포함되어 있다는 사실을 망각한다는 점입니다. 앞에서 교육상황을 설명하면서 지적한 바와 같이, 사람은 주어진 변인들에 일방적으로 영향 받고 한계가 지어지는 수동적인 연구 대상에 머물지 않고, 교육상황에 전인격적으로 참여함으로써 오히려 상황 자체를 적극적으로 만들어 나가는 존재입니다. 그렇기 때문에, 마치 자신은 교육상황의 밖에 존재하는 신(神)인 것처럼 연구자가 아무리 객관적으로 변인들을 처치하고 통제하더라도, 연구 대상으로서의 사람은 늘 연구 목적과는 다른 방향으로 나아갈 수 있을 뿐만 아니라, 거꾸로 연구자의 행동이나 의도를 파악해 가면서 움직이는 경우도 배제할 수 없습니다.

저는 단순한 교육환경이 아닌 교육상황을 고려하면 교육연구방법론 또한 그에 걸맞게 획기적으로 바뀌어야 한다고 생각합니다. 앞으로 교육환경이 아닌 교육상황을 전제로 한 교육학 연구와 연구방법론을 기대해 봅니다. 앞으로 교육상황을 전제로 한 어떤 연구방법이 새롭게 도입될 수 있을지는 모르겠지만, 적어도 거기에는 연구자와 그의 성향 및 성격 또한, 교육상황 밖의 절대적인 존재가 아니라 연구의 일부 또는 일환으로 반드시 포함되어 규명되어야 할 것이며, 이제까지 연구 대상이기만 했던 '사람'이라는 변수는 수동적이고 객관적인 존재가 아닌 능동적이고 주체적인 존재로 취급되어야 할 것입니다. 또 한편, 최근 들어 교육학 연구에서 문헌 연구가 점차 줄어드는 현실은 전혀 바람직하지 않습니다. 통계적으로 볼 때도, 문헌에 담겨있는 아이디어들은 연구자가 지금 당장 관심이 있는 문제에 대한, 일반 대중이 아닌, 인류 역사상 가장 머리가 좋은 사람의 의견들을 종적으로 모두 모아놓은 결과에 해당하는 아주 소중한 자료입니다. 이렇게 훌륭한 통계 자료를 제쳐두고 오로지 현시점에서 횡적으로 양화될 수 있는 소수 교육자와 관계자들의 의견만 중시하는 것은 치명적인 잘못이거나, 아니면 편파적인 연구 관행이 아닌가 하는 생각이 들 수밖에 없습니다.

제 15 강

교육의 역습

1.

아주 옛날 기원전 서양 문헌에 "요즘 아이들은 버릇이 너무 없어!"라는 문구가 새겨져 있다고 합니다. 아마도 이전 세대가 후세대를 못마땅해 하고 나무라는 일은 동서고금을 막론하고 역사적으로 늘 있었던 이야기일 것입니다. 그러나 이전에도 세대 간의 격차나 위화감이 화제가 된 적이 많았지만, 요즘처럼 심각성을 띠고 떠들썩하게 사회적 이슈가 된 적은 별로 없을 것입니다. 우리의 경우만 하더라도, 소위 MZ세대에 대한 논란이 끊이지 않고 있습니다. TV 예능 프로그램이나 온라인상의 짧은 동영상들을 보면 아주 기초적인 어휘나 상식이 없어서 당황하는 아이돌을 어렵지 않게 찾아볼 수 있고, 때로 사회적 유대보다는 개인주의적 성향을 우선시하면서 외로운 섬처럼 고립을 자초하는 MZ세대도 많다고 하며, MZ세대 직원들의 어이없는 행동거지와 예의 없음에 도저히 참을 수 없어서 아예 이직을 고려하고 있다는 X세대 매니저들의 고충을 자주 듣곤 합니다. 한편, 몇몇 기업 광고를 보면 MZ세대가

지닌 속성들을 거론하면서 도 넘는 칭찬을 일삼는 경우가 많습니다. 저는 이때마다 MZ세대가 무작정 그들을 부추기는 기업의 마케팅 작업에 희생양이 되지는 않을까 걱정이 앞서기도 합니다.

이와 같이 한편으로 MZ세대의 여러 행동 특성을 긍정적으로 바라보는 시각도 없지 않지만, 다른 한편으로 저는 평생 교육 현상을 연구한 교육학자로서 그것을 조심스럽게 일종의 '교육의 결여'로 진단해 봅니다. 어떤 이유에서인지는 거시적인 관점에서 본격적으로 연구해 보아야 하겠지만, MZ세대는 그동안 오랜 기간 마땅히 받아야 했을 교육의 세례를 받지 못한 공백에서 비롯되었다고 생각합니다. 아마도 그 공백은 하루아침에, 또는 불과 몇 년 사이에 생겨난 것은 아닐 것입니다. 적어도 몇 십 년 동안 서로를 탓하며 미루는 가운데 후세대의 교육을 제대로 돌보지 않은 것이 조금씩 누적되다가 점차 곪아서 비로소 막 밖으로 드러나기 시작한 것에 불과합니다. 물론 교육의 공백 사태는 전혀 우리에게 생소하지 않습니다. 비록 기간은 짧다면 짧겠지만, 코로나 시기에 우리는 심각한 교육의 공백 사태를 경험한 바 있습니다. 생명이 위협받고 정상적인 일상생활조차 불가능했던 시기에 비대면 수업이나마 시행된 것이 다행이라고 우리 스스로 위안을 삼을지도 모르겠지만, 그 당시에 제대로 교육받지 못한 부분들은 두고두고 후세대의 인격 형성에 대못 같은 부담으로 작용할 것입니다.

코로나 시기보다 훨씬 더 긴 세월 동안, 이웃, 학교, 국가, 글로벌 등 어떤 범주이든 간에 한 사람의 사회적 존재로서 전체 생활을 할 때 준수해야 할 규범이나 규칙들, 또는 손위 또는 아래 사람들과 원만하게 지낼 수 있게 만들어 주는 예절이나 교류 기술(skills),

당장에는 쓸모없을 수도 있고 시험에 출제되지는 않지만, 자아의 확장과 초월을 위하여 필수적으로 알아야만 할 세계에 대한 광범위한 지식, 지금의 자신을 보다 잘 아는 데 도움이 되는 인간 이해를 위한 인문학적 지식 등등과 같은, 강제적이든 아니든 이전 세대는 당연히 배웠던 것들, 통칭하여 '인류 공동의 전통적인 문화유산'이 MZ세대에게 결여되어 있다는 사실이 큰 충격이 아닐 수 없습니다. 그들은 대개 실존의 다양성과 현란함에 지나치게 매몰되는 경향을 보입니다. 예를 들어, 색다른 입맛을 돋우는 맛집을 찾아서 한나절 줄을 서는 것도 마다하지 않으며, 개인마다 취향이 다른 굿즈(goods)에 몇 달 내내 번 돈 전부를 바친다고 해도 전혀 이상하지 않습니다. 다만, 그들의 마음이 현재의 사물이나 현상의 복잡다단함과 변화무쌍함에 정도 이상으로 현혹되어 사물이나 현상의 보편성을 놓치게 됨으로써, 정작 자아의 단계적 성장을 위해서 절실한 보편적 존재들, 예컨대 삶의 목적, 이상(理想), 국가의 이념, 종교적 소명, 위대함, 위대한 것들에 대한 헌신, 열정 같은 것들을 외면하고 살지는 않을까? 하는 걱정이 생깁니다. 늘 부분적이고 일시적인 것들에 함몰되어 휘둘리며 살다가 총체적인 것, 그리고 끝이 있을 수 없는 영원한 것에 대한 소명, 열정, 헌신을 망각하지는 않을까? 하는 기우(杞憂)가 앞섭니다. 이상하게도 자아는 자기를 고집할수록 더 좁아지고, 자기를 탈피할수록 더 확장되는 성향이 있습니다.

그러나 저는 결코 본 강의의 목적을 MZ세대를 비난하는 데 두고 있지 않습니다. 오히려 그러한 현상을 빚어낸 책임은 MZ세대 당사자들뿐만 아니라 기성세대에도 있을 것이며, 저 또한 그 책임에서 절대로 자유로울 수 없기 때문입니다. 굳이 책임의 범위와 정도를 따지고자 한다면 과연 누구 책임이 더 클까요? 당연한 결론이겠지만 기성세대일 것입니다. 인간사(人間事)의 대부분이 그렇듯이 교육 또한, 교육을 받아 본 사람만이 교육의 의미와 그 중요성을 느낄 수 있게 됩니다. 아직 교육의 세계를 받지 못한 후세대, 아니 지금의 MZ세대들은 기성세대가 부족하다고 보는 것들을 진정성 있게 결여나 공백으로 느낄 수 없을 것이기 때문입니다. 아이러니컬하게도 그들이 미래에 그 결손을 결손으로 절실하게 수용할 수 있게 되는 일은 아마도 상당한 수준의 교육을 받은 후에나 가능해 질 것입니다.

2.

선현들은 인간의 교육에는 두 가지 차원이 있다고 말합니다. 하나는 '개인적 차원의 교육'이고, 다른 하나는 '종족적(種族的) 차원의 교육'입니다. 먼저, 개인적 차원의 교육은 한 개인이 시간적 계열을 따라 자신의 욕망을 실현하기 위하여 받게 되는 교육을 의미합니다. 거기에는 '이 공부가 나한테 얼마나 이익이 될 것인가, 이 공부는 장차 어디에 써먹을 수 있을까, 이 공부를 하면 좋은 학교에 진학할 수 있고, 이어서 출세 가도를 달릴 수 있는가?'와 같은 생각이 밑바탕에 전제되어 있습니다.

한편, 종족적 차원의 교육은 '인류'라고 하는 거대한 한 공동체 또는 종족(種族)이 이제까지 해 왔고 지금도 하고 있으며 앞으로도 해야만 할 교육을 가리킵니다. 여기서 말하는 인류는 유사 이래로 지금까지 살아온 사람들, 그리고 앞으로 살아갈 우리 후손을 통칭하는 개념입니다. 이 개념은 추상적인 것이 아니라, 인류 역사상 실존했던 구체적인 인물, 소크라테스, 공자, 칸트, 세종대왕, 레오나르도 다빈치, 정약용, 스티브 잡스, '나', 미래의 후세대 하나하나를 모두 포괄하는 것입니다. 이러한 관점에서 볼 때 교육은 한 세대에서 다음 세대로 이어지는 종족적 수준에서의 인간 영위입니다. 거기에는 '인류가 추구해야만 하는 삶의 이상과 목표는 무엇인가, 인류가 살아가는 데 필수 불가결한 도덕과 인간성은 무엇인가, 다음 세대에 전수해 줄 만한 가치가 있는 정신적 유산이나 지식은 무엇인가, 인류에게 반드시 필요한 제도와 지혜로운 운용 방법은 무엇인가'와 같은 문제의식이 깔려있습니다. 이와 같이 여기에는 개인의 욕망 추구나 수단과 목적의 관계와는 전혀 차원이 다른, 공적 교육적 과제, 그리고 이해관계에서 비롯되는 것과는 전혀 차원이 다른, 존재 그 자체에서 나오는 추진력이 포함되어 있습니다. 세상은 사람들 간의 이해관계에 의해서 충분히 돌아갈 것 같지만, 사실 삶의 목적, 이상(理想), 국가의 이념, 종교적 소명, 위대함, 위대한 것들에 대한 헌신, 열정 같은 것들과 같이 명시적으로 드러내어 가르칠 수 없는 것에 의존해서 지금까지 존재해 왔다는 점을 결코 잊어서는 안 될 것입니다.

개인적 차원의 교육은 그 당사자가 생물학적으로 죽으면 자연스럽게 끝나게 되지만, 인류라는 종족 전체를 두고 볼 때 종족적 차원의 교육은 결코 끝이 있을 수 없습니다. 오우크쇼트(1967: 128)에 의하면, 죽음은 자연계의 일이지 '정신' 세계의 일이 아니며,

새 생명의 탄생을 통한 종족 보존이 이전의 삶의 단순한 반복을 통하여 이루어지는 경우는 오직 자연계에만 해당이 됩니다. 아무리 거대한 파도라고 할지라도 해안이나 절벽에 다다르면 장엄하게 소멸할 수밖에 없습니다. 그러나 지구가 종말을 고하지 않는 한, 파도 그 자체는 계속해서 일렁이며 이어지게 되어 있습니다. 종족적 차원에서 볼 때 이제까지 인류가 이루어 놓은 업적이나 문명 또한 그와 같은 파도의 논리와 같이 교육을 통해서 모두 또는 고스란히는 아니더라도 다음 세대로 지금도 전수되고 있고 또 앞으로도 전수되어야만 할 것입니다. 또한 이 거대한 인류의 사업에 직업적으로 참여하고 있는 교사의 입장에서 그의 죽음은 『禮記』의 말(小人曰死 君子曰終, 檀弓上)처럼 '죽음'이 아니라, 단지 '마침'일 뿐입니다.

거의 모든 분야에서 어쭙잖은 개인주의가 판치는 오늘날, 우리가 현재 하는 교육에 자신의 욕망 추구 이외에 위와 같은 종족적 차원의 의미가 들어있음을 알아차리는 것은 아마도 거의 불가능에 가까울 것입니다. 물론 이상에서 구분해 본 개인적 차원의 교육과 종족적 차원의 교육은 서로 분리된 것이 절대 아닙니다. 현실적으로, 어떤 학생이 개인의 이익과 발전을 위하여 열심히 공부하다가 보면 그 과정 자체가 이미 종족적 차원의 교육을 받고 따르고 있는 것이며, 다른 한편에서 보면 한 개인이 종족적 차원의 교육을 충실하게 받다가 보면 개개인의 발전이나 자아의 실현은 더불어 달성될 것입니다. 그러나 진정한 문제는 오늘날처럼 거의 모든 사람이 오로지 개인적 차원의 교육만을 고려한다는 데 있습니다. 요즘 대학입시 교육에 모든 것을 걸고 있는 사람들, 당사자인 학생, 학부모, 학교 교사, 학원 관계자 등을 보면, 개인적 차원의 교육, 곧 대학입시에서 좋은 결과를 낳는 것과 개인의 발전과 영달 이외에 교육의 다른 의의는 전혀 없는 것처럼 보입니다. 요컨대, 안타깝게도 현대로 오면서 어른과 교육 관계자조차 개인적 차원의 교육을 부추기고, 종족적 차원의 교육을 걱정하는 사람이 점차 사라져 가고 있습니다.

주기적으로 대통령 선거가 있을 때마다 후보자들은 선명한 교육 공약을 밝히고 교육 개혁을 부르짖는 경우가 많습니다. 저는 정치인들이 그만큼 교육을 중요시하고 걱정한다는 점에 대해서는 크게 환영하지만, 과연 종족적 차원의 교육을 잘 이해하고 있는지는 의심이 들지 않을 수 없습니다. 왜냐하면 교육은 한 세대에서 다음 세대로 이어지는 종족적 수준에서의 인간 영위라는 점에서 결코 개혁의 대상이 될 수 없기 때문입니다. 아마도 당선된 정치인이 현존하는 교육에 개혁의 칼날을 대서 변화를 도모할 수 있는 기간은 기껏해야 4-5년에 불과할 것입니다. 불과 4-5년 안에, 백년지대계인 세대 간의 전수 문제에 커다란 변화를 기대하거나 개혁의 가시적인 결과나 열매를 얻으려고 하는 것 자체가 무리수이기 전에 어불성설일 것입니다. 한편, 종족적 차원의 교육에 비추어 볼 때 교육의 결과는 아무리 짧게 잡아도 거의 한 세대 이후에나 드러납니다. 당대의 교육이 얼마나 잘 이루어졌는가는 적어도 한 세대는 지나가야 알 수 있다는 말입니다. 왜냐하면 종족적 차원에서 교육의 관건이 되는 '인간성' 또는 '인성'이라는 것은 그리 쉽게 변하는 것이 아니기 때문입니다. 단순한 생각이나 행동만의 변화가 아닌, 훌륭한 행위까지도 포함하는 전인적인 교육적 변화는 결코 가볍고 간단하게 생각할 문제가 아닙니다.

물론 종족적 차원에서 교육의 훼손이나 단절 또한 잘 드러나지 않습니다. 그것은, 설사 나타난다고 하더라도 적어도 한 세대는 지나가야 겨우 알아차릴 수 있습니다. 그러나 불행하게도, 말기 암의 경우와 마찬가지로 그것을 감지하였을 때는 이미 다시 되돌리기 어려운 지경에 도달한 경우일 것입니다. 아마도 종족적 차원의 교육을 회복하는 일은 그것을 전수하는 일의 서너 배의 노력을 들여도 그 가능성이 희박한 임무일 것입니다. 앞서 서두에서 저는 MZ세대 문제, 아니 MZ세대 현상을 '교육의 결여 또는 공백' 사태로 진단한 바 있습니다. 일부 사람들은 MZ세대 현상을 단순히 웃음거리로 여기거나, 그들의 차별성을 자극하여 수익을 창출하는 데 이용하는 경우가 많지만, 저는 종족적 차원에서 명백한 교육의 실패로 받아들이고 있습니다. 앞에서도 언급했듯이 이 교육의 실패는 그동안 오랜 기간 많은 사람들이 오로지 개인적 차원의 교육에만 몰두해 온 나머지 종족적 차원의 교육을 걱정하지 않고 방치해 온 결과입니다.

3.

교육의 실패는 단순히 교육의 실패에 그치지 않습니다. 저는 교육 또한 정치처럼 하나의 커다란 '생물(生物)'이라고 생각합니다. 교육을 하나의 대상으로 생각하는 이 순간에도 교육은 역동적으로 이루어지고 있습니다. 그렇기 때문에 종족적 차원의 교육이 제대로 이루어지지 않을 때 인류는 그 결과에 상응하는 혼란과 고통을 고스란히 되돌려받을 수밖에 없습니다. 저는 이러한 반격 또는 역류를 '교육의 역습'이라고 명명해 봅니다. 교육의 역습이란 우리가 후세대를 제대로 안 가르친 결과를 곧바로 되돌려받게 되는 불행한 사태를 의미합니다. 개인적인 차원에서 보면, 정말 있어서는 안 될 극단적인 예이겠지만, 잘못 키운 자식이 부모에게 상해를 입히는 일일 것이고, 사회적인 차원에서 보면 가정이나 학교 또는 지역에서 학생들을 잘못 가르친 결과로 학생이나 학부모가 존경해야 할 교사를 오히려 폄하하거나 해치는 사태일 것이며, 서두에서 언급한 'MZ세대'라는 교육의 결여 현상 또한, 종족적 차원의 교육의 실패에서 비롯된 일종의 '교육의 역습'입니다.

아마도 사람들은 지금까지, 오랜 역사에 걸쳐서 종족적 차원의 교육이 하나의 전통이 되어 계속해서 잘 이루어져 온 것, 곧 종족적 차원의 교육의 '선순환'을 별다른 생각 없이 당연하게 받아들여왔을지 모릅니다. 그러나 이제 교육의 실패가 악순환되고 있는 이 시점에서 보면 그것이 얼마나 감사한 일인가 하는 생각이 들게 될 것입니다. 가정에서나 직장에서 지금도 매우 부족한 MZ세대가 이 상태 그대로 다음 세대를 제멋대로 교육한다고 생각하면 진짜로 끔찍하지 않습니까? MZ세대 교사가 자기의 생각대로 학생들을 인도하는 경우가 단순한 상상이 아니라 지금 현실 속에서 벌어지고 있는 일이라면 학부모로서 과연 어떤 생각이 드십니까? 눈먼 사람이 눈먼 사람을 인도하는 형국입니다. 어떤 부모가 늘 자식한테 친구를, 이해관계를 따져서 사귀라고 가르쳤다고 합니다. 그랬더니 나중에 그 부모가 늙고 힘없어지니까 그 자식이 부모를 봉양하기는커녕 뒤돌아보지 않더라는 일화가 있습니다.

지금 우리가 겪고 있는 이 시기는 정말로 교육이 이루어지기 어려운 시대임에 틀림이 없습니다. 기성세대가 후세대를 가르치기를 꺼리고 후세대 역시 기성세대를 본받기를 거부하고 있습니다. 물론 기성세대가 후세대를 가르치는 데 있어서 방해가 되는 사회적 장치와 분위기가 한둘이 아닙니다. 한 아이를 온전한 인간으로 형성하는 데는 온 마을의 관심과 협조가 필요하다는 격언이 있지만, 요즘 아파트에서 공중도덕 안 지키는 아이들 혼내다가 오히려 부모로부터 항의를 받고 곤욕을 치르는 어르신들을 종종 보게 됩니다. 심지어 공교육의 장인 학교에서조차도 교사들은 여러 가지 제도적, 구조적 제약으로 말미암아 담당 학생들을 야단치거나 훈육하기 어려운 실정입니다. 심지어 학교의 생활 장면에서나 수업 시간에도 태도가 불량한 학생, 담배 피우는 학생, 다투는 학생 등을 보고도 못 본 척하고 지나간다고 합니다. 한편, 정말로 인정하고 싶지 않지만, 오늘날 모범이 될 만한 기성세대가 점점 사라져 가고 있는 것 또한 큰 문제입니다. 사실, 위에서 언급한 바 있는 목적, 삶의 목적, 이상(理想), 국가의 이념, 종교적 소명, 위대함, 위대한 것들에 대한 헌신, 열정 등과 같은 종족적 차원의 교육 내용은 반드시 모범이 수반되어야 제대로 배울 수 있습니다. 요즘 어린 학생들을 대상으로 설문조사를 해 보면, 아예 그 아이 사전에 꿈이나 이상적인 삶이나 위인이 없는 경우가 많다고 합니다. 설사 있다고 하더라도 장래 희망은 대부분 유튜버 또는 아이돌 등이 대다수를 차지한다고 합니다.

저는 교육학자로서 최근 많은 논란을 일으키고 있는 MZ세대 현상을 마냥 편안한 마음으로 보고 있을 수만은 없습니다. 386세대, X세대, MZ세대, 이어서 다음에 또 어떤 낯선 세대가 나타날지 모르겠지만 그러한 구분 자체가 마음에 들 리가 없습니다. 왜냐하면 교육적으로 볼 때 인생은 갓 태어난 아이에서부터 황혼기에 접어든 노인에까지 단절 없이 이어져 있으며, 그 각각의 세대 모두 다른 별종이 아닌 모두 동일한 한 '인간'의 다른 모습이기 때문입니다. 인간이라면 분명, 점차 나이가 들게 되면서 예의 없는 젊은 세대를 보면서 버릇없이 막살았던 그들의 지난 젊은 날을 후회하게 되고, 어떻게 하면 사랑하는 귀한 자식들한테만큼은 좋은 것을 전달해 줄지 고민할 것이며, 말년에는 인생 전체를 두고 관조하면서 자신이 일생 헌신했던 것, 보편적인 위대한 인물 등을 회상할 것입니다. 바로 이 점에서 한편으로 영원한 MZ세대는 존재하지 않을 뿐만 아니라, 나이가 얼마이든 상관없이 지금 우리 기성세대 중에도 얼마든지 MZ세대가 있을 수 있습니다. 어떤 사람이 MZ세대인가 아닌가 하는 판가름은 그가 교육을 제때 제대로 받았는지 아닌지에 의하여 결정됩니다. MZ세대 현상 또한, 받아야만 할 교육을 제대로 미처 받지 못한 교육의 악순환 또는 역습으로 이해되어야 할 것입니다.

에필로그

2024년 여름, 거의 한 달 동안 장맛비가 지겹도록 내리더니, 다음 한 달 반은 내내 열대야가 기승을 부렸던 힘겨운 여름이 지나가고 있습니다. 이즈음에 어려운 인생의 숙제를 하나 해결한 것처럼 이 책을 완성하고 나니 만감이 교차합니다. 특히 본격적으로 교육학 공부를 시작해서 이 책을 쓰기까지 평생 써먹을 만큼 막대한 영향을 끼쳐주신 선생님들—이영덕 선생님, 이돈희 선생님, 이홍우 선생님, 장상호 선생님 등등—생각이 많이 납니다. 그분들 중에서도 특히 두 분, 이홍우 선생님과 장상호 선생님에 대한 기억이 이 책을 집필하면서 많이 났습니다. 두 분은 모두, '교육학이란 무엇인가', 곧 교육학의 정체성을 모색하여 확립하는 데 평생을 바쳐 오신 석학이십니다. 이 책에서 저 자신도 비단 교육학도만이 아닌 일반인들도 교육에 대하여 충분히 가질 수 있는 질문들을 다루어 가면서 나름대로 교육학을 정립해 보고자 하였습니다. 그러는 가운데, 지금까지 두 분이 거대한 그 프로젝트를 오랫동안 해 오시면서 얼마나 힘들고 외로우셨을까? 하는 공감을 할 수 있었습니다. 저는 두 분과 동시대를 살면서 세대차에도 불구하고 같은 고민을 하고 있다는 것, 더구나 두 분께 배울 기회까지 얻었다는 것 자체가 대단한 영광이라고 생각하고, 이 자리를 빌려 두 분의 학문적 업적에 진심으로 경의를 표합니다.

1990년 전후로 저는 석·박사 과정에서 장상호 선생님의 강의를 대략 6번 정도 들었던 것으로 기억합니다. 그 당시 장상호 선생님은 항상 강의 시간에 방금 적으신 듯이 보이는 메모지 수십 장을 들고 오셔서 기존의 것과는 180도 다른 새로운 교육학을 설파하셨습니다. 교육학은 자기 고유의 학문적 개념과 영역도 없이 다른 학문의 용어와 내용을 빌려다 쓰는 '때까치 학문'이라고 뼈아픈 비판을 많이 하셨습니다. 그리하여 교육학의 학문적 정체성을 확보하기 위하여 교육학에서 철학, 심리학, 사회학, 법학, 행정학 등과 같은 '뻐꾸기 학문(모학문)'을 배제하고 때 묻지 않은 교육학 용어를 개발하여 순수한 교육학의 개념과 이론을 창출하고자 하셨습니다. 장상호 선생님은 그 이후 오랜 세월 동안 그러한 취지에서 많은 괄목할 만한 저서를 남기셨고, 지금도 적지 않은 연세에도 불구하고 여전히 저술 작업을 꾸준히 하고 계신 것으로 알고 있습니다. 저는 '내가 쉽게 살 수도 있었는데 왜 이렇게 험난한 길을 각오했는지 모르겠다.'라는 선생님의 말씀이 지금도 귓전에 울립니다. 그러나 아쉬운 점이 있다면, 2024년 여름, 무려 35년쯤 세월이 지난 지금까지도 교육학의 정체성 문제는 해결되기는커녕 더욱 심각하게 악화되어 있습니다. 교직 과목은 있어도 정작 교육학의 기본은 교사 양성기관에서도 잘 가르치지 않고 있으며, 교육학과는 전혀 상관없는 뻐꾸기 학문을 하면서 교육학자라고 자처하는 사람들이 너무 많아졌습니다(장상호, 2023: 17-32). 이제 교육학은 오늘날 임용시험에서 교육학이 배제된 현실이 극명하게 보여주듯이 교과교육학에 의하여 대체될 위기에 있는데, 교육학을 가르치는 교수들조차도 세부 전공의 함정에 빠져서 '교육이 무엇인지',

또 '교육학은 어떤 학문인지'를 제대로 설명할 수 없는 형편에 있습니다.

저는 이 책을 저술하면서 주요한 부분과 맥락마다 저의 박사학위 지도교수이신 이홍우 선생님과 그분의 가르침을 머릿속에 떠올리곤 했습니다. 만약, 저의 교육에 관한 확고한 아이디어가 존재하고 또 감히 그것을 교육학 사상이라고 부를 수 있다면, 그 사상의 거의 모든 것은 애초에 이홍우 선생님의 가르침에서 비롯된 것이라고 당당하게 말할 수 있을 것입니다. 이홍우 선생님이 그동안 교육 분야와 교육학계에 남기신 업적은 그야말로 어마어마한 것으로서 과거에서 오신 초인(超人)이 아니고서는 절대로 감당할 수 없는 정도와 수준입니다. 거의 10년 이상 동안 선생님 밑에서 직접 만나 뵈며 배울 시기에는 아둔한 탓에 잘 몰랐다가 저도 대학에서 제자들을 오랫동안 가르치면서 이제야 깨달은 바가 무척 많습니다. 석·박사 과정의 정규 과목 내지는 비정규 세미나에서 다루었던, 피터즈(R. S. Peters) 및 오우크쇼트(M. Oakeshott), 듀이(J. Dewey), 대승기신론(大乘起信論), 키에르케고르(S. Kierkegaard), 함린(D. W. Hamlyn), 피이퍼(J. Pieper), 칸트(I. Kant), 성리학(性理學) 등의 학자와 사상들 모두가 조각 맞추기가 정말 어려운, 선생님의 큰 그림의 일부였고, 선생님께서 그토록 공들이고 역점을 두셨던, 『윤리학과 교육』(1980), 『민주주의와 교육』(1987), 『서양교육사』(1994), 『대승기신론』(1991), 『여가』(미출간), 『인간의 심성교육』(2019) 등등의 훌륭한 교육학 번역서들이 저를 포함한 후학들에게 얼마나 소중한 연구의 바탕이 될 것인지를 그 당시에는 미처 몰랐습니다.

이홍우 선생님은 위에서 언급한 바 있는 '큰 그림', 곧 '메타프락시스(metapraxis)' 개념을 가지고 '교육은 무엇을 하는 활동인지', 또 '교육학은 어떤 성격의 학문인지'를 규명하고 있습니다. 흔히 형이상학(形而上學)으로 번역되는 '메타피직스(metaphysics)'는 실재(reality)를, 현상을 설명하기 전에 이미 주어진 것으로 받아들이는 오류를 범하고 있는 반면에, 메타프락시스 담론에서 실재는 이미 주어져 있는 것이 아니라, 현상에서 인간의 실천 행위(praxis)에 의하여 비로소 확립된다는 것입니다. 메타프락시스는 메타피직스가 묵살하는 전제를 보충함으로써 메타피직스를 완성한다는 것입니다(이홍우, 2022: 42-43). 교육은 학생들로 하여금 지금 여기서 실재에 상응하는 인격을 갖추도록 돕는 활동(praxis)이라는 점에서 대표적인 메타프락시스에 해당하며, 그러한 의의가 있는 교육을 설명하는 담론으로서의 교육학 또한 그 자체가 심성 함양을 추구하는 하나의 실천 행위임에 분명하기 때문에 메타프락시스적 성격을 띤다는 것입니다(이홍우, 2024: 43).

서두에서 잠시 언급했듯이 저 또한, 학문적 업적이 턱없이 많이 부족하고 비교 자체가 불가능하겠지만, 지금까지 심정적으로는 두 분 선생님이 걸어오신 길을 본으로 삼아 나름대로 제 길을 고독하게 걸어왔다고 생각합니다. 어떤 시기에는 제 주변에 아무도 저처럼 공부하고 사는 사람이 없다는 생각마저 들어서 막막해하고 좌절할 때도 많았습니다. 얼마든지 내가 전공한 교육학의 한 영역에 안주하여 가르치면서 쉽게 살 수도 있었는데, 어째서 항상 현재 내가 익숙하게 하는 교육활동을 되새김질하고 반성하면서 고민하고 괴로워했는지 모르겠습니다. 물론 저는 기존에 오염된 교육학 용어들을 모두 배제하고 정말로 신선한 용어를 가지고 방대한 교육학 이론을 새롭게 축성해 나가는 거대한 프로젝트를 할 수 있는 용기도 없고 능력도 안 됩니다. 뿐만 아니라, 동서고금을 막론한, 철학, 역사, 문학, 심리학, 종교학 등 엄청나게 넓고 깊은 지식들을 섭렵하고 넘나들면서 그것을 바탕으로 하여 도출한 새로운 패러다임을 가지고 교육과 교육학을 재규정할 수 있는 천재성이 안타깝게도 제게는 허락되지 않았습니다.

그러나 저는 저 나름대로 중세 스콜라철학과 『중용』을 조금이나마 공부하면서 얻게 된 실재에 대한 확고한 믿음이 하나 있습니다. 실재는 저 멀리 신적 영역 또는 이데아의 세계에만 존재하는 것이 아니라 바로 지금 여기에 '있는 것(being, 道)'에도 존재합니다. 또한 존재는 본질적으로 인식하는 마음과 관련되어 있으며, 인간의 마음도 속성상 존재를 향하게 되어 있습니다. 인간이 교육받음으로써 자신의 마음을 존재로 채워나가면서 총체를 달성하는 것, 곧 심성 함양이면서 동시에 프락시스는 이미 주어지거나 성립된 것이 아니라 지금부터 시작해서 앞으로 노력하고 실천해야 할 일생일대의 과제입니다. 이러한 맥락에서 저의 교육학은 지금 여기의 실존에서 출발합니다. 먼저, 지금 여기서 문제가 되는 현실을 잘 살펴서 현실이 주는 암시(intimation)를 연구자 나름대로 정리해 봅니다. 정리가 되고 나면 그것에 몰입해서 현존하는 실재에 관한 지식들, 곧 옛 성인과 불세출의 천재들이 던져놓은 용어와 지혜들을 총동원해서 그것을 이해하고 설명하되, 절대로 실존의 다채로움이나 실존의 현란함에 구애받거나 빠지지는 않습니다. 이 연구 방법은 존재하지 않던 것을 새로이 창출하는 것이 아니라,

지금까지 있어 왔고, 지금도 여기에 있는데 사람들이 당연하게 여기고 잘 모르던 것을 드러내서 제련하여 심성 함양에 이바지하도록 만드는 것에 해당합니다. 이 책은 바로 그러한 철학, 곧 '교육의 발견(the discovery of education)'의 취지에서 쓰인 것입니다.

저는 1980년대 초 대학 시절에 비트겐슈타인 철학과 그의 신비주의에 흠뻑 취한 적이 있습니다. 저 역시 비트겐슈타인처럼 일상언어를 써서 교육학 이론을 정립하는 것이 평생의 꿈이었습니다. 거의 반세기가 지나갔는데도 불구하고 아직도 머리에 선명하게 남아 있는 명제가 하나 있습니다. "삶의 형식(forms of life)은 주어진 것이기 때문에 결국 받아들일 수밖에 없는 것이다."(『철학적 탐구』 226)입니다. 여기서 말하는 '삶의 형식'은 표현상의 차이에도 불구하고 플라톤, 아리스토텔레스가 강조하고, 칸트가 부정한 '실재'에 해당한다고 보아도 크게 무리는 없을 것입니다. 제가 보기에 삶의 형식은 결코 고정된 것이 아닌 역동적인 실재의 양상을 나타내며, 언어적 행위와 교육적 행위를 포함한 인간의 모든 실천 행위의 배경이 되어 주는 '전제(前提)'들의 총체를 의미합니다.

'지식의 형식(forms of knowledge)'에 대한 허스트(P. H. Hirst)의 '선험적 정당화'는 본인이 어떻게 생각하든지 간에 궁극적으로 삶의 형식에 의존합니다. 인간이 자신이 가진 지식을 의심하는 것조차도 오직 삶의 형식에 기반을 둔 지식의 형식이 먼저 있기 때문에 비로소 가능한 것입니다. 이 점에서 허스트는 이론적 빚을 칸트보다는 비트겐슈타인에게 더 지고 있습니다. 오우크쇼트(M. Oakeshott)가 지적한 것처럼, 근대 합리적 이성 또한, 그것이 의존할 수밖에 없는 존재론적 근거를 스스로 부정하는 오류를 범한 것에 해당합니다. 물론 이것은 이성을 가진 인간이라면 누구든지 흔하게 저지를 수 있는 오류입니다. 비트겐슈타인 철학은 앞서 거론한 바 있는 스콜라철학의 존재론과 중용, 그리고 그에 근거한 '교육의 발견'의 취지와 매우 흡사합니다. 교육학은 교육적 행위의 배경이 되는 전제들의 총체를 드러내어 밝히는 실천 행위(praxis)입니다. 그러나 현재 교육학에 속한다고 여겨지는 모든 담론이 무조건 메타프락시스에 속하는 것은 아닙니다. 주어진 삶의 형식에서 멀리 벗어나 다른 목적과 전제하에서 이루어지는 교육학 담론들은 결코 메타프락시스가 될 수 없습니다. 그것은 여전히 사상누각(沙上樓閣)에 불과하거나, 아니면 현실과의 고리가 끊어진 메타피직스에 머물기 마련입니다.

저는 젊어서부터 가수 프랭크 시나트라(Frank Sinatra)의 대표곡인 'My way'를 매우 좋아했습니다. 그 곡이 올해에 열린 파리올림픽 폐막식에서도 울려 퍼져서 무척 반가웠습니다. 다들 그러하듯이 곡의 내용도 정확하게 잘 모르면서 곡조가 좋아서 자주 듣던 곡입니다. 환갑이 훨씬 지나서야 문득 그 가사가 궁금해져서 최근에야 가사를 찾아 곱씹어 보았습니다. 저는 거의 45년 동안 교육학 공부를 해 왔고 계속해서 지금도 배우고 있습니다. 이 책의 에필로그(epilogue)를 마무리하면서, 다음과 같이 외치고 싶습니다. 이 구절에는 비단 교육학 공부뿐만 아니라 평생 선생으로 산 삶에 대한 모든 것이 들어있기 때문입니다.

"I did it my way!"

이 책에서 참조한 문헌들

『국가론』(The Republic)
『논어』(論語)
『맹자』(孟子)
『메논』(Menon)
『삼국지』(三國志)
『성경』(聖經)
『예기』(禮記)
『중용』(中庸)

김승호(1998). 교육과정평가 모형 탐색. 교육학연구, 36(4), 139-172.
______(2004). '중용' 개념에 비추어본 국어교육의 성격. 교육과정연구, 22(3), 205-227.
______(2015). 여가란 무엇인가: 여가와 교육. 파주: 교육과학사.
______(2019). 수업이란 무엇인가. 서울: 학지사.
______(2020). 교육존재론 서설. 교육문화연구, 26(5), 1107-1127.
김영미(2000). R. G. Collingwood 예술이론의 교육학적 함의. 한국교원대학교대학원 석사학위논문.
유한구(1989). 교육인식론 서설. 서울: 교육과학사.
유한구・김승호(1998). 초등학교 통합교과 교육론. 서울: 교육과학사.
이홍우(1977). 교육과정탐구. 서울: 박영사.
______(1996). 전인교육론. 도덕교육연구, 8, 1-21.
______(2022). 인식과 전달. 서울: 교육과학사.
______(2024). 메타프락시스. 서울: 교육과학사.
임병덕(1998). 키에르케고르의 간접전달. 서울: 성경제.
장상호(1998). Polanyi: 인격적 지식의 확장. 서울: 교육과학사.
______(2023). 교육의 진실. 파주: 교육과학사.
和田修仁(1982). 子どもの人間學. 박선영・노명희 역(1997). 어린이의 인간학. 서울: 아름다운세상.

小原國芳(1969). 全人教育論. 제갈삼 역(1995). 전인교육론. 부산대학교 출판부.

Aquinas Thomas. *De Ente et Essentia*. A. Maurer trans.(1968). *On being and essence*. Toronto: The Pontifical Institute of Mediaeval Studies.

________. *Quaestiones disputatae de veritate*. S. Edith übersetz.(1952). *Des hl. Thomas von Aquino Untersuchungen über die Wahrheit*. Freiburg: Verlag Herder.

________. *The Summa Theologica*. A. C. Pegis ed.(1945). *Basic writings of saint Thomas Aquinas*. NewYork: Randomhouse.

Ariès, P.(1973). *L'enfant et la vie familiale sous l'ancien régime*. Paris: Seuil. 문지영 역(2003). 아동의 탄생. 서울: 새물결.

Aristotle. *Politics*. bk. 8. In J. Burnet trans.(1903). *Aristotle on education*. Cambridge University Press.

________. *The work of Aristotle*. 12 vols. W. D. Ross ed.(1963). Oxford: Clarond Press.

________. *Nicomachean ethics*. T. Irwin trans.(1989). Cambridge: Hackett Publish. Co.

Bruner, J.(1960). *The Process of education*. Harvard University Press.

Cianni, J. L.(2016). *Philosopher a la plage*. 양영란 역(2017). 휴가지에서 읽는 철학책. 파주: 쌤앤파커스.

Collingwood, R. G.(1937). *The principle of art*. London: Claranton. 김혜련 역(1996). 예술의 철학적 원리: 상상과 표현. 서울: 고려원.

Comenius, J. A.(1657). *Didactica magna*. 정확실 역(1987). 대교수학. 서울: 교육과학사.

Dewey, J.(1916). *Democracy and education*. New York: Macmillan. 이홍우 역(1987). 민주주의와 교육. 서울: 교육과학사.

Eisner, E. W.(1979). *The Educational imagination: On the design and evaluation of educational programs*. New York: Macmillan. 이해명 역(1983). 교육적 상상력. 서울: 단국대출판부.

Froebel, F.(1887). *The Education of man*. New York and London: D. Appleton and Company.

Herbart, J. F.(1806). *Allgemeine Pädagogik aus dem Zweck der Erziehung abgeleitet*. 이근엽 역(1988). 일반교육학. 서울: 연세대학교출판부.

Langeveld, M. J.(1961). *Einführung in die Pädagogik*. Stuttgart: Ernst Klett Verlag.

______________(1968). *Studien zur Anthropologie des Kindes*. Tübingen: Max Niemeyer Verlag.

Noel, J.(1999). On the varieties of phronesis. *Educational philosophy and theory*, 31(3), 273-289.

Oakeshott, M.(1962). Political education. In *Rationalism in politics and other essays*. London: Methuen.

____________(1967). Learning and teaching. In T. Fuller. ed.(1989). *The Voice of liberal education*. Yale University Press. 차미란 역(1992). 학습과 교수. 상 · 하. 교육진흥, 봄 · 여름, 126-143, 155-169, 중앙교육연구소.

____________(1975). A Place of learning. In T. Fuller. ed.(1989). *The Voice of liberal education*. Yale University Press. 차미란 역(1992). 학습의 장. 상 · 하. 교육진흥, 가을 · 겨울, 162-181, 156-171, 중앙교육연구소.

Pieper, J.(1952). *Leisure: the basis of culture*. A. Dru trans. New York: Mentor Book.

________(1966). *Wahrheit der Dinge*. München: Kösel-Verg. 허재윤 역(1986). 존재의 진리. 대구: 이문출판사.

Pinar, William F., Reynolds, William M., Slattery, Patrick, and Taubman, Peter M.(1995). *Understanding curriculum*. New York: Peter Lang.

Pinar, William F.(2004). *What is curriculum theory?* New Jersey: Lawrence Eribaum Associates, Publishers.

Polanyi, M.(1958). *Personal knowledge*. London: Routedge & Kegan Paul.

Root-Bernstein, R. S., & Root-Bernstein, M. M.(1999). *Sparks of genius: The Thirteen thinking tools of the world's most creative people*. New York: Houghton. 박종성 역(2007). 생각의 탄생. 서울: 에코의 서재.

Rothstein, A. M.(1996). Lecture and learning. *AAUP Bulletin*. 214-219.

Rousseau, J. J.(1762). *Émile ou de l'éducation*. 오증자 역(1976). 에밀. 서울: 박영사.

Schiller, F.(1795). *Über die Ästhetische Erziehung des Menschen in einer Reihe von Briefen*. E. M. Wilkinson and L. A. Wiloughby. trans. (1967). *On the aesthetic education of man in a series of letters*. London: Oxford University. 이홍우 역(2020). 인간의 심성교육. 파주: 교육과학사.

Tolle, E.(2004). *The Power of now*. Novata, CA: New world library.

Tyler, R. W.(1949). *Basic principles of curriculum and instruction*. Chicago and London: The University of Chicago Press.

Wiggins, G. & McTighe, J.(2005). *Understanding by design* (2nd ed.). Alexandria, VA: Association for Supervision and Curriculum Development.

Wittgenstein, L.(1953). *Philosophical investigations*. Cambridge: Basil Blackwell.

찾아보기

[인명]

[내용]

[기타]

저자 소개

김 승 호 schole@gjue.ac.kr

서울대학교 국어교육학과(학사)
서울대학교 대학원 교육학과(석사, 박사)
언남 · 삼성고 국어교사
공주교육대학교 교무처장
현 공주교육대학교 교수

주요 저서: 통합교과 교육론(공저), 1998
스콜라주의 교육목적론, 2004
초등학교교육의 이해, 2005
여가란 무엇인가: 여가와 교육, 2015
통합교과의 이론과 실제(공저), 2015
교육과정과 수업(공저), 2019
수업이란 무엇인가, 2019
교육과정철학, 2021

교육의 발견
The Discovery of Education
—일반인을 위한 교육학 강의—

2024년 11월 25일 1판 1쇄 인쇄
2024년 11월 30일 1판 1쇄 발행

저 자 : 김 승 호
발행자 : 한 정 주
발행처 : 교육과학사

경기도 파주시 광인사길 71
전화(031)955-6956~8/팩스(031)955-6037
Home-page: www.kyoyookbook.co.kr
E-mail: kyoyookbook@daum.net
등록: 1970년 5월 18일 제2-73호

저자와의 협의하에 인지생략

낙장 · 파본은 교환해 드립니다.
Printed in Korea.

정가 17,000원
ISBN 978-89-254-1997-8